전세 대란 500조원 시대
전세금 안전하게 지키는 비법

전세 대란 500조원 시대
전세금 안전하게 지키는 비법

초판 1쇄 | 2015년 5월 26일

지은이 | 김동희
펴낸이 | 김동희
펴낸곳 | 도서출판 채움

출판등록 | 2012년 10월 29일(제321-2012-000219호)
주소 | 서울시 서초구 사평대로 52길 1, 302호(서초동, 대경빌딩)
전화번호 | 02-534-4112~3
팩스번호 | 02-534-4117

Copyright©Chaeum, Inc.
이 책의 저작권은 저자와 출판사에 있습니다.
서면에 의한 저자와 출판사의 허락 없이 책의 전부 또는 일부 내용을 사용할 수 없습니다.

ISBN : 979-11-86368-03-9 13320

저자와의 협의에 의해 인지는 붙이지 않습니다.
잘못 만들어진 책은 구입처나 본사에서 교환해 드립니다.

전세 대란 500조원 시대
전세금 안전하게 지키는 비법

|김동희 지음|

도서출판 채움

머리말

우리들의 전세금은 안전할까? 떼이면 누구 책임일까?

임차주택이 경매당하면 4명중 한명 꼴로 전세금을 떼인다. 임차주택에 이미 선순위 채권들이 많은 데도 의심하지 않고 입주한다. 경매로 전세금을 떼일 수도 있다는 생각을 했다면 입주를 포기 했을 텐데… 안타까운 현실이다. 임차권등기와 전세권등기가 있는 주택에 입주해서 손해 보는 경우, 주택임대차보호법상 적법한 대항요건과 계약서에 확정일자를 갖추고 있지 않아서 손해 보는 경우, 배당 받을 수 있는 권리가 있는데도 배당요구를 하지 않거나 잘못해서 손해 보는 경우에 그 책임은 고스란히 임차인의 몫이 된다.

이런 상황을 어떻게 해결해 나갈 지 고민하는 과정에서 정부기관에 기대 보지만 돌아 오는 답변은 시원찮다.

모르는 게 그들만의 잘못인가? 필자는 정부 관계부처는 물론 사회 지도층도 이러한 문제에 책임을 통감하고 해결해 나가려는 전향적인 자세가 필요다고 생각한다.

왜! 전세금을 떼이는 임차인들에 관심을 갖게 되었나?

필자는 오랜 기간 동안 부동산 중개실무를 하면서 수많은 계약서를 작성했고, 계약을 잘못해서 손해 본 사람들이 찾아오면 조언을 아끼지 않았다. 생각보다 전세보증금을 회수하는데 어려움을 겪고 있는 분들과 경매나 공매로 떼

이는 분들이 많았지만 별다른 도움을 줄 수가 없어 안타까울 때가 많았다. 왜냐하면 내가 가지고 있는 지식이 부족해서 작은 조언으로 만족할 수밖에 없었기 때문이다.

경매와 공매를 본업으로 바꾸면서 중개실무에서 맛보지 못했던 또 다른 세상과 만났다. 나는 한 동안 이 속에 푹 빠져 있었다. 그러던 중 부족한 지식을 찾기 위해 새로운 도전을 시작하게 되었고 10년이라는 세월 또한 흘렀다. 아마도 나를 미치게 했던 무엇인가가 있었던 모양이다. 그 결과 남들이 갖진 못한 나만의 책 16권을 완성했다. 많은 독자 분들도 생겼다.

이제 여유가 생겨서 일까? 그동안 엄두도 내지 못했던 일들을 시작했다. 경매물건에 직접 투자하면서 중개 실무때 만났던 임차인보다 더 많은 임차인들을 만날 수 있었다. 그중 전세금을 온전하게 찾아가는 분들도 있었지만, 상당 부분 손해보는 임차인들이 많았다.

지금도 생생하게 기억나는데 40대 후반의 주부가 억울하고 분한 마음을 풀 수가 없어서 20분간 큰 소리 내어 울었던 모습은 나 자신을 다시 돌아보게 된 순간이었다.

임차인이 전세금을 떼이는 가장 큰 원인은?

임차주택을 얻는 과정에서 정확한 분석을 하지 못해서였다.

<u>첫 단추가 잘못 꿰어지면 가장 큰 손실을 본다.</u> 그래서 임차주택을 얻기 전 어떻게 정확한 분석을 어떻게 해야 하는 가에서 시작해서 그러한 내용을 계약서에 담아서 전세보증금을 떼이지 않도록 했다. 그리고 임차주택이 경매당할 때 올바른 배당요구 방법과 잘못된 배당요구에서 탈출하는 비법과 배당금이 없어서 손해 보게 된다면 경매로 낙찰 받아서 손해를 줄일 수 있도록 마무리했다.

그동안의 경험을 바탕으로 임차인이 초보자라도 따라하기만 하면 쉽게 작성할 수 있도록 다양한 계약서를 사례별로 기술한 "계약서 작성의 비밀" 과 "임대차 상식사전" 을 출간하였다. 누구라도 쉽게 계약을 이해하고 자신에게 유리한 계약을 할 수 있도록 하기 위해서였다.

그리고 그 뜻은 궁금한 부동산 상식과 질문들마다 빠르고 정확한 답을 주기 위해 "부동산 재테크 Q&A"로 마무리 했다.

필자는 대한민국의 모든 임차인들과 앞으로도 수많은 부동산 거래를 하게 될 젊은 분들이 생활에 필수품인 이 책을 읽어 주기를 희망한다. 이 책이면 부동산으로 손해 보는 일은 평생 없게 될 것이라 믿고 있다.

그런데 이 책도 버거워하는 모습을 보면서 임차인이 쉽게 이해할 수 있도

록 실제 사례 위주로 풀어서 이 책을 집필하게 되었다. 정확한 지식을 알려주면서 실제 사례에서 대처하는 방법까지 이어가다 보니 내용이 길어 졌지만, 이것만 알면, 아파트나 다가구주택, 상가임차인 전세가 90% 시대! 전세보증금을 떼이지 않고 안전하게 지킬 수 있을 것이다.

필자는 이 책을 통해 서민들이 전세보증금으로 더 이상 눈물을 흘리는 일이 없기를 간절히 희망한다.

2015. 5. 26.
김동희 지음

Contents

머리말 • 4

PART 1
왜 주택임차인이 전세금을 떼이게 되나?

001 전세금을 떼이게 되는 사례가 발생하는 이유 • 22
002 원룸 30개인 다가구주택에서 전세금을 떼이게 된 사연 • 27
　∷ 골드타운 원룸 다가구주택이 경매로 매각된 현황 • 27
　∷ 건물과 토지등기부에 등기된 권리 현황 • 28
　∷ 골드타운 다가구주택의 임차인 현황과 배당금 수령내역 • 28
003 전세금을 떼인 임차인과 전세금을 지킬 수 있었던 임차인? • 31
　∷ 나대지 상태에서 등기된 토지별도등기가 있다는 사실 • 31
　∷ 임차인보다 선순위채권이 과다한 것이 그 원인? • 32
　∷ 임차권등기 전에 이사를 나가 전세금을 떼인 사례 • 33
　∷ 임차권등기 이후에 입주해서 4,000만원 손해 본 박 소위 • 35
　∷ 임 중령은 전세권등기를 했는데 왜 5,700만원을 떼였나? • 36
　∷ 후순위이지만 손해를 줄일 수 있었던 사례 • 37
　∷ 대항요건을 갖추고 있지 않았지만 손해 보지 않은 임차인 • 38

004 전세 보증금을 경매로 날린 이정민 부부 이야기 • 39
  :: 이정민 부부의 전셋집이 2억8,500만원에 매각되다 • 41
  :: 이정민 부부가 경매절차에서 3,927,581원을 배당받다 • 43
  :: 이정민이 뒤늦은 후회와 좌절에서 벗어나다 • 45

005 한승수가 공매로 전세금 3,000만원을 떼이게 된 사연은? • 47
  :: 상계동 다세대주택의 사진과 주변 현황도 • 47
  :: 공매 입찰정보내역 물건분석 • 48
  :: 박 병장이 상계동 다세대주택을 10대 1의 경쟁에서 낙찰 • 49
  :: 한승수는 3,200만원을 배당받지 못한 이유가 궁금했다 • 49

006 상가 전세보증금 전액 떼인 박 사장의 이야기 • 52
  :: 박 사장의 상가건물이 경매에 넘어가다 • 54
  :: 임대차권등기를 한 박 사장이 왜 보증금을 떼이게 되었나? • 56
  :: 박 사장, 후회를 털고 새로운 길을 찾다 • 58

007 깡통주택이 늘면서 깡통전세가 발생하고 있다 • 59
  :: 이중구는 어떻게 전세보증금을 지킬 수 있었나? • 60
  :: 윤정미는 전세금 1억4,000만원 어떻게 떼이게 되었나? • 61
  :: 이영민이 전세금 1억원을 날리게 된 사연 • 61

008 전세금을 떼이면 중개업소에서 100% 손해를 청구할 수 있나? • 63

PART 2
아는 만큼 보호받는 주택과 상가 임차인의 권리

009 주택임대차보호법의 적용대상 건물은? • 68
010 상가건물임대차보호법의 적용대상 건물은? • 69
011 주임법으로 보호받을 수 있는 임차인은? • 70
012 주임법으로 보호받을 수 있는 법인도 있나? • 71

| 013 | 상임법으로 보호를 받을 수 있는 임차인은? • 72
| 014 | 단독·다가구주택과 아파트·다세대주택에서 전입신고는 어떻게? • 73
| 015 | 주택임차인의 대항력 발생 요건은? • 74
| 016 | 상가임차인이 대항력이 발생하려면 어떠한 요건을 갖춰야 하나? • 74
| 017 | 상가임차인이 상임법상 보호대상 환산보증금을 초과한다면? • 76
| 018 | 임차인이 대항요건만 갖추면 소유자가 바뀌어도 대항력이 있나? • 77
| 019 | 경매나 공매로 소유자가 바뀌어도 모든 임차인이 대항력 있나? • 78
| 020 | 임차인 가족만 전입하고, 나중에 임차인이 전입하면 대항력은 언제? • 79
| 021 | 임차인인 아들과 따로 산 아버지가 전입신고 한다면 대항력은? • 80
| 022 | 아버지가 임차인이고, 미성년자인 아들만 점유해도 보호를 받나? • 81
| 023 | 근저당이 설정된 집에 임차인이 입주하면 대항력이 없는 건가? • 82
| 024 | 선순위임차인이 근저당이 설정되고 보증금을 증액했다면 대항력은? • 83
| 025 | 임차주택에서 일시적으로 퇴거했다가 재전입하면 대항력은? • 84
| 026 | 주택과 상가에서 임대차기간은 몇 년이고, 언제까지 보호 받나? • 85
| 027 | 계약기간을 약정하지 않았다면 계약해지가 가능한가? • 86
| 028 | 계약기간 중 임대인이 일방적으로 계약해지를 할 수 있을까? • 87
| 029 | 주택임차인이 계약갱신, 갱신 거절하는 방법이 있다? • 88
| 030 | 상가임차인은 계약갱신요구권으로 5년 간 영업이 가능하다고? • 89
| 031 | 상가임차인의 대항력과 권리금 보호제도 개정안 • 90
  ∷ 모든 상가건물 임대차 대항력 인정 개정안 • 91
  ∷ 상가임차인 권리금 보호제도 개정안 • 91
| 032 | 상가임차인이 계약갱신요구권을 행사하지 못할 수도 있다? • 93
| 033 | 임대차계약이 묵시적 갱신되면 전임대차와 동일한 계약으로 갱신되나? • 94
| 034 | 1년 계약하고, 묵시적 갱신이 되면 2년을 주장할 수 있나? • 95
| 035 | 임대차 기간이 만료돼도 묵시적 갱신의 예외 사례가 있다고? • 96
| 036 | 임대차 기간 중에도 차임을 증감 청구할 수 있나? • 98
| 037 | 재계약의 경우도 증액한도 제한규정의 적용을 받을까? • 99

- **038** 전세보증금을 월세로 전환할 때 계산법은 어떻게? • 100
- **039** 임차권등기와 임대차등기는 어떻게 다른가를 알아야 한다? • 101
- **040** 임차권등기명령으로 임차권등기하면 어떤 보호를 받을 수 있나? • 102
- **041** 민법 제621조에 의한 임대차등기는 언제 대항력과 우선변제권이 발생하나? • 103
- **042** 임차권등기 이후에 입주한 임차인은 대항력과 우선변제권이 없나? • 104
- **043** 전세권등기 이후에 입주한 임차인도 최우선변제금을 받을 수 있나? • 106
- **044** 임차권의 양도나 전대차는 임대인의 동의가 있어야만 가능할까? • 107
- **045** 소유자가 변경되면 새로 계약서를 작성해야 하나? • 108
- **046** 전세금을 증액할 때 계약서를 어떻게 써야 할까? • 109
- **047** 배우자와 자녀가 함께 살다가 임차인이 사망했다면 어떻게? • 110
- **048** 임차인 홀로 거주하다가 사망하면 대항력은 사라진다? • 111
- **049** 사실상의 혼인 관계에 있는 자와 거주하다가 임차인이 사망하면? • 112
- **050** 집주인이 사망했다면 임차인은 전세금을 어떻게 돌려받을 수 있나? • 113
- **051** 임차인이 임차주택을 수선한 필요비는 누구에게 청구하면 되나? • 114
- **052** 임차인이 지출한 비용이 주택 유지보존을 위한 통상의 필요비에 해당하나? • 115
- **053** 임차주택이 경매당하면 필요비로 배당요구 또는 유치권행사가 가능한가? • 116
- **054** 임차인이 필요비와 유익비를 청구할 수 없는 사례는? • 117
- **055** 임대차 목적물이 파손·장해가 발생하면 임대인과 임차인중 누가 수선해야? • 118
- **056** 임차주택의 하자를 모르고 입주한 경우도 임대인에게 수선의무를 물을 수 있나? • 119
- **057** 임차인의 불법행위로 건물이 훼손된 경우 그 손해액의 범위는? • 120
- **058** 원인불명의 화재로 임차물 반환채무가 이행불능이 된 경우 그 입증책임과 손해배상은? • 121
- **059** 임차인이 관리비와 함께 납부한 장기수선충당금은 언제 돌려 받을까? • 122

PART 3
임차인이 경매에서 3개의 우선변제권으로 살아남는 방법!

- **060** 임차인은 3개의 우선변제권으로 경매에서 탈출할 수 있다 • 124
- **061** 임차인이 지급한 필요비와 유익비의 반환 방법은? • 125
- **062** 임차인의 우선변제권은 어떠한 권리인가? • 126
- **063** 주택임차인이 최우선변제금을 받으려면 갖춰야할 요건은? • 127
- **064** 우리 생활과 밀접한 소액임차인을 결정하는 방법은? • 128
- **065** 경매개시 전에 전입신고를 하면 모두 최우선변제금을 받나? • 130
- **066** 전세금 증액으로 소액임차인이 아니게 되면 최우선변제권이 없다? • 131
- **067** 전세금 감액으로 소액임차인이 되면 최우선변제권으로 보장받을 수 있나? • 131
- **068** 부부 명의로 소액임대차계약서가 별도로 작성된 경우는? • 132
- **069** 아파트에서도 소액임대차계약서를 별도로 작성할 수 있나? • 133
- **070** 잔금을 지급하기 전에 대항요건과 계약서에 확정일자를 받았다면 그 효력은? • 134
- **071** 확정일자부 우선변제권의 의미와 그 성립요건은? • 135
- **072** 계약서에 확정일자를 받았다면 그 효력의 발생 시기는? • 136
- **073** 갑 근저당의 우선변제권과 을 임차인의 대항력과 우선변제권은? • 137
- **074** 갑 임차인의 대항력과 을 근저당의 우선변제권은? • 138
- **075** 경매개시 전에 전입하고, 이후에 확정일자를 받았다면 우선변제권은? • 139
- **076** 임차인이 경매가 들어간 사실을 모르고 입주했다면? • 140
- **077** 다가구주택에서 임차인과 담보물권 등이 있을 때 배당 방법은? • 141
- **078** 상가임차인이 최우선변제금을 받기 위해서 필요한 요건은? • 143
- **079** 상가임차인이 최우선변제금을 받기 위한 환산보증금 계산법은? • 144
- **080** 현행법상 소액임차인이면 누구나 최우선변제금을 받을 수 있나? • 145
- **081** 상가임차인이 확정일자부 우선변제권을 행사하려면 필요한 요건은? • 146
- **082** 상가임차인이 대항요건과 확정일자를 받았다면 그 효력은? • 147
- **083** 임차해 영업 중이던 상가가 경매 당했는데 선순위채권이 많다면? • 148

PART 4
전세금을 떼이는 황당한 사례에서 탈출하는 비법

084 전입신고를 잘못한 이순신, 다세대주택을 낙찰 받다 • 152
- 경매 입찰대상 물건정보내역과 매각결과 • 153
- 이 물건에 대한 권리의 하자는 없을까? • 153
- 이순신은 잘못된 전입신고에서 이렇게 탈출했다? • 154

085 공동소유주택에서 소수지분권자와 계약하면 대항력 상실? • 157
- 지분경매물건에 대한 권리분석과 배당표 작성 • 158
- 박정민은 가장 먼저 입주했는데 왜 전세금을 떼이게 됐나? • 159

086 건물과 대지 소유자가 다를 때 잘못된 선택? • 160

087 건물과 토지등기부에 등기된 권리가 다를 때 임차인은? • 164
- 건물과 대지의 말소기준이 다를 때 임차인의 대항력? • 164
- 건물과 대지의 말소기준이 다를 때 배당방법? • 164
- 임차인들의 손해는 얼마나 되나? 어떻게 줄일 수 있나? • 167

088 대지권이 없는 아파트소유자와 계약한 임차인의 손실? • 168
- 전세금 손해를 줄이기 위해 직접 입찰에 참여하다 • 168
- 대지권이 없는 아파트 소유자와 계약하면 어떻게 될까? • 168
- 대지권이 없는 아파트 입찰내역과 입찰결과 • 170

089 선순위채권이 과다한 상태에서 대항요건을 갖춘 소액임차인은? • 172
- 경매 입찰정보와 임차인이 배당요구한 내역 • 172
- 이 사건에 대한 대법 2013다62223호 판결 • 173

090 계약금, 중도금만 지급하고 입주했는데 경매되면 탈출은 어떻게? • 175
- 임차인이 잔금지급 전에 입주를 했다면 임차인의 대항력은? • 175
- 임차보증금의 일부를 남겨두고 대항요건을 갖추었다면? • 176

091 임차인이 배당요구를 하지 않았다면 얼마나 손해를 볼까? • 178
- 후순위임차인 배당요구를 하지 않았다면 전세금 전액 손해 • 178

- :: 배당요구를 하지 않아 손해 보면 후순위채권자를 상대로 부당이득청구? • 179

092 배당요구종기를 연기신청해서 전세금을 받게 된 임차인? • 180
- :: 경매 입찰정보와 임차인이 배당요구한 내역 • 180
- :: 유영민이 배당요구종기일 지나서 배당요구를 하다 • 181
- :: 배당요구할 수 있는 시기와 연기신청으로 배당요구 방법 • 181

093 계약기간만 갱신했고, 2차계약서로 배당요구해 배당금이 없을 때 탈출? • 183

094 소액임차인으로 잘못 판단해서 손해 볼 뻔한 임차인과 낙찰자의 탈출? • 185
- :: 임차인과 낙찰자가 경매의 덫에서 탈출하다 • 185
- :: 입찰대상 물건정보와 입찰결과 내역 • 185
- :: 매수인의 잘못된 판단으로 보증금을 인수할 뻔한 사례 • 186
- :: 이러한 상황에서 어떻게 탈출할 수 있었을까? • 187
- :: 대항력이 없는 임차인이 갱신한 계약서로만 배당요구했다면? • 187

095 전세금을 증액했을때 잘못된 배당요구에서 탈출하기 • 189
- :: 저당권설정등기 이후에 증액한 경우 대항력과 우선변제권 • 189
- :: 증액한 계약으로 배당요구했다가 최초 계약서로 정정 배당요구하면? • 190
- :: 증액한 임차인이 배당요구를 잘못해서 손해볼 뻔한 사례에서 탈출? • 194

096 선순위 임차인은 증액한 전세금만 배당요구할 수 있다? • 197
- :: 선순위임차인이 증액전은 대항력을, 증액분만 배당요구한 경우 • 197
- :: 유승민은 임차주택이 경매되자 증액한 전세금만 배당요구 • 197
- :: 유승민의 배당금과 대항력, 그리고 부당이득의 범위? • 198

097 경매와 공매가 동시에 진행될 때, 경매에서만 배당요구한 임차인? • 200
- :: 다가구주택의 온비드공매 입찰정보 내역 • 200
- :: 공매와 경매가 동시에 진행되면 어떻게 하면 되나? • 202
- :: 공매에서는 배분요구를 하지 않아 전세금을 손해 본 이강민? • 203

098 임차인이 배당표원안을 확인하지 않아 손해 본 사례? • 204
- :: 법원이 작성한 배당표 믿어야 하나? • 204
- :: 법원이 배당표를 잘못 작성해 손해 봤다면 손해배상청구? • 204

- :: 배당표를 잘못 작성해 선순위임차인이 배당받지 못하면? • 205
- **099** 경매개시 이전에 전입하고 이후에 확정일자를 받았을 때 대응방법? • 206
- **100** 경매 들어간 사실을 모르고 입주했다면 임차인은 어떻게 탈출? • 208
  - :: 경매기입등기 이후에 전입신고와 확정일자를 받은 경우 • 208
  - :: 계약한 중개업소를 상대로 손해배상청구하면 된다 • 209
- **101** 후순위 임차인이 선순위 근저당을 대위변제해서 탈출하는 방법? • 210
- **102** 전세권등기를 하고 퇴거했는데 왜 전세금을 떼이게 되었나? • 212
  - :: 이소령이 전세금을 떼이게 된 사연? • 212
  - :: 어떻게 하면 전세금을 안전하게 지킬 수 있나? • 214
- **103** 전세금을 손해 보지 않으려고 직접 낙찰 받을 수밖에 없었던 사연! • 216
  - :: 공매에서 손해 보지 않으려고 입찰을 결심한 김 소위! • 216
  - :: 도시엔 제에이동 000호 원룸의 사진과 주변 현황도 • 217
  - :: 도시엔 제에이동 000호 원룸의 입찰정보 내역 • 217
  - :: 김 소위가 단독으로 원룸을 낙찰 받다 • 219

PART 5
전·월세 계약할 때 임차인이 꼭 알고 있어야할 기본상식

- **104** 계약 전에 임차부동산의 현황을 정확하게 분석하라 • 222
  - :: 임차할 부동산에 수리나 개선이 필요한 부분이 있는지 • 222
  - :: 임차할 부분을 현재 누가(소유자, 임차인) 사용하고 있는지 • 222
  - :: 임차할 부분 이외에 다른 임차인이 있는지 • 222
  - :: 임차부동산이 영업할 업종에 규제, 제한 등을 확인 • 223
- **105** 임차할 부동산의 매매와 전세 시세를 확인하라 • 224
- **106** 특별법으로 보호를 받을 수 있는 임차인인지 확인하는 법은? • 225
- **107** 등기부를 열람해서 부동산 소유자와 계약해야 하는 이유는? • 226

| 108 | 전·월세 계약에서 대리인과 계약하는 경우 대처법?! • 227
| 109 | 임차인은 가등기된 주택이나 상가에서 누구랑 계약해야? • 228
| 110 | 가처분이 있다면 임차인은 전세금을 떼인다? • 230
　　∷ 소유권말소청구소송에 따른 가처분이 있는 경우 계약은? • 230
　　∷ 근저당권설정등기 청구소송에 따른 가처분이 있는 경우 계약은? • 230
| 111 | 주택이나 상가가 신탁등기 되어 있다면 계약은 누구와 하나? • 231
| 112 | 건물과 토지소유자가 다를 때 임차인이 계약하는 방법? • 233
| 113 | 아파트 등의 집합건물에서 대지권미등기인 경우 대처 방법? • 234
| 114 | 집합건물에서 토지별도등기가 있다면 어떻게? • 235
| 115 | 주택 및 상가 등이 공동소유자로 등기되어 있다면? • 237
| 116 | 주택에서 건물과 대지 비율이 다르게 공동소유하고 있다면? • 238
| 117 | 등기부의 갑구와 을구에 담보물권과 채권 등이 있다면? • 240
| 118 | 등기부에 소유권을 제한하는 가처분, 가등기 등이 있을 때 대처법은? • 241
| 119 | 건물과 대지에서 말소기준이 다를 때 임차인의 대항력은? • 242
| 120 | 단시일 내에 소유자가 자주 변경, 경매개시 가능성 여부를 확인하려면? • 243
| 121 | 건축물관리대장과 토지대장을 확인하는 방법은? • 244
| 122 | 건축물대장에 위반건축물이 표시되어 있는지 확인하라 • 245
| 123 | 현황에 표시된 구분호수와 건축현황도가 일치하는 가를 확인하라 • 246
| 124 | 임차할 부동산에 임차인보다 선순위채권이 있을 때 계약법은? • 247
| 125 | 계약 후 추가적인 권리가 발생 시 계약해제 등에 관한 조항 삽입은? • 248
| 126 | 임차할 주택부분과 임차보증금 지불방법, 주택인도 시기 합의 방법은? • 249
| 127 | 등기부에 나타나지 않는 조세 등이 있는지 확인? • 249
| 128 | 계약해제 시 해약금과 위약금에 관한 약정을 해야 하는 이유 • 250
| 129 | 계약해지와 계약의 종료, 계약기간 연장 약정은? • 252
| 130 | 관리비 및 공과금 체납 여부와 해결방법에 대한 합의 • 253
| 131 | 장기수선충담금 납부에 관한 합의 • 254
| 132 | 전세권설정등기 또는 임대차등기에 관한 합의 • 255

133 부동문자로 된 계약내용에 대한별도 합의가 필요한 이유 • 256

PART 6
주택과 상가에서 올바른 전·월세 계약서 작성하기

134 아파트 전세계약 전에 확인하고, 계약에 합의 • 258
135 아파트 임대차(전세)계약서 작성하는 방법 • 264
136 계약서 작성할 때, 작성 후에 꼭 지켜야할 사항 • 266
137 아파트에 임차인이 거주하고 대리인이 임대차계약을 하는 방법은? • 270
138 대리인이 전세계약을 할 때 위임장 작성과 영수증을 교부하는 방법 • 273

　∷ 임대인의 위임장 작성방법 • 273

　∷ 대리인이 작성하여 교부한 영수증 • 274

139 다가구주택 임대차(월세) 계약서를 작성하는 방법? • 275
140 상가와 오피스텔에서 임대인과 임차인이 꼭 알고 있어야할 내용? • 278
141 오피스텔 임대차(월세)계약서 작성하는 방법은? • 280
142 집합건물 상가 임대차(월세) 계약서 작성법은? • 282
143 상가건물 임대차(월세)계약서 작성법은? • 284
144 상가 권리(시설)양수도 계약서를 작성하는 방법은? • 286
145 전세권의 존속기간 만료, 전세보증금의 증액으로 갱신하는 법은? • 289
146 아파트 소유자가 변경 또는 보증금 증액 시 재계약서 작성법은? • 291
147 미등기아파트에 입주할 때 임차인이 주의해야 할 것은? • 293
148 미등기아파트 임대차(전세)계약서 작성하는 방법은? • 296
149 대지권미등기 아파트에서 임대차계약서 작성법은? • 298
150 공동소유 다가구주택 임대차계약(전세)서 작성 방법은? • 300

PART 7
'전세버블' 500조원 시대, 전세금을 안전하게 지키는 비법?

- **151** 계약서를 써야만 계약의 효력이 발생할까? • 304
- **152** 계약을 하고 24시간 안에는 언제든지 깰 수 있나? • 305
- **153** 계약서 작성 후 계약금을 입금하기 전에는 언제나 계약을 깰 수 있나? • 307
  - :: 대법원 2007다73611의 판결로본 올바른 판단 • 307
- **154** 계약금 일부만 받은 경우 그 금액을 해약금으로 계약을 해제할 수 있나? • 309
- **155** 계약당사자는 언제든지 해약금을 지급하고 계약을 깰 수 있다? • 315
- **156** 채무불이행으로 계약을 해제 시 청구할 수 있는 손해배상금은? • 316
- **157** 전세금 보호를 위해 임차인이 알아야할 9가지 특별 노하우? • 318
  - 01 선순위채권 과다 여부를 확인하고 계약해라! • 318
  - 02 선순위채권이 많을 때 이렇게 대처하면 된다 • 318
  - 03 소유자를 확인하고 계약해야 전세금을 보호 받을 수 있다 • 319
  - 04 계약금, 중도금, 잔금지급은 이렇게 하면 된다 • 319
  - 05 잔금지급 후 주택인도 즉시 전입신고와 확정일자를 받아야 • 319
  - 06 전세권등기와 주임법상 대항요건을 함께 갖추고 있으면 • 320
  - 07 임대차권등기와 임차권등기 하는 것 잊지 말자! • 320
  - 08 전세금보증보험에 가입해서 보장받는 방법을 선택해라! • 321
  - 09 전세보증금의 증액으로 갱신하게 된다면 어떻게 해야 하나? • 322
- **158** 부동산 계약할 때 중개수수료 계산방법은? • 323
- **159** 중개수수료는 누가 부담하나? • 324
- **160** 임대인, 또는 임차인의 계약해지 통보 방법? • 326
- **161** 묵시적 갱신이 됐을 때 계약 해제는? • 327
- **162** 전세기간 만료 후 전세금 반환 받는 데도 전략이 필요? • 328
- **163** 임대인이 전세금을 반환하지 않는다면 이렇게 대처해라? • 329
- **164** 임차권이나 전세권에 가압류가 있으면 갱신할 수 없다? • 333

165 임차권 등에 가압류 등이 있는 경우, 임차인과 임대인의 대처법은? • 334
166 전세권에 저당권이나 가압류가 있다면 어떻게? • 336

PART 8
경매에서 현명한 대처는 전세금 보호의 클라이막스다?

167 임차주택이 경매되면 어떻게 진행되고 있나? • 338
168 경매로 매각되기 전 매각준비절차의 진행은? • 339
169 임차인은 경매를 언제, 어떻게 알 수 있게 되나? • 341
170 임차주택이 공매가 진행되면 알 수 있는 방법은? • 342
171 임대차기간 중에 경매가 통지 받았을 때 대처 방법은? • 343
172 임차인이 전세보증금으로 배당요구하는 방법은? • 344
173 임차인은 경매나 공매에서 배당요구는 언제까지? • 345
174 임차주택이 경매될 때 계약서를 분실했다면 어떻게 해야 하나? • 346
175 선순위임차인도 배당이 잘못되면 손해 보니 배당기일 전에 배당표확인은 필수! • 347
176 경매나 공매의 매각대금에서 채권자에게 배당하는 순서는? • 348
177 임차인에게 배당금을 지급하는 절차는 어떻게? • 351
178 경매당할 때 임차인의 주택인도 시기와 부당이득은 언제 발생하나? • 352

PART 1

왜 주택임차인이 전세금을 떼이게 되나?

전세금을 떼이게 되는 사례가 발생하는 이유

전세 대란 속에서 어떻게 해야 전세보증금을 떼이지 않고 안전하게 지킬 수 있을까?

이 해답은 전세보증금을 떼이게 되는 원인을 확인하면 알 수 있다.

첫 번째, 가장 큰 원인은 임차주택을 얻는 단계에서 정확하게 분석하지 못해서 발생한다. 그야말로 첫 단추를 잘못 꿴 것이다.

<u>첫 단추가 잘못 꿰어지면 가장 큰 손실을 본다.</u> 그래서 임차주택을 얻기 전에 정확한 분석을 어떻게 해야 하는 가에서 "올바른 임차주택과 하자 없는 임차주택을 찾는 것" 부터 시작했다.

① 올바른 임차주택 찾는 방법으로, 나의 주거목적에 맞는지, 수리나 개선이 필요한 부분이 있는 지, 현재 누가(소유자, 임차인) 사용하고 있는지, 임차할 부분 이외에 다른 임차인이 있는가(나보다 선순위임차인이기 때문),

② 하자 없는 임차주택 찾는 방법으로, 등기부를 열람해 등기부상 소유자가 누구인지를 확인, 등기부에 등기된 채권과 소유권을 제한하는 권리 등이 있는 지를 확인하고 말소 또는 있는 상태로 계약하면 된다. 그리고 등기부에 등기되

지 않은 조세채권 여부를 국세 및 지방세 완납증명서를 통해서 확인해야 한다.

③ 선순위임차인과 등기부에 등기된 채권 등이 있는 상태로 계약하면 임차인이 후순위가 되므로 자기 전세금을 포함해서 손해 보지 않는 선에서 계약해야 한다.

두 번째, 전·월세 계약서를 잘못 써서 발생하는 손해다.
이러한 손해는 계약에 관해서 간단한 상식만 알고 있어도 피해갈 수 있다. 그래서 아파트와 다가구주택, 그리고 상가건물에서 전·월세 계약서 작성방법을 쉽고도 정확하게 기술했다. 누구든지 따라만 하면 쉽게 내게 유리한 계약서를 작성할 수 있도록 한 것이다.
① 임대권한이 없는 사람과 계약해서 손해 보는 사례!
② 선순위 임차권등기나 전세권등기가 있는데 계약하면 어떻게?
② 건물과 토지소유자가 다른 경우 건물소유자와 계약하면?
③ 아파트에서 대지권미등기, 토지별도등기가 있다면?
④ 다가구주택과 아파트가 공동소유라면 어떻게 계약해야 안전할까?
⑤ 신탁등기된 주택이나 가등기 된 주택에서 계약하는 방법은?
⑥ 계약 이후에 추가로 발생한 권리를 모르고 잔금을 지급했다면?

세 번째, 계약을 하고 난 후 발생하는 문제 때문이다.
<u>이 문제가 첫 번째 다음으로 큰 손실을 가져다 주게 된다.</u> 임차인들이 놓치기 가장 쉬운 것으로 계약하고 대항요건과 계약서에 확정일자를 받는 것을 제대로 하지 않아서 발생한다. "임차주택이 경매 당할 것이라고 생각하지 못했

다"는 말로 임차인과 상담할 때와 낙찰 받고 명도할 때 가장 많이 듣는다.

전·월세 계약이 대항력을 가지려면 대항요건을 갖추어야 한다. 대항요건인 주민등록(=전입신고)과 주택인도(=거주)를 갖추면 다음날 오전 0시부터 대항력이 발생해(채권이 물권화 되는 시점이다) 소유자가 일반 매매로 바뀌어도 자동 승계되므로 안전하다.

그런데 경매절차에서는 대항요건만 갖추고 있고 계약서에 확정일자를 받지 않았다면 우선변제권이 없어 선순위임차인을 제외하고는 손실이 예상된다. 그래서 주민센터에서 전입신고(=주민등록)할 때 계약서에 확정일자를 받는 것을 잊지 말아야 한다.

알아두면 좋은 내용

대항력과 확정일자 우선변제 효력발생 일시 계산방법은?
① 05. 01. 전입신고 ➡ 05.10. 확정일자 : 대항력은 05월 2일 오전 0시, 확정일자부 우선변제권은 05월 10일 당일 주간.
② 05. 01. 확정일자 ➡ 05. 10. 전입신고 : 대항력과 우선변제권은 05월 11일 오전 0시.
③ 05. 01. 전입신고와 확정일자 : 대항력과 우선변제권은 05월 02일 오전 0시에 발생하게 된다.

네 번째, 경매나 공매당할 때 제대로 대처하지 못한데서 발생하는 손해다.

① 임차인들은 최우선변제권과 확정일자부 우선변제권이 있다.

이러한 우선변제권은 배당요구종기일 까지 배당요구할 때만 주어지는 권리이므로, 하지 않았다면 배당에서 배제되므로 유의해야 한다.

배당요구했더라도 대항요건을 낙찰자가 잔금을 납부할 때까지 유지하고 있어야 안전하다. 그게 어렵다면 임차권등기를 하고 이사 나가는 방법, 동일세대원 일부를 남겨두고 이사를 가면 종전주택과 신규주택 모두 대항력과 우선변제권을 유지할 수 있다.

② 임차주택이 경매와 공매가 동시에 중복해서 진행되면 주의해야 한다.

임차인들은 경매에서 배당요구하면 공매에서도 자동 배당된다고 오해를 하고 있는데, 경매와 공매는 전혀 다른 매각절차로 각각 배당요구가 필요하다.

경매에서 배당요구하고, 공매에서 하지 않았는데 공매로 매각되면 임차인은 배당에 참여할 수 없어 손해를 볼 수밖에 없다.

③ 임차인이 전세금을 증액했을 때 자주 발생하는 문제다.

증액한 임차인은 최초전세계약서와 증액계약서 두 개로 배당요구해야 최초계약서로 우선변제권과 증액한 계약서로 후순위로 배당 참여가 가능하다.

실무에서는 임차인들은 조금이라도 더 받기 위해 증액한 전세계약서로만 배당요구 하는 경향이 있다. 그런데 증액한 계약서는 확정일자가 늦어서 배당금이 적거나 없을 수밖에 없다.

<u>만약 임차인이 증액한 전세계약서를 배당요구종기일 까지 배당요구했다면 이렇게 탈출할 수 있다.</u> 배당요구종기일 까지 배당요구를 정정해서 배당요구하면 배당 참여가 가능하다.

그렇게 하지 않았다면 생각해 봐라! 어떻게 되는 가를?

④ 경매절차에서 주택인도 시기와 부당이득에 관한 문제를 해결한다.

선순위임차인(말소기준 이전에 대항요건을 갖춘 임차인을 말함)은 대항력이 있어서 배당 받을 때까지 비워주지 않아도 된다.

후순위임차인은 대항력이 없어서 낙찰자가 대금을 납부하면 배당금과 상관

없이 주택을 비워 줘야 한다. 그래서 이러한 경우 임차인이 낙찰자와 지혜로운 협의를 거쳐 부당이득반환 없이 배당기일에 배당 받고 이사를 가면 된다. 하지만 다툼이 발생하면 대금납부 이후부터 주택사용료를 청구 당하게 될 수도 있으니 슬기로운 대처가 필요하다.

다섯 번째, 상가임차인들의 경우엔 더욱 심각하다.

상가건물임대차보호법으로 보호받는 임차인은 대항력과 우선변제권이 있어서 앞에서와 같은 방법으로 보호를 받을 수 있다.

그러나 보호대상이 아닌 임차인은 대항력이 없어서 세무서에서 확정일자를 부여 받을 수 없다. 그래서 소유자가 변경되거나 경매 또는 공매 당하게 되면 배당요구할 수 있는 권리가 없어서 보증금을 떼일 수밖에 없다.

다음은 실제로 필자가 경험한 다가구주택에서 임차인들이 전세보증금을 안전하게 지킬 수 있었는지? 어떠한 실수로 전세보증금을 떼이게 되었고, 탈출구는 찾을 수 있었는지? 독자 분들도 그러한 상황이 발생하면 어떻게 대처해서 탈출해야 되는 가부터 시작한다.

원룸 30개인 다가구주택에서 전세금을 떼이게 된 사연

얼마 전 은평구에 있는 원룸 30개인 다가구주택을 지인이 경매로 낙찰 받았을 때 필자가 명도를 도왔던 기억이 지금도 생생한 기억으로 남아 있다. 아마도 이 책을 쓰게 된 동기도 그 기억과 무관하지 않다.

30명의 임차인들이 원룸에서 거주하고 있었는데 20대 후반에서 30대 초반으로 전세금은 4,000만원에서 5,000만원대다.

그런데 이 임차인들의 대부분은 전세금보증금을 떼이게 되었다.

그 이유를 다음 골드타운 원룸 다가구주택의 경매사건과 임차인 현황을 통해서 다음과 같이 확인할 수 있다.

∷ 골드타운 원룸 다가구주택이 경매로 매각된 현황

2013타경 00000호	• 서울서부지방법원 본원 • 매각기일 : 2014.02.18(火) (10:00) • 경매 2계(전화:02-3271-1322)						
소재지	서울특별시 은평구 OO동 000 외 1필지 도로명주소검색						
물건종별	다가구(원룸등)	감정가	2,560,120,910원	오늘조회: 1 2주누적: 0 2주평균: 0 조회동향			
토지면적	337㎡(101.943평)	최저가	(64%) 1,638,478,000원	구분	입찰기일	최저매각가격	결과
				1차	2013-12-18	2,560,120,910원	유찰
				2차	2014-01-14	2,048,097,000원	유찰
건물면적	837.04㎡(253.205평)	보증금	(10%) 163,850,000원	3차	2014-02-18	1,638,478,000원	
				낙찰 : 1,833,808,000원 (71.63%)			
매각물건	토지·건물 일괄매각	소유자	(주)골드허브외1	(입찰3명,낙찰:노원구 손OO 외1 / 2등입찰가 1,772,000,000원)			
				매각결정기일 : 2014.02.25 - 매각허가결정			
개시결정	2013-07-05	채무자	(주)골드허브	대금지급기한 : 2014.04.02			
				대금납부 2014.03.28 / 배당기일 2014.04.29			
사건명	강제경매	채권자	윤소령외1명	배당종결 2014.04.29			

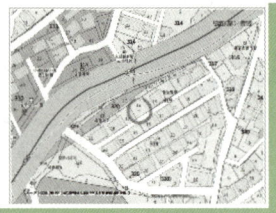

:: 건물과 토지등기부에 등기된 권리 현황

■ 건물등기부 (채권액합계 : 1,750,404,240원)

No	접수	권리종류	권리자	채권금액	비고	소멸여부
1(갑1)	2010.09.17	소유권보존	(주)골드허브			
2(을1)	2010.09.20	근저당	수협중앙회 (암사역지점)	560,400,000원	말소기준등기	소멸
3(을2)	2010.09.20	근저당	수협중앙회	663,000,000원		소멸
4(을5)	2011.02.01	전세권(404호)	임중명	57,000,000원	존속기간: 2011.02.01~2012.01.31	소멸
5(을6)	2011.03.03	전세권(203호)	정선수	60,000,000원	존속기간: 2011.02.28~2013.02.27	소멸
6(을7)	2011.03.11	전세권(204호)	이상철	55,000,000원	존속기간: ~2012.03.03	소멸
7(을8)	2011.03.11	전세권(505호)	정소령	58,000,000원	존속기간: 2011.03.11~2013.03.10	소멸
11(을10)	2012.11.26	주택임차권(305호)	김소령	30,000,000원	전입:2010.11.23 확정:2010.11.23	소멸
13(을12)	2013.03.25	주택임차권(301호)	윤소령	55,000,000원	전입:2010.12.27 확정:2010.12.27	소멸
14(을13)	2013.04.22	주택임차권(201호)	황소령	14,000,000원	전입:2010.12.17 확정:2010.12.17	소멸
17(갑7)	2013.07.05	(주)골드허브지분강제경매	윤소령	청구금액: 55,000,000원	2013타경00000호	소멸
18(갑8)	2013.07.22	(주)골드허브지분압류	국민건강보험공단		2013타경00000호	
19(갑9)	2013.08.14	임의경매	수협중앙회 (수도권여신관리센터)	청구금액: 993,324,618원		소멸

:: 골드타운 다가구주택의 임차인 현황과 배당금 수령내역

501호	502호	503호	504호	505호	506호
곽영수 보증금 6,000만원 2011.03.14. 전입/확정	현수령 보증금 6,000만원 2011.04.25. 전입/확정	김정희 보증금 6,000만원 2010.12.16. 전입/확정	최수진 보증금 4,000만원 2013.02.26. 전입/확정	정소령 보증금 5,800만원 2013.05.26. 전입/확정	최미술 보증금 5,500만원 2010.12.06. 전입/확정
〈최우선변제금 2,500만원으로 3,500만원 손해 봄〉	〈최우선변제금 2,500만원으로 3,500만원 손해 봄〉	〈최우선변제금 2,500만원으로 3,500만원 손해 봄〉	〈최우선변제금 2,500만원으로 1,500만원 손해 봄〉	〈최우선변제금 2,500만원으로 3,300만원 손해 봄〉	〈최우선변제금 2,500만원으로 3,000만원 손해 봄〉

401호	402호	403호	404호	405호	406호
최연희 보증금 6,000만원 2010.09.24. 전입/확정. 〈최우선변제금 2,500만원과 확정일자로 3,500만원 전액 배당받음〉	김이수 보증금 4,000만원 2013.04.02. 전입/확정 〈최우선변제금 2,500만원으로 1,500만원 손해봄〉	신선미 보증금 6,500만원 2010.09.27. 전입/확정 〈최우선변제금 2,500만원과 확정일자로 12,196,963원배당 받아 27,803,037원 손해봄〉	임중령 보증금 5,700만원 2011.02.01. 전세권등기후 이사 나가고, 새로 임차인 전경장 보증금 4,000만원 2013.02.19. 전입/확정 〈전경장이 최우선변제금 2,500만원 받고 1,500만원 손해〉	이수미 보증금 6,000만원 2010.12.13. 전입/확정 〈최우선변제금 2,500만원으로 3,500만원 손해봄〉	이정수 보증금 6,000만원 2010.10.04. 전입/확정 〈최우선변제금 2,500만원으로 3,500만원 손해봄〉

301호	302호	303호	304호	305호	306호
윤소령 보증금 5,500만원 2010.12.27. 전입/확정, 2013.03.25. 임차권등기후 퇴거했는데, 새임차인 박소위 보증금 4,000만원 13.04.12. 전입/확정 〈윤소령 최우선변제금 2,500만원받고 3,000만원 손해봄〉 〈박소위는 임차권등기 이후에 입주해서 4,000만원 전액 손해봄〉	김인수 보증금 5,500만원 2011.04.06. 전입/확정 〈최우선변제금 2,500만원으로 3,000만원 손해봄〉	송중령 보증금 5,700만원 2011.01.07. 전입/확정 〈최우선변제금 2,500만원으로 3,200만원 손해봄〉	허병장 보증금 5,500만원 2011.01.26. 전입/확정 〈최우선변제금 2,500만원으로 3,000만원 손해봄〉	김소령 보증금 3,000/23만원 2010.11.23. 전입/확정 전입신고가 되어 있는 상태에서 이사나갔지만 새 임차인 오병장 보증금 2,500/25원 12.11.23. 전입/확정하고, 김소령 12.11.26.임차권등기 〈오병장 최우선변제금2,500만원 전액배당〉 〈김소령 3,000만원 손해봄〉	이미수 보증금 4,500만원 2013.05.09. 전입/확정 〈최우선변제금 2,500만원으로 2,000만원 손해봄〉

201호	202호	203호	204호	205호	206호
황소령 보증금 1,400만원 2010.12.17. 전입/확정. 전입신고가 되어 있는 상태에서이사 나갔지만 새임차인 김영미 보증금 2,400만원 13.01.10. 전입/확정하고, 황소령 13.04.22.임차권등기 〈김영미 최우선변제금으로 전액 배당받았으나 황소령은 손해봄〉	이정연 보증금 4,000만원 2013.03.26. 전입/확정 〈최우선변제금 2,500만원으로 1,500만원 손해봄〉	정선수 보증금 6,000만원 2011.02.28. 전입/확정 〈최우선변제금 2,500만원으로 3,500만원 손해봄〉	이상철 보증금 3,000만원 2013.01.30. 전입/확정 〈최우선변제금 2,500만원 배당으로 500만원 손해봄〉	채무자가 사무실로 사용하다가 공실로 남겨 두어 명도 없이 인도받을 수 있었던 호수임	백소령 보증금 4,000만원 2013.04.15. 전입/확정 〈최우선변제금 2,500만원으로 1,500만원 손해봄〉

101호	102호	103호	104호	105호	106호
진나라 보증금 300/45만원 전입신고 없음 〈배당금없음〉	기영수 보증금 300/36만원 경매기입등기 후 전입신고 〈배당금없음〉	고수미 보증금 2,500만원 2012.12.14. 전입/확정 〈최우선변제금으로 전액 배당〉	최영미 보증금 3,000만원 2013.06.05. 전입/확정 〈최우선변제금 2,500만원 배당으로 500만원 손해봄〉	이나미 보증금 4,000만원 2010.12.10. 전입/확정 〈최우선변제금 2,500만원으로 1,500만원 손해봄〉	김은미 보증금 500/41만원 2013.01.10. 전입/확정 〈최우선변제금으로 전액 배당〉

 김선생의 골드타운 다가구주택의 배당이야기

매각대금을 가지고 배당을 하면 다음과 같이 분석할 수 있다

매각대금 1,833,808,000원 + 이자 1,500,663원에서 경매비용 7,399,130원을 공제하면 실제 배당할 금액은 1,827,909,533원이다.

이 금액에서 1순위로 등기부에 등기된 수협중앙회 근저당권을 기준으로 소액임차인들이 다음과 같이 최우선변제금 6억5,400만원을 받았다.

> 103호, 104호, 105호 임차인이 2,500만원, 106호 500만원,
> 201호 2,400만원, 202호, 203호, 204호, 206호 2,500만원,
> 그리고 301호~306호 2,500만원, 401호~406호 2,500만원,
> 501호 ~ 506호 임차인이 2,500만원 합계금액 6억5,400만원

2순위 은평구청 재산세 6,563,570원(당해세)

3순위 수협중앙회 근저당권이 1,120,149,000원, 4순위 최연희 3,500만원(확정일자), 5순위 신선미 12,196,963원 배당받는 절차로 마무리 된다. 이 배당표는 토지와 건물을 분류해서 배당표를 작성해야 하지만 임차인들이 얼마나 손해 보는 내용만 설명하는 것으로 생략했다.

003 전세금을 떼인 임차인과 전세금을 지킬 수 있었던 임차인?

∷ 나대지 상태에서 등기된 토지별도등기가 있다는 사실

다가구주택이나 아파트 등에서 나대지(=건물이 없는 땅)상태에서 토지에 1순위로 2009. 12. 11. 수협중앙회 근저당권 5억6,040만원이 설정되고, 건물에 1순위로 2010. 09. 20. 수협중앙회 근저당권 5억6,040만원이 설정되어 있어서 토지와 건물에서 말소기준권리가 다르다.

이때 유의할 점은 첫 번째, 임차인의 대항력은 건물의 말소기준권리를 가지고 분석하게 되므로, 먼저 대항요건을 갖추고 있으면 대항력 있는 선순위 임차인으로 미배당금이 발생하면 낙찰자 인수로 임차인은 손해를 보지 않게 된다. 하지만, 후순위임차인은 손해를 볼 수밖에 없다.

　두 번째, 건물이 없는 상태에서 근저당이 설정되고 건물이 신축되었다면 소액임차인이 되더라도 토지에서 근저당보다 우선해서 최우선변제금을 배당받지 못하게 된다. 왜냐하면 토지의 근저당권자 입장에서는 건물이 없어서 소액임차인이 발생할 것을 예측할 수 없었기 때문에 근저당이 먼저 배당받고 토지에서 배당잔여금과 건물배당금을 가지고 1순위로 최우선변제금, 2순위로 당해세...순으로 배당하면 된다. 그러나 이 물건에서 수협중앙회가 전액 배당받게 되므로 편의상 앞에서와 같이 배당표를 작성한 것으로 보인다.

　만일 토지 근저당권이 채권이 많았다면 임차인들은 건물에서만 배당받을 수밖에 없어 지금보다 더 많은 손해가 발생하게 되므로 유의해야 한다. 토지 근저당의 채권액이 적은 것이 임차인들에겐 행운이다.

　그래서 다가구주택에 계약하기 전에 건물과 토지등기부를 열람해서 확인해서 선순위채권 여부를 확인해야 한다.

임차인보다 선순위채권이 과다한 것이 그 원인?

　임차인들은 입주할 때 그 주택이 경매당할 것이라고 예상하고 입주하는 경우는 없다는 것이 그동안 필자가 경험한 결과다.

　그래서 그런지 선순위채권을 확인해서 주택 시세의 90% 정도에 이르더라도 크게 걱정하지 않고 계약한다. 여기서 선순위채권이란 등기부에 등기된 채권과 임차주택에서 다른 임차인들의 최우선변제금과 확정일자부 우선변제권을 말한다.

　이 다가구주택에서도 시세대로 25억6,000만원에 매각되었다면 임차인들이 전세보증금을 떼이지 않았을 것이다. 그러나 경매당하면 시세의 70% 이하로 매각된다는 점을 고려하면 60% 이하가 안전하다.

이 주택에서도 선순위로 등기된 수협중앙회로 인해서 임차인 모두 대항력이 없다. 그리고 주택시세의 71.63%에 매각되어 1순위로 소액임차인으로 배당 받고, 2순위로 당해세, 3순위로 수협중앙회가 배당받고, 그리고 확정일자가 빠른 최연희는 4순위로 전액배당, 5순위로 신병장이 확정일자로 일부 배당 받고, 나머지 임차인들은 전세금의 대부분을 손해 보게 되었다.

이러한 사례에서 어떤 대책이 필요할까?
① 선순위채권이 과다한 주택을 어떻게 이해하면 되나?
본인의 전세금을 포함해 아파트는 70%, 다가구주택이나 상가 등은 60% 정도가 안전하다.

② 꼭 선순위채권이 과다한 주택에 입주해야 된다면 이렇게 해라!
앞의 사례에서 시사하는 바에서 배워라! 소액임차보증금 정도의 보증금과 월세로 계약한 임차인들은 최우선변제금으로 전액 배당받거나 일부 손실만 보았다. 독자 분들도 꼭 입주를 희망한다면 이렇게 하면 된다.

그러나 유의할 점은 소액임차인으로 최우선변제금을 받으려면 경매가 개시되기 전에 대항요건(=전입신고+거주)을 갖추고 있어야 한다.

그리고 선순위채권이 주택가격을 초과하는 상황과 경매가 임박(경매되기 전 1월)해서 대항요건을 갖추게 되면 소액임차인에서 배제될 수 있다는 대법원 판결이 있다는 사실도 함께 알고 있어야 한다.

∷ 임차권등기 전에 이사를 나가 전세금을 떼인 사례

⑴ 황 소령은 임차권등기를 했는데도 왜 전세금을 떼였나?
황 소령은 골든타워 201호를 보증금 1,400만원으로 2010. 12. 17. 전입/확정

일자를 갖추고 거주하다가 선순위채권 과다로 인해 전세가 빠지지 않게 되자 임차권등기를 하고 이사 나가고자 했다. 그런데 임차권등기명령이 결정되고 나서 등기부에 등기되기 전에 이사를 갔고(전입신고는 그대로 두고), 그 사이에 새로운 임차인 김영미 보증금 2,400만원 2013. 01. 10. 전입/확정하고 입주하게 되어 점유를 잃게 된 황 소령은 대항력을 상실하고 임차권등기 시점으로 대항력과 우선변제권이 발생하게 되었다. 그런데 이러한 사실을 알 수 없었던 법원은 황소령에게 최우선변제금 2,400만원으로 배당표원안을 작성했다. 이러한 사실을 배당기일 2일 전에 김영미가 확인하고 필자에게 상담해 왔다.

(2) 김 소령도 황 소령과 같이 임차권등기를 했는데 전세금을 떼였다?

김 소령은 골든타워 305호를 보증금 3,000/23만원으로 2010. 11. 23. 전입/확정일자를 갖추고 거주하다가 전입신고가 되어 있는 상태에서 이사 나갔지만 새임차인 오병장 보증금 2,500/25만원 12. 11. 23. 전입/확정하고, 김소령 12. 11. 26. 임차권등기를 해서 김소령도 황소령과 마찬가지로 대항력을 상실하고 임차권등기 시점으로 대항력과 우선변제권이 발생하게 되었다. 그런데 이러한 사실을 알수 없었던 법원은 김소령에게 최우선변제금 2,500만원으로 배당표원안을 작성했다.

이러한 사실을 배당기일 3일 전에 오병장이 확인하고 필자에게 상담해 왔다.

★ **김선생의 해결책 ❶**

서부지방법원 경매담당자에게 임차인의 대항력은 전입신고만 하고 있어서는 안 되고 거주하고 있어야 한다. 그 거주를 잃게 된 황소령과 김소령에게는 대항력이 상실되고 임차권등기 시점으로 다시 대항력과 우선변제권이 발생하게 된다. 그런데 그 이전에 김영미 임차인과 오병장 임차인이 대항력을 갖추고 있어서 김영미와 오병장의 대항력과 우선변제권의 범위 내에서는 후순위가 되기 때문에 김영미와 오병장이 최우선변제금을 배당받을 권리가 있고 그 범위 내에서 황소령과 김소령은 배제돼야 한다는 주장했다. 그래서 배당표는 최우선변제금 황소령에서 김영미 2,400만원, 김소령에서 오병장 2,500만원으로 변경되었다. 그러니 황소령과 김소령은 배당금이 없어 손해를 보게 된 것이다.

> **알아두면 좋은 내용**
>
> 임차인이 퇴거하면 대항력이 상실하게 되고 새로운 임차인에게만 대항력이 인정된다. 그러나 임차권등기를 하고 이사를 가게 되면 최초 임대차의 대항력과 우선변제권이 유지되지만, 유의할 점은 등기부에 임차권등기가 이루어진 다음에 이사를 가야 되는 것이지 임차권등기를 신청한 시점 또는 그 결정문을 받고 이사를 가게 된다면 황소령과 같이 전세금을 떼일 수밖에 없다는 사실에 유의해야 한다.

∷ 임차권등기 이후에 입주해 4,000만원 손해 본 박 소위

윤 소령은 골든타워 301호를 보증금 5,500만원으로 2010. 12 .27. 전입/확정일자를 받고 거주하다가 2013. 03. 25. 임차권등기를 하고 나서 퇴거했다. 이러한 사실을 확인하지 못한 새임차인 박 소위가 보증금 4,000만원 13. 04. 12. 전입/확정하고 입주했다.

그래서 경매법원에 윤 소령과 박 소위가 모두 301호로 배당요구를 했다. 법원은 임차권등기를 먼저 한 윤 소령에게 최우선변제금 2,500만원 배당해서 윤소령은 전세금 5,500만원에서 2,500만원을 제외한 3,000만원은 손해를 보았다. 그리고 박 소위는 임차권등기 이후에 입주해서 4,000만원 전액 손해 보게 되었다.

> **여기서 핵심체크 포인트**
>
> 임차권등기 이후에 입주하면 임차권등기 범위 내에서 대항력과 우선변제권이 인정되지 않는다. 그래서 배당잉여가 있다면 후순위 확정일자로 배당받을 수 있겠지만 그런 행운은 기대하지 않는 것이 좋다.

:: 임 중령은 전세권등기를 했는데 왜 5,700만원을 떼였나?

임 중령 골든타워 404호를 보증금 5,700만원으로 2011. 02. 01. 전세권등기 이후에 이사 나갔고, 새로 임차인 전 경장은 보증금 4,000만원으로 2013. 02. 19. 전입/확정일자를 갖추고 입주했다.

그런다면 임차권등기 이후에 입주한 임차인처럼 대항력과 우선변제권이 인정되지 않게 되는 것일까?

★ 김선생의 해결책 ❷

전세권등기 이후에 입주한 전 경장은 경찰관으로 전세권등기로 인해 전세금을 떼이게 되는가를 고민하여 찾아와 다음과 같은 내용으로 최우선변제권이 전 경장에 있다고 상담해 주었다.

전세권등기 이후에 그 주택에 거주하는 동안에는 용익권으로서 대항력과 우선변제권이 인정되므로 그 이후에 새로운 임차인이 입주할 수 없으므로 전세권자는 대항력과 우선변제권으로 보호받을 수 있다.

그러나 전세권자가 스스로 용익권을 포기하고 그 주택에서 이사를 나가게 되면 담보물권자로서 우선변제권만 인정된다. 그래서 새로 임차인이 대항요건을 갖추고 소액임차인에 해당된다면 선순위담보물권자 또는 전세권을 기준으로 소액임차인을 결정해서 최우선변제권으로 전세권보다 우선해서 변제 받을 권리가 있다.

그래서 새로 입주한 전 경장은 최우선변제금 2,500만원 받고 미배당금 1,500만원을 손해보고, 전세권자는 대항요건을 상실해 전세보증금 전액을 손해 볼 수밖에 없다는 사실을 알려주니 그제야 얼굴이 밝아졌다.

∷ 후순위이지만 손해를 줄일 수 있었던 사례

403호 신선미 임차인은 초등학교 선생이다. 경매가 진행되는 과정에 외국에서 연수중이어서 경매가 들어간 사실을 몰라서 배당요구를 하지 못했다. 연수에서 돌아와 경매가 된 사실을 알게 되었고 그 때는 이미 배당요구종기일도 지났다.

법원에 알아보니 배당요구종기일이 지나서 배당요구를 할 수 없다는 말만 들었다. 답답한 마음에 서점에서 "판사님 배당에 이의가 있습니다"를 구입해서 읽던 중 배당요구종기일을 연기신청해서 배당요구를 하면 배당에 참여할 수 있다는 사실을 알게 됐다. 그래서 저자이신 김선생께 전화를 걸어 도움을 요청했고 흔쾌히 도움을 주었다. 그래서 배당요구종기일 연기신청서와 함께 권리신고 및 배당요구서를 작성해 법원에 제출했고 법원은 신선미의 신청을 받아들여 종기일을 연기해 주면서 배당요구를 받아들였다. 그래서 신선미는 전세금 6,500만원 전액 날릴 뻔 했던 함정에서 최우선변제금 2,500만원과 확정일자부 우선변제금으로 12,196,963원을 배당받을 수 있었다.

알아두면 좋은 내용

배당요구연기신청과 함께 배당요구신청서를 제출해라!

임차한 주택이 경매당하는 사례는 많지 않다. 그래서 그런 일이 내게 발생했을 때 우리들은 당황해서 탈출구를 찾게 되는데 몰라서 손해 보는 일들이 많다.

후순위 임차인이 소액임차인으로 확정일자까지 부여 받았다면 최우선변제금과 확정일자 우선변제금으로 경매절차에서 배당받을 수 있는 권리가 있다. 그런데 임차인이 알아야할 사실은 배당요구종기일까지 배당요구한 임차인만 배당받고, 배당요구하지 않은 임차인은 배당절차에 참여하지 못하고 소멸돼 전세금 전액 잃게 된다. 독자 분들도 이러한 상황에서 신선미처럼 배당요구연기신청서와 권리신고 및 배당요구신청서를 제출해서 배당에 참여하기 바란다. 중요한 것은 배당요구종기일까지 배당요구하는 것이 원칙이라는 사실을 잊어서는 안 된다. 인생사가 모두 그러하듯 잘 못될 수도 있다.

∷ 대항요건을 갖추고 있지 않았지만 손해 보지 않은 임차인

진나라, 기영수 임차인은 대항요건을 갖추고 있지 않아서 소액임차인이면서도 배당에서 배제 되었다. 그럼에도 명도하는 과정에서 다른 임차인들과 달리 밝은 표정이었다. 그도 그럴 것이 진나라는 보증금 300만원에 월세 45만원, 기영수는 보증금 300만원에 월세 36만원으로 경매가 진행되는 동안 연체 차임으로 모두 공제할 수 있었고, 명도과정에서도 이사비용으로 50만원 씩 챙길 수 있었기 때문이다.

> Q 우리들이 떼인 전세금 돌려받는 방법 좀 알려 주세요?
> A 여러분은 모두 후순위로 전세금이 경매로 소멸됩니다.
> 이럴 때 일반적으로 떼인 전세금을 찾는 방법은 채무자인 임대인에게 청구하는 방법과 계약서를 작성한 중개업소를 상대로 손해배상을 청구하는 방법이 있습니다. 임대인은 무자력자가 되니 청구해 봐야 받을 수가 없을 테고, 중개업소를 상대로 손해배상을 청구해야 하는데 선순위채권이 과다한 상태에서 계약해서 보상 비율 30~50% 정도로 높을 것이라 판단됩니다. 하지만, 안타까운 것이 중개업소에서 계약하신 분이 두 분 밖에 없군요. 이런 이유로 임대인과 직접 계약하지 말고 중개업소를 통해서 계약해야 보상도 받을 수 있고, 전세금을 떼이지 않는 계약을 할 수가 있죠.

전세 보증금을 경매로 날린 이정민 부부 이야기

결혼 당시 살림집은 부모님이 지원해주신 돈과 이정민이 직장생활을 하면서 틈틈이 적금을 들어둔 돈을 합해서 전세금 7,500만원으로 마련하게 되었는데, 적은 돈으로 살림집을 찾는 데 어려움이 많았다.   그런데 다행히도 영등포구 신길동에서 보통 전세 시세의 절반 이하로 나온 주택을 구할 수 있었다.

너무 싼 가격이 이해가 되지 않아 부동산중개업소에 문의해 본 결과 선순위 채권이 많아서 그렇다는 답변을 들었다.

이정민 제가 잘 몰라서 그러는데, 선순위채권이 뭐예요?

중개업소 박실장 네. 주택에 1순위로 근저당이 338,000,000원 설정되어 있어서 임차인보다 선순위가 된다는 뜻이죠. 만일 이 집이 경매로 매각되면 1순위 근저당권자가 먼저 배당받고 나머지 배당금에서 임차인이 후순위로 배당받게 된다는 뜻이에요.

이정민 아내 네? 그렇다면 이 집에 절대 전세 들어가면 안 되겠네요. 아무리 제가 부동산을 몰라도 이건 아니죠. 전세금 7,500만원을 어떻게 마련한 건데…….

중개업소 박실장 그래서 전세 시세가 1억5,000만원인데 7,500만원에 임대하는 거라니까요. 주택 시세가 4억원 정도 되고 1순위로 설정된 미래신협 근저당권이 실제 대출금이 2억6,000만원(채권최고액 3억3,800만원)이니까 임차인의 임차보증금 7,500만원을 합해도 3억 3,500만 원이 되잖아요. 설령 경매로 매각되더라도 보증금을 손해 보는 일은 없을 겁니다.

이정민 얘기 듣고 보니, 괜찮은 것 같네요. 그럼 결정하죠. 뭐 정 안되면 내가 낙찰 받으면 되니까.

중개업소 박실장 걱정 마세요. 그런 일 없을 거예요. 다들 돈이 부족하니 선순위채권이 많은 주택을 저렴하게 전세 들어가 살고 있지요. 중요한 것은 이러한 문제가 집주인만의 문제가 아니란 거예요. 집주인이 이 주택을 취득할 당시 4억5,000만원 정도의 시세로 거래되고 있었는데 급매물로 3억9,000만원에 취득해서 1순위로 근저당권을 설정했으니까요. 그때 이 주택도 제가 사주었어요. 지금은 부동산경기가 안 좋아서 4억 정도 가지 조금 있으면 4억5,000만원은 갈 거니 걱정 안 하셔도 될 거예요. 그리고 그런 사정이 없으면 누가 7,500만원에 임대하겠어요? 정상적인 전세 시세가 1억5,000만원인데…….

이정민 부부가 합동해서 그렇겠네요. 그럼 계약서 쓰시죠.

이렇게 해서 이정민 부부는 7,500만원으로 임대차계약서를 작성하고 중개업소 박실장이 알려주는 대로 주민센터에 가서 전입신고와 동시에 확정일자를 받았다.

그런데 어느 날 아내로부터 급한 전화가 왔다. 아내는 너무 놀랐는지 큰일 났다는 말만하고 말을 제대로 하지 못했다.

이정민 아내 우리가 살고 있는 집이 경매로 넘어갔다고 법원에서 통지가 왔어요. 회사 끝나는 대로 빨리 집으로 와요.

그날 저녁 이정민과 아내, 두 사람은 임대차계약서작성 당시 중개업소 박실장이 말한 내용이 생각났다. 이 집은 4억 정도 가니 임차인이 충분이 배당받을 거라는 이야기였다. 그래서 부부는 다음날 중개업소 박실장을 만나기로 약속하고 잠이 들었다.

중개업소 박실장 에고, 얼굴에 수심이 가득하네. 그런데 너무 걱정 마세요. 임대차계약서에 확정일자는 잘 받아두었지요?

이정민과 아내가 합창하듯 네! 그건 틀림없어요. 오기 전에도 다시 한 번 확인했으니까요.

중개업소 박실장 그 서류를 가지고 법원에 권리신고 및 배당요구를 하세요. 낙찰자가 매각대금을 납부하면 거기서 보증금 전액을 배당받고 나서 주택을 명도해 주면 됩니다.

이정민 고맙습니다. 지금 당장 그렇게 할게요.

이정민 부부는 부동산 중개인을 만나고 나니 안심이 되었다.
그래서 즉시 법원에 권리신고 및 배당요구를 했다.

이정민 부부의 전셋집이 2억8,500만원에 매각되다

2011타경 0000호		• 서울남부지방법원 본원	• 매각기일 : 2011.12.05.(月) (10:00)	• 경매 3계(전화:02-2192-1333)		
소 재 지	서울특별시 영등포구 신길동 000-00 외 1필지, 삼성쉐르빌 4층 000호 도로명주소검색					
물건종별	다세대(빌라)	감 정 가	380,000,000원	오늘조회: 1 2주누적: 1 2주평균: 0 조회동향		
				구분	입찰기일	최저매각가격	결과
대 지 권	49.85㎡(15.08평)	최 저 가	(64%) 243,200,000원	1차	2011-09-28	380,000,000원	유찰
				2차	2011-10-31	304,000,000원	유찰
건물면적	74.21㎡(22.449평)	보 증 금	(10%) 24,320,000원	3차	2011-12-05	243,200,000원	
				낙찰 : 285,000,000원 (75%)		
매각물건	토지·건물 일괄매각	소 유 자	이ㅇㅇ	(입찰4명, 낙찰: 박ㅇㅇ 2등입찰가 246,010,000원)		

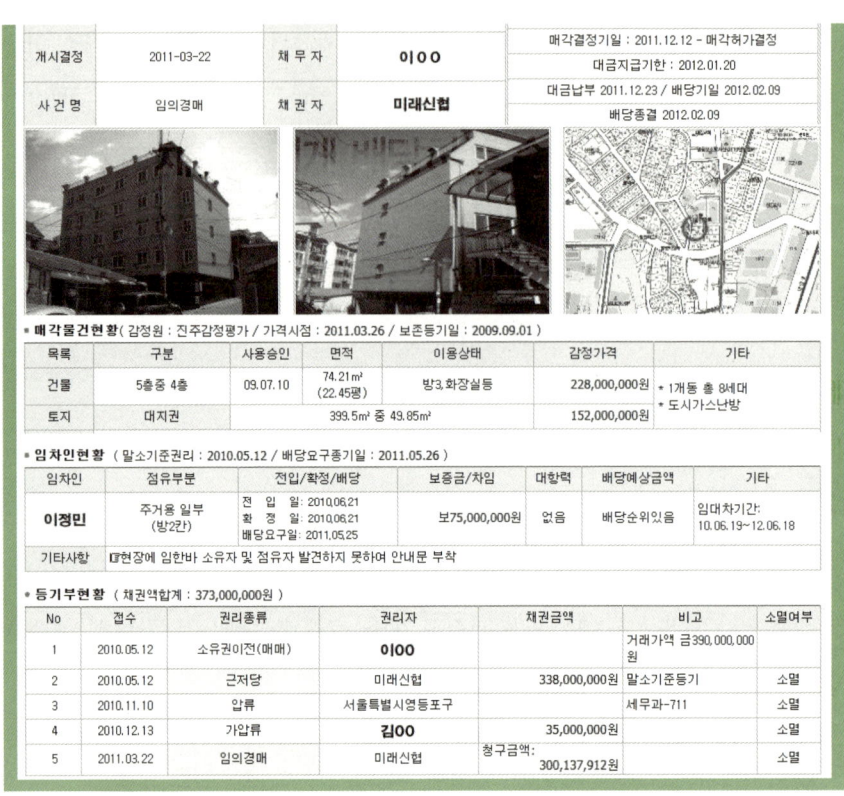

이정민 부부가 살고 있는 주택이 최초감정가 380,000,000원에서 계속 유찰되더니 3차에서 285,000,000원에 매각되었다. 1순위 미래신협근저당권의 배당요구채권이 300,137,912원으로, 2순위로 예상되는 임차인은 배당금이 없을 것이 예상된다. 마음이 급해진 이정민 부부는 또 다시 중개업소 박실장을 찾아갔다.

중개업소 박실장 왜 그렇게 많이 저감되어 낙찰되었지?

시세가 4억인데 아무리 낮아도 3억7,000만원에는 매각되어야 하는 집인데, 큰일이네, 어쩌면 좋지요?

이정민 임차보증금에 손실이 생기면 계약서를 작성한 중개업소에서 책임을 져야 되는 거 아닙니까? 우리는 박실장님의 괜찮다는 말만 믿고 계약서를 작성했으니 말입니다.

중개업소 박실장 걱정되셔서 그런 말씀하시는 것은 이해가 되지만, 그렇게 생각하시면 안 되지요.

제가 임대차계약 당시 1순위 근저당권에 대해서 말씀드렸고 그로 인해서 전세 시세의 절반 이하로 계약서를 작성한다는 내용을 특약서 및 중개대상물 확인서에도 자세히 기재했으니까, 중개업소의 책임은 없습니다. 저희도 그렇게 가격이 많이 떨어질 거라는 걸 어떻게 알 수 있었겠어요? 만일 알았다면 그런 계약서는 작성하지도 않았지요.

이정민 부부는 보증금 손실이 발생 시 손해배상을 청구하겠다고 박실장에게 통지하고, 집에 와서 계약서를 다시 확인하니 박실장 말대로 계약서 작성 시 그러한 내용이 자세히 기재되어 있었다. 그러니 손해배상청구에 대한 자신도 사라지고, 도대체 어떻게 해야 할 지 갈피를 잡을 수 없었다.

∷ 이정민 부부가 경매절차에서 3,927,581원을 배당받다

이 물건에서 말소기준권리는 2010년 5월 12일 미래신협 근저당권이 되므로 대항력 있는 임차인은 없다.

주택이 서울소재하고, 낙찰금액이 285,000,000원 - 집행비용 4,275,000원이면 실제 배당할 금액은 280,725,000원이 되므로 우선순 위에 따라 배당할 때에 1순위로 영등포구청 재산세 35만원(당해세 우선변제 1등), 2순위로 영등포구청 취득세 756만원(조세 우선변제 2등), 3순위로 미래신협 근저당 272,815,000원(근저당 우선변제 3등)으로 배당을 종결하는 사람들이 많은데 그래서는 안 된다.

왜냐하면 임차인 역시 근저당권에 비해 소액임차인은 아니어도 배당싯점으로 보면 소액임차인이 되므로 영등포구청의 재산세와 취득세에 항상 우선하는 채권이 된다.

그러므로 조세 〉 근저당, 근저당 〉 이정민 최우선변제금, 이정민 최우선변제금 〉 당해세인 관계가 성립되어 서로 간에 물고 물리는 순환관계가 되어 순환흡수배당절차를 진행하게 되기 때문이다.

-1차 안분배당

① 영등포구청=280,725,000원×7,910,000원/333,047,912원=6,667,313원
② 미래신협=280,725,000원×300,137,912원/333,047,912원=252,985,268원
③ 이정민 최우선변제=280,725,000원×25,000,000원/333,047,912원=21,072,419원

-2차 흡수배당

① 영등포구청=6,667,313원(1차안분액)+1,242,687원(②에서 흡수)-3,927,581원(③에서 흡수당함)=3,982,419원
② 미래신협=252,985,268원(1차안분액)-1,242,687원(①에 흡수당함)+21,072,419원(③에서 흡수)=272,815,000원
③ 이정민 최우선변제=21,072,419원(1차안분액)-21,072,419원(②에흡수당함)+3,927,581원(①에서 흡수)=3,927,581원

이와 같이 임차인 이정민은 3,927,581원을 배당받게 되는데, 이러한 일이 발생한 이유는 이정민이 임대차계약서 작성 당시 선순위 채권과 경매매각시 저감율을 예상치 못해 자신의 임차보증금에서 71,072,419원의 채권손실이 발생하게 된 것이다.

:: 이정민이 뒤늦은 후회와 좌절에서 벗어나다.

이정민 부부는 계약서 작성 당시 적은 돈으로 전셋집을 마련하려던 생각에 너무 치우쳐 경매로 매각되면 보증금 손실이 발생할 수도 있다는 점을 간과했던 것을 두고두고 후회하고 있었다.

이정민 부부에게 보증금 71,072,419원의 손실은 상상도 할 수 없었던 일로 어떻게 해야 될지 망막하기만 해서, 이정민은 자포자기 하는 심정으로 많은 시간을 술로 보내고 있었다. 이렇게 마음을 잡지 못하고 방황하던 중 어느 날 아내가 먼저 말을 건넸다.

이정민 아내 괴로워한다고 잃어버린 돈이 다시 돌아오는 것도 아니잖아요. 우린 아직 젊으니까 열심히 다시 살면 돼요.

이정민 나는 공부도 잘 하고 좋은 대학 나왔는데 부동산에 대해서는 너무 몰랐던 것 같아. 특히 임차인의 권리가 어떻게 하면 보장되는 가에는 무지했어. 어쨌든 미안하고 고마워. 앞으로 다시는 이런 일이 없도록 하자! 그래서 말인데, 김 선생님을 만나서 중개업자를 상대로 손해배상을 청구할 수 있는지 상담을 받아 봐야 겠어.

이정민 아내 그래요. 김 선생님이 해결책을 주실 수 있을 거예요.

이정민 저희 부부가 보증금을 돌려받을 수 있는 길은 없을 까요?

★ 김선생의 해결책

이정민씨가 직접 낙찰 받았으면 좋았을 텐데요. 어쨌든 전세보증금을 찾는 방법은 임대인에게 청구하는 방법과 계약서를 작성한 중개업소를 상대로 손해배상을 청구하는 방법이 있습니다.

임대인은 무자력자가 되니 청구해 봐야 받을 수가 없을 테고, 중개업소를 상대로 손해배상을 청구해야 하는데 그 경우에도 과실 비율에 따라 일부만 청구가 가능하게 되어 손해를 볼 수밖에 없습니다.

이정민 그때 하도 정신이 없어서 그런 생각을 못했는데, 지금은 그렇게 하지 않은 것이 후회가 돼요. 주변에서 도와주시는 분들만 있어도 경매로 싸게 사서 전세보증금을 시세차익으로 채울 수 있었을 텐데요. 보증금을 떼이게 되면 중개업소에서 100% 보장하지 않나요? 계약할 때 중개업소에서 가입한 공제보험회사에서 100% 보장한다는 말을 들었던 것 같은데...

김선생 중개업소에서 과실이 없거나 과실이 있더라도 그 과실을 어떻게 증명할 것인가가 문제인데, 그 과실을 증명하더라도 적다면, 손해보상금액이 20~30% 미만이 되므로 임차보증금을 떼일 수밖에 없습니다. 이정민씨의 계약서를 보더라도 선순위채권이 과다한 사실을 알고 그로인해 시세보다 적은 전세금으로 계약했다는 내용이 특약사항란에 기재되어 있으니 임차인 역시 그러한 사정을 알고 싸게 입주했으니 임차인 과실도 큰 것입니다. 그렇다고 하더라도 임차인이 부동산 전문가가 아니고 그러한 이유로 중개업소에서 계약하고 수수료를 지급하고 있다는 사정 등을 감안해야 합니다. 그래서 20~30% 정도 중개업자의 과실 책임을 물어서 보상을 받을 수 있을 것으로 예상되지만, 정확한 판단은 공제보험회사를 상대로 손해배상청구소송을 해봐야 합니다. 나머지 손해는 임대인을 찾아서 청구하면 되고....

이정민 그 정도 보상만 받아도 어딘가요? 전액 떼이는 줄 알았는데...

김선생 전문변호사를 소개해 줄 테니 상담해 보세요. 다음부터 지금과 같은 계약을 피하시고, 전세금을 안전하게 지키면서 사세요.

이정민 고맙습니다. 열공해서 다시는 똑같은 실수를 반복하지 않겠습니다.

005 한승수가 공매로 전세금 3,000만원을 떼이게 된 사연은?

서울시 노원구 상계동에 소재하는 다세대주택으로 감정가 1억2,600만원으로 공매로 매각되는 과정에서 입찰자가 10명이었고 그 중 박 병장이 8,910만원에 낙찰 받았는데 다른 공매물건에 비해 이 다세대주택은 입찰자가 많았고 낙찰가도 높다는 생각이 든다. 아마도 주택의 입지 조건과 대중교통이 발달해서 그런 것 같다.

∷ 상계동 다세대주택의 사진과 주변 현황도

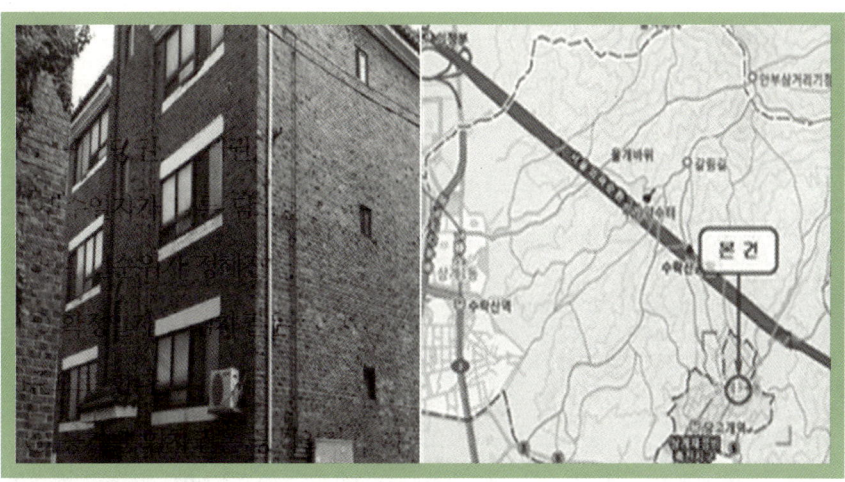

공매 입찰정보내역 물건분석

캠코공매물건

상담전화 : 1588-5321

[물건명/소재지] : 서울 노원구 상계동 000-0 (가)제비동 제2층 제000호

기본정보

물건종류	부동산
처분방식	매각
물건상태	낙찰
조회수	551

기관정보

- 입찰집행기관 : 한국자산관리공사
- 담당자 : 조세정리부 / 공매3팀
- 연락처 : 1588-5321

물건정보

소재지(지번)	서울 노원구 상계동 000-0 (가)제비동 제2층 제000호
소재지(도로명)	서울특별시 노원구 덕릉로134길 00 (가)제비동 제2층 제000호(상계동,진명빌라)
물건관리번호	2014-04545-001
재산종류	압류재산
위임기관	양천세무서
물건용도/세부용도	다세대주택/다세대
입찰방식	일반경쟁
면적	대 26.223㎡ 지분(총면적 3,118㎡), 건물 35.98㎡
배분요구종기	2014/07/21
최초공고일자	2014/06/05

감정정보

감정평가금액	126,000,000 원
감정평가일자	2014/04/30
감정평가기관	(주)대한감정가법인 [감정평가서›]
위치 및 부근현황	본건은 노원구 상계동 소재 당고개역 북동측 인근에 위치하며, 본건까지 차량출입이 가능하고, 남서측으로 지하철4호선 당고개역, 서측으로 버스정류장이 소재
이용현황	다세대주택(방3, 거실, 주방, 욕실, 다용도실, 보일러실 등)으로 이용중임.
기타사항	해당사항 없음.

임대차정보

임대차내용	이 름	보증금	차임(월세)	환산보증금	확정(설정)일	전입일
임차인	한승수	50,000,000 원	0 원	50,000,000 원	2011/09/08	2007/05/15
전입세대주	이소영	0 원	0 원	0 원		2006/11/07

등기사항증명서 주요 정보

순번	권리종류	권리자명	등기일	설정액(원)	
1	위임기관 압류	양천세무서	2013. 10. 12		미표시
2	근저당	국민은행	2005. 10. 14.	36,000,000원	미표시
3	근저당	HK삼호저축	2009. 10. 18.	48,000,000원	미표시
4	압류	종로세무서(조사과)	2014. 02. 20.		미표시

입찰이력정보

입찰번호	처분방식	물건관리번호	개찰일시	최저입찰가	낙찰가	낙찰율	입찰결과	입찰상세
201404545001	매각	2014-04545-001	2014/09/04 11:00	75,600,000	89,100,000	117.9%	낙찰	보기

박 병장이 상계동 다세대주택을 10대 1의 경쟁에서 낙찰

입찰결과			
물건관리번호	2014-04545-001	조회수	552
물건명	서울 노원구 상계동 000-0 (가)제비동 제2층 제000호		
입찰자수	유효 10명 / 무효 4명 (인터넷)		
입찰금액	89,100,000원, 82,510,000원, 81,200,000원, 81,160,000원, 81,000,000원, 80,110,000원, 77,800,000원, 76,200,000원, 75,700,000원, 75,600,000원		
개찰결과	낙찰	낙찰금액	89,100,000원
물건누적상태	유찰 4회 / 취소 0회 입찰이력보기		
감정가격 (최초 최저입찰가)	126,000,000원	낙찰가율 (감정가격 대비)	70.7%
최저입찰가	75,600,000원	낙찰가율 (최저입찰가 대비)	117.9%

한승수는 3,200만원을 배당받지 못한 이유가 궁금했다

한승수 임차인은 이 주택에 거주하다가 공매당하는 바람에 최우선변제금 2,000만원만 배분받고 3,000만원을 떼인 임차인이다.

그런데 공매 배분기일 7일 전에 작성된 배분계산서를 보고 놀랐다. 최우선변제금이 3,200만원이 될 것이라고 생각했는데 2,000만원으로 배분계산서가 작성되어 있었기 때문이다. 그래서 배분에 대해서 이의를 제기하려고 수소문 끝에 공매전문가인 김선생을 찾아 상담하고 있다.

한승수 저는 MK회사에 근무하고 있는 한승수고 나이는 30세입니다. 제가 살던 집이 공매되었고 배분계산서에 최우선변제금 2,000만원만 받는 것으로 짜여 있습니다. 궁금한 내용은 2014년 01월 01일부터 9,500만원 이하인 임차인은 최우선변제금 3,200만원까지 우선 변제받도록 법이 개정되었다고 들었는데 제가 왜 2,000만원만 받게 되는지 이 배분계산서가 잘못된 거 맞지요?

김선생 음, 그것은 이 주택에 2005년 10월 14일에 설정된 국민은행 근저당권이 있었고, 이 보다 후순위로 대항요건을 갖춘 한승수군은 대항력이 없어서 낙찰자에게 대항하지 못하고 소멸되는 임차인이기 때문입니다. 그리고 2014년 1월 1일부터 시행되고 있는 현행법상 소액임차인도 근저당권 설정 시기에 근저당권이 예측할 수 있는 소액임차인만 근저당권보다 우선해서 최우선변제금을 배당받게 되는데 1순위 국민은행 근저당권이 2001. 09. 15. ~2008. 08. 20. 사이에 설정되었기 때문에 4,000만원 이하인 소액임차인만 최우선변제금 1,600만원을 받게 되는데 한군은 5,000만원이기 때문에 국민은행보다 먼저 최우선변제금을 받지 못하게 된 것입니다. 그래서 매각대금 8,910만원중 공매비용 2,673,000원을 공제하고 1순위로 국민은행이 3,350만원 먼저 배당받고, 2순위로 한승수 임차인이 2,000만원을 배당받게 됩니다. 왜냐하면 2009년 10월 18일에 설정된 HK상호저축 근저당권 4,800만원이 있었기 때문에 이 근저당권을 기준으로 소액임차인을 결정하게 되면 6,000만원 이하인 임차인이 최우선제금 2,000만원(2008. 08. 20. ~ 2010. 07. 25.)을 HK상호저축 근저당권보다 우선 배당받게 됩니다.

그리고 나머지 배당금은 3순위로 HK상호저축이 한군의 확정일자보다 빨라서 32,927,000원을 전액 배당받게 되는 것이지요. 어쨌든 안타까운 일입니다. 이러한 일이 발생하지 말았어야 하는데... 한군도 이번 기회에 공매 공부를 시작해 보세요.

한승수 이제야 정확한 사실을 알게 되었습니다. 선생님 말씀처럼 공매공부를 지금부터 시작해 보겠습니다. 그래서 경매보다 싸게 살 수 있는 방법으로 내집 마련도 하고 결혼도 해서 그동안의 시련에 대한 보답도 받아야겠어요. 임차보증금 3,000만원을 떼이고 나서 정신을 차리게 되었습니다. 이 돈은 제가 대학

다닐 때부터 아르바이트 해서 번 돈과 3년간 직장 생활 그리고 전세자금 대출 2,000만원 받아서 마련한 돈인데…, 어떻 하겠어요. 누가 내 인생을 대신 살아줄 것도 아닌데 불만만 가지고 있어서도 도움이 전혀 안될 것 같기도 하고, 잊어버리고 새로 시작해야 겠어요.

김선생 그렇게 하세요. 한군은 젊으니 얼마든지 새롭게 시작할 수 있어요. 이번에 떼인 돈은 한군의 인생에 좋은 밑거름이 될 거예요.

공매로 내집 마련하면 지금 손해 보충할 수 있을 것이고……

상가 전세보증금 전액 떼인 박 사장의 이야기

 상가임차인인 박사장은 서울시 마포구에 있는 상가건물 1층을 보증금 2억에 월세 500만원으로 임차하고, 인테리어 비용으로 8,000만원을 투자해서 음식점을 차렸다.
 손님들에게 성실하게 대하고 음식 맛이 좋아서 장사도 곧잘 되었다.

 그러던 어느 날 박 사장은 경매 공부를 하고있는 친구와 소주 한 잔 하면서 5년 동안 몰랐던 상가건물임대차보호법에 대해서 알게 되었다. 상가임차인이 사업자등록과 건물인도(점유)를 하고 있으면 대항력이 다음날 인정되고, 계약

서에 확정일자만 갖추고 있으면 확정일자우선변제권이 발생한다는 것을……

이 내용을 듣게 된 박사장은 놀라서 세무서로 달려갔다.

세무공무원 어떻게 오셨죠?

박사장 계약서에 확정일자를 받으러 왔습니다.

세무공무원 어디 계약서 좀 보여주시죠. 선생님은 상가건물임대차보호법의 적용을 받는 임차인이 아니라 계약서에 확정일자를 받을 수 없습니다. 확정일자를 받을 수 있는 상가 임차인은 환산보증금이 2억 4,000만원 이하여야 하는데 선생님께서는 환산보증금이 7억이라 보호대상이 아니므로 확정일자를 찍어 드릴 수 없습니다. (2014. 01. 01.부터 현재는 4억으로 개정되어 시행중이나 박 사장은 현행법으로 계산해도 보호받을 수 없다.)

박사장 무슨 그런 법이 있어요? 임차인을 보호하려고 만든 법이 어떤 임차인은 보호가 되고 어떤 임차인은 보호가 안 된다는 게 말이 됩니까? 그리고 보증금 이야기를 하는데 월세는 왜 계산을 하는 겁니까? 허참, 기가 막혀서! 선생님, 그럼 어떻게 해야 내가 보호를 받을 수 있습니까?

세무공무원 임대인의 동의를 얻어서 임대차권등기(민법 제621조)를 해두면 대항력이 있어서 소유자가 바뀌어도 권리가 보장될 수 있으니 임대차권등기를 신속하게 하세요.

박사장 알았어요. 빨리 해야겠네요.

박 사장은 전문가의 도움을 받아 민법 제621조에 의한 임대차등기(임대인의 동의를 얻어)를 하고 나서야 고민을 덜었다.

임대차등기를 했으니 건물이 다른 사람에게 넘어가도 "나는 대항력이 있고, 내 전세보증금은 안전하게 보호될 거야" 라고 생각하니 자신이 대단한 일을 한 것 같았다.

그런데 어느 날 이 건물이 경매에 들어갔으니 권리신고 및 배당요구를 하라는 법원의 통지가 왔다. 박 사장은 임대차등기를 한 것이 천만 다행이었다고 생각했다.

❖ 박사장의 상가건물이 경매에 넘어가다.

(1) 경매 입찰대상물건 분석표

2011타경00000호		●서울서부지방법원 본원 ●매각기일 : 2012.04.26(木) (10:00) ●경매 4계 (전화:02-3271-1324)					
소재지	서울특별시 마포구 ○○○동 ○○○번지 [도로명주소검색]						
물건종별	근린시설	감정가	6,207,510,100원	오늘조회: 1 2주누적: 0 2주평균: 0 [조회동향]			
토지면적	582.4㎡(176.176평)	최저가	(80%) 4,966,008,000원	구분	입찰기일	최저매각가격	결과
건물면적	1312.7㎡(397.092평)	보증금	(10%) 496,610,000원	1차	2012-03-22	6,207,510,100원	유찰
				2차	2012-04-26	4,966,008,000원	
매각물건	토지·건물 일괄매각	소유자	이기자	낙찰 : 5,440,010,000원 (87.64%) (입찰6명, 낙찰: ○○○ 2등입찰가 5,116,000,000원)			
개시결정	2011-07-14	채무자	이기자	매각결정기일 : 2012.05.03 - 매각허가결정			
사건명	임의경매	채권자	하나은행	대금지급기한 : 2012.06.08 대금납부 2012.05.21 / 배당기일 2012.06.20 배당종결 2012.06.20			

● 임차인현황 (말소기준권리: 2005.06.14 / 배당요구종기일: 2011.09.28)						
임차인	점유부분	전입/확정/배당	보증금/차임	대항력	배당예상금액	기타
정○○	점포 2층일부	사업자등록: 미상 확 정 일: 미상 배당요구일: 없음	미상		배당금 없음	

이OO	점포 3층 일부	사업자등록: 2005.05.06 확 정 일: 미상 배당요구일: 없음	보10,000,000원 월600,000원 환산7,000만원	있음	전액낙찰자인수
김OO	점포 3층 일부	사업자등록: 2008.08.05 확 정 일: 미상 배당요구일: 없음	보10,000,000원 월550,000원 환산6,500만원	없음	배당금 없음
최OO	점포 4층 일부 (케이투비 솔루션)	사업자등록: 미상 확 정 일: 미상 배당요구일: 2011.09.20	보2,100,000원 월700,000원 환산7,210만원		배당금 없음
송OO	점포 지층 전부	사업자등록: 미상 확 정 일: 미상 배당요구일: 없음	보10,000,000원 월600,000원 환산7,000만원		배당금 없음
우OO	점포 2층 일부	사업자등록: 미상 확 정 일: 미상 배당요구일: 2011.09.22	보7,500,000원 월2,500,000원 환산25,750만원		배당금 없음
박사장	점포 1층 전부	전 입 일: 2004.04.28 확 정 일: 미상 배당요구일: 2011.09.20	보200,000,000원 월5,000,000원	있음	예상배당표참조
최OO	점포 2층 일부	사업자등록: 미상 확 정 일: 미상 배당요구일: 없음	미상		배당금 없음
유OO	점포 2층 일부 (사단법인 아시아디자인센터)	사업자등록: 2010.04.02 확 정 일: 미상 배당요구일: 없음	미상 월3,300,000원		배당금 없음

● 건물등기부 (채권액합계 : 11,054,523,373원)

No	접수	권리종류	권리자	채권금액	비고
1	1989.04.04	소유권이전	이기자		현물출자
2	2005.06.14	근저당	하나은행 (마포중앙지점)	3,000,000,000원	말소기준등기
3	2006.12.14	근저당	이소령	3,000,000,000원	
4	2009.05.18	임차권설정(복도와 경비실을 제외한 1층전부)	박사장	200,000,000원	존속기간: 2009.02.19~2011.05.31 차임 금5,000,000원, 차임지급시기 매월30일
5	2009.10.27	근저당	하나은행	650,000,000원	
6	2010.12.23	근저당	미래저축은행	91,000,000원	
7	2011.03.30	근저당	(주)동아일보사	3,000,000,000원	
8	2011.04.20	근저당	신용보증기금	410,000,000원	
9	2011.04.20	근저당	국민은행	432,000,000원	
10	2011.04.29	가압류	김OO	8,490,000원	
11	2011.05.18	압류	서울특별시마포구		
12	2011.06.30	가압류	송OO	65,984,221원	
13	2011.06.30	가압류	유OO	19,854,740원	
14	2011.07.07	가압류	(주)스틸로	74,800,000원	
15	2011.07.14	임의경매	하나은행 (여신관리부)	청구금액: 3,650,000,000원	2011타경11456
16	2011.07.18	가압류	한국외환은행	19,511,748원	

박 사장은 가슴을 쓸어내렸다. 임대차권등기를 하지 않고 있다가 경매 당했으면 환산보증금이 상임법의 적용대상을 초과(보증금 2억 + 월세 500만원 × 100 = 환산보증금 7억원)해서 대항력과 우선변제권이 없었을 텐데, 2009년 5월 18일에 임대차권등기를 해놓아서 이 등기일을 기준으로 대항력과 우선변제권

이 발생해, 배당요구만 하면 전액 배당 받을 수 있을 거라고 생각한 것이다.

박 사장은 배당요구를 하기 전에 예상배당표를 짜보았다.

이 상가건물이 70억 정도 가니, 1순위 : 하나은행 근저당 30억,

2순위 : 이소령 근저당 30억, 3순위 : 박사장 임차권등기 2억원으로 박 사장이 전액 배당 받더라도 8억 정도 남으니 '내 전세보증금은 전액 배당받을 수 있을 거야' 라고 생각했다.

설사 배당금이 부족해서 보증금을 받지 못하면 임대차권등기로 대항력이 있으니까, 낙찰자가 인수하게 되는 경우에도 걱정 없을 거라 예상했다. 박 사장은 다음날 아침 일찍 법원에 가서 배당요구를 했는데, 법원 공무원으로부터 청천벽력 같은 소식을 듣게 된다.

임대차권등기를 한 박 사장이 왜 보증금을 떼이게 되었나?

박사장 여기 배당요구신청서와 임대차계약서가 있습니다.

법원공무원 어?! 선생님께서는 배당요구를 하실 수 없습니다.

박사장 네? 무슨 문제라도? 제가 배당요구신청서를 잘못 작성하거나 서류가 미비한 것이 있나요?

법원공무원 아닙니다. 서류는 제대로 작성했지만, 선생님께서는 상가건물임대차보호법의 적용대상이 아니라서 배당요구를 할 수 있는 권리가 없는 일반채권자입니다. 배당요구를 하려면 배당요구종기 시까지 전세보증금반환채권에 기한 채권가압류를 한 다음 배당요구하면 되는데, 걱정이네요. 제가 보기에는 선순위채권이 많아서 가압류 비용만 낭비할 것 같은 데, 어쩌면 좋겠습니까? 안타깝네요.

박사장 제가 그런 문제 때문에 임대인의 동의를 얻어 임대차권등기를 미리 해 놓았는데요. 그러면 배당에 참여할 수 있고, 미배당금이 있으면 낙찰자가 인수하게 되는 것이 아닌 가요?

세무공무원이 그렇다고 해서 임대차권등기를 해 놓은 건데 무슨 말씀이세요? 저를 놀리려고 그냥 해보는 거죠?

법원공무원 무슨 말씀이세요? 선생님께서 하신 민법 제621조에 의한 임대차권등기는 우선변제권은 없고 오로지 대항력만 인정되므로, 임대차권등기 이후에 소유자가 바뀌면 대항력이 있어서 새로운 소유자에게 그 임차권의 권리를 주장할 수 있는 게 맞습니다. 일반거래(매매, 상속, 증여 등)로 소유자가 변경될 때만 임대차등기가 선순위든, 후순위든 모두 대항력이 인정되지만, 경매나 공매로 소유자가 바뀌면 말소기준권리보다 먼저 임대차권등기를 한 경우만 대항력이 인정되고, 선생님처럼 후순위 임대차권등기는 대항력이 없어서 소멸하게 됩니다.

박사장 선생님 말씀을 듣고 나니 선순위 근저당으로 인해서 대항력이 없는 것은 이해가 되지만, 후순위에 등기된 채권자보다 우선해서 변제 받을 권리는 있지 않나요?

법원공무원 임대차권등기는 대항력만 있는 것이 원칙이고, 예외적으로 주임법 또는 상임법의 보호를 받는 주택이거나 상가건물인 경우에 한해서만 우선변제권이 인정 됩니다. 선생님처럼 상임법에서 보호 받을 수 있는 환산보증금의 범위를 초과하는 임대차권등기는 대항력만 대상이 되는데 경매절차에서는 말소기준 이전에 임차권등기를 해야 대항력이 있습니다.

선생님은 어디에도 해당되지 않아 우선변제권도 없고, 대항력도 없어서 보증금을 채무자에게만 청구가 가능한 일반채권자입니다.

박사장 어휴, 그러면 저는 어떻게 해야 하나요? 임대인은 어디 갔는지 연락도 안 되는데…….

이 상가는 5,440,010,000원에 매각 되었고 상가건물에 소액임차인들이 없어서 다음과 같이 배당되었다.

0순위: 경매집행비용 4,000만원, 1순위: 마포구청 재산세 1,500만원(당해세 우선변제금), 2순위: 마포세무서 종합부동산세 3,500만원(당해세 우선변제금), 3순위: 하나은행 30억원(근저당 우선변제금), 4순위: 이소령 근저당 23억5천1만원(근저당 우선변제금)으로 배당이 종결 되었다.

박 사장, 후회를 털고 새로운 길을 찾다.

법원에서 돌아온 박 사장은 모든 것이 귀찮아 일찍 가게 문을 닫고 집에 와서 아내와 이 문제에 대해서 상의를 하고 있다.

박사장 아내 무슨 그런 일이 있어요? 세상은 너무 불공평한 것 같아요. 우리가 어떻게 그런 내용을 모두 다 알고 대처를 할 수 있겠어요?

법이 누구나 알기 쉽고, 모두에게 공평하게 적용되어야 하는 건데, 아는 사람은 피해가고 모르는 사람은 바보가 되니, 서민들의 권리는 누가 보호한단 말이죠? 우리나라는 정말 문제가 많아요.

이제부터는 임대인에게 내던 월세도 내지 말아요.

몇 개월이 될지 모르지만 그거라도 줄여야지.

박사장 월세는 경매가 들어갔을 때부터 안내고 있었어, 어떻게 될지 몰라서… 어쩔 수 없는 일이니 낙찰자에게 우리 형편을 얘기하고 보증금을 줄여서라도 영업을 할 수 있도록 사정해 봐야겠어…

007 깡통주택이 늘면서 깡통전세가 발생하고 있다

부동산경기침체가 장기화에 따라 은행 빚을 갚으면 한 푼도 남지 않는 깡통주택이 늘면서 세입자 전세보증금 안전에도 비상이 걸렸다.

깡통전세는 깡통주택에서 집주인이 은행 대출금 이자를 계속 연체하면서 주택이 경매에 넘어가 전세로 들어간 사람이 전세보증금을 전부 또는 상당부분을 손해 보게 되는 것을 의미한다.

작년 서울, 경기, 인천 등에서 경매로 팔린 주택 1만3694건 가운데 42%인 5804건에서 세입자가 전세보증금의 전부 또는 일부를 떼이게 된 것으로 집계되었다. 집값 하락으로 경매주택 가운데 임차보증금을 돌려받지 못한 억울한 세입자가 10가구 중 4가구에 달하는 셈이다.

깡통전세 경보······· 보증금 안떼이려면

1. "**대출 + 전세금 > 집값 70%**" 땐 피해야
2. 보증금 적은 반전세로 전환을
3. 우선순위 안바뀌도록 재계약

관악구의 전용 85㎡ 아파트에서 전세를 살고 있는 이중구 씨(가명·42)는 작년 9월 집안에 날아든 한 통의 서류를 보고 깜짝 놀랐다. 집주인이 은행 대출 이자를 갚지 못해 자신이 사는 집이 경매에 들어간다는 통지서였던 것이다.

경매절차로 들어가면 집값도 낮아져 전세금이 많이 떼일지도 모른다는 생각에 이씨는 밤잠을 이루질 못했다. 결국 그는 집주인을 설득해 집을 급매물로 내놓고 팔릴 때까지 은행 연체 이자를 자신이 대신 내주기로 했다. 값만 좀 싸게 내놓으면 파는 데 오래 걸리지는 않을 것이라고 판단해서였다. 다행히 집이 얼마 후 팔려 이씨는 그나마 손해를 최소화할 수 있었다.

부동산경기 침체로 깡통주택이 크게 늘어나면서 전세금을 지키기 위한 이 같은 극단적 선택을 하는 세입자가 나타나는 등 고심이 깊어지고 있다. 특히 불경기로 계속해서 경매물건이 늘어나면서 감정가 대비 낙찰가율이 하락하고 있는 것도 부담이다. 부동산태인에 따르면 지난 2008년 84.5%에 달했던 낙찰가율은 작년에는 74.1%까지 떨어졌다. 깡통 전세를 피하기 위해 보증부월세인 반전세로 사는 사람들도 이런 재앙을 피하지는 못하고 있다.

작년 10월 14일 강남구 삼성동의 감정가 24억원짜리 207㎡형 아파트는 15억980만원에 팔렸다. 보증금 1억원, 월세 200만원을 내고 살던 세입자 이 모씨 역시 보증금을 한 푼도 받지 못했다.

보증금을 떼이지 않기 위해선 어떻게 해야 할까. 전문가들은 깡통전세주택을 피하기 위해서는 우선 등기부등본부터 떼어 확인해 보라고 충고한다. 해당 주택에 담보로 제공된 대출액과 전세금의 합이 현재 시세 대비 70%를 넘으면 전세금을 떼일 가능성이 높다고 봐야 한다. 작년 기준 수도권 아파트의 낙찰가율이 74% 선이기 때문이다.

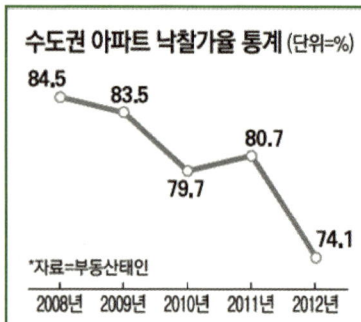

현실적으로 수도권에서 대출 비율이 낮은 주택을 찾기는 쉽지 않은 만큼 차선책으로 전세 보증금 중 일부를 월세로 돌리는 방법도 생각해볼 수 있다. 이전에는 이 같은 반전세 형태에 대해 월세가 비싸다는 이유로 꺼리는 세입자도 많았으나 최근에는 계약 전부터 이를 먼저 요구하고 나서는 등 임차 세태도 달라지고 있는 모습이다.

전세보증금을 올려 재계약할 경우 금융권에 비해 원래 우선순위였다면 기존계약서에서 금액과 계약기간을 갱신하는 방법으로 재계약해야 우선 순위에서 밀리지 않게 된다. 새로 계약서를 써서 갱신할 경우 자칫 우선순위가 밀릴 수 있기 때문이다. 정대홍 부동산태인 팀장은 "실제 현장에서는 계약체결 시점이나 돼야 등기부등본을 꺼내 놓기 때문에 결국은 임차인의 적극적인 확인이 필요하다"고 조언했다. .....<매일경제 2013.01.23. 기사 발췌>

:: 이중구는 어떻게 전세보증금을 지킬 수 있었나?

관악구의 전용 85㎡ 아파트에서 전세를 살고 있는 이중구 씨(가명, 42세)는 작년 9월 집안에 날아든 한통의 서류를 보고 놀랐다. 집주인이 은행대출 이자를 갚지 못해 자신이 사는 주택이 경매에 들어간다는 통지였다. 경매로 매각되는 경우 집값이 낮게 매각된다는 생각에 이중구씨는 밤잠을 이루지 못했고 고심 끝에 집주인을 설득해서 집을 급매물로 내놓고 팔릴 때까지 은행연체이자를 대신 내주기로 했다. 이중구씨는 집값을 싸게 내려 내놓으면 파는데 오래 걸리지 않을 것이란 판단 하에 그랬는데 다행히도 얼마 후 집이 팔리게 되어 그나마 손해를 최소화 시킬 수 있었다.

부동산경기침체로 깡통주택이 크게 늘어나면서 전세보증금을 지키기 위해 이 같은 극단적인 선택을 하는 세입자가 나타나는 등 고심이 깊어지고 있다. [~이후 중간 매일경제 기사내용 생략.]

윤정미는 전세금 1억4,000만원 어떻게 떼이게 되었나?

2009년 서울 송파구 가락동 전용면적 103㎡ 아파트에 전세로 들어간 윤정미는 전세보증금 1억4,000만원을 몽땅 날리게 되었다.

집주인이 은행대출금 이자를 연체하면서 2012년 10월에 전세집이 경매에 들어갔는데 감정가 5억5,000만원짜리 아파트가 한 번 유찰되어 4억5,510만원에 낙찰되어 경매비용 290만원을 제외하고 선순위근저당권자인 은행이 전액 배당받고 남은 돈이 없어서 세입자 윤정미는 한 푼도 건지지 못했다.

이영민이 전세금 1억원을 날리게 된 사연

작년 10월 14일 강남구 삼성동의 감정가 24억원짜리 207㎡형 아파트는 15억 980만원에 팔렸다. 이 아파트에 보증금 1억원에 월세 200만원을 내고 살고 있던 이연민은 자기보다 선순위채권으로 인해서 보증금 1억을 한 푼도 받지 못했다.

전문가들이 해결책 제시

임차인들이 전세보증금을 떼이지 않으려면 어떻게 해야 하나?
'깡통전세주택을 피하기 위해서는 우선 등기부등본부터 열람해서 확인해 보라고 충고한다. 해당 주택에 담보로 설정된 대출금액과 임차인의 전세금의 합계가 현재 시세의 70%를 넘으면 전세금을 떼일 가능성이 높다고 봐야 한다. 작년기준 수도권아파트 낙찰률이 74%선이기 때문이다.' [~ 이후 중간 매일경제 기사내용 생략.]

008 전세금을 떼이면 중개업소에서 100% 손해를 청구할 수 있나?

Q : 우리들이 떼인 보증금을 중개업소에다 손해배상청구 하면 받을 수 있지 않을까요? 집주인(임대인)은 어디로 갔는지 찾을 길이 없으니 계약서를 작성한 중개업소를 상대로 해야죠. 공제보험에서 100% 보상받을 길이 있다던데요.

A : 부동산중개업소에서 계약서를 작성할 경우, 공제보험에서 100%를 보장받을 수 있다는 말을 하고 있는데 그것이 사실일까요? 그렇게만 되면 얼마나 좋겠어요.

전세보증금은 큰 금액인데 중개업소가 과실이 없거나 있더라도 적다면 어떻게 될 것인 가를, 그리고 그 과실을 어떻게 인정받을 것인가를. 솔직하게 말하면 전액보상받기란 어려울 듯합니다.

보증금 손해보상에 관해서 대법원판례 이야기를 가지고 설명해 보겠습니다.

사례 01

대법 2011다63857 손해배상 판결 이야기
중개업자 갑이 다가구주택 일부에 관하여 임대의뢰인 을과 임차의뢰인 병의 임대차계약을 중개하면서 병에게 다른 임차인의 임대차보증금 등에 관한 사항을 확인하여 설명 등을 하지 않았는데, 그 후 개시된 경매절차에서 병이 다른 소액임차인 등보다 후순위에 있어서 임대차보증금을 배당받거나 반환받지 못한 사안에서, 갑 및 갑과 공제계약을 체결한 한국공인중개사협회의 손해배상책임을 인정한 사례

> **판례 돋보기**
>
> 원고(임차인)의 과실 책임을 70%로 하고 피고(중개업자)의 손해배상책임을 30%로 판결한 것으로 그 내용은, 원고의 이러한 과실은 이 사건 손해 발생의 상당한 원인으로 작용하였다할 것이므로, 피고들이 배상하여야 할 손해액을 30%로 제한한다. 따라서 피고들은 연대하여 원고에게 2,100만원(7,000만원×30%) 및 이에 대하여 배당표가 작성된 날인 2010. 3. 12.부터 이 판결 선고일인 2011. 7. 1.까지는 민법이 정한 연 5%, 그 다음날부터 연 20%의 각 비율의 지연손해금을 지급해야한다.

사례 02

대구지법 2004가단23537 손해배상 판결
중개대상물에 대한 권리관계와 시세에 관한 확인·설명의무를 소홀히 한 부동산중개업자에게 손해배상책임을 인정하되, 중개업자의 설명만을 믿고 섣불리 임대차계약을 체결한 임차인의 과실을 참작하여 손해배상책임의 범위를 40%로 제한한 사례

사례 03

서울지법 남부지원 99가합11831 손해배상 판결
부동산중개업자가 의뢰인에게 선순위의 확정일자를 갖춘 선순위 임차인의 존재를 확인·설명하지 아니한 채 전세권만 설정하면 임차보증금을 확보할 수 있다고 잘못 설명을 하여 이를 믿고 의뢰인이 임대차계약을 체결하였으나 해당 주택의 경매시 임차보증금을 전혀 배당받지 못한 경우, 부동산중개업자에게 중개대상물의 확인, 설명의무 위반으로 인한 손해배상책임이 있다고 한 사례.
"원고로서도 건물 소유주인 박점례를 통하여 임대차관계를 좀 더 확인하여 보거나 근저당권 및 소액임차인 등의 존재가 원고의 임차보증금반환채권에 미칠 영향 등을 확인하여 본 후 계약체결 여부를 결정하였어야 할 것임에도 불구하고 피고의 설명만 믿고서 위와 같은 조치를 취하지 아니한 채 임대차계약을 체결한 잘못이 있다고 할 것인바, 이러한 원고의 과실은 피고의 책임을 면하게 할 정도에 이르지 못하므로 피고의 손해배상의 범위를 정함에 있어서 이를 참작하기로 하되, 그 비율은 50% 정도로 봄이 상당하다."

사례 04

서울지법 95가합113894 손해배상 판결
임차목적물의 근저당권 설정 사실을 고지하지 아니한 중개업자의 기망행위로 인한 손해배상에 있어, 원고도 그 등기부를 열람하여 보지 아니한 과실 또한 이 사건 손해의 발생에 있어 하나의 원인이 되어, 피고의 손해배상책임 범위를 정함에 있어 참작하여야 할 것인바, <u>그 과실비율은 위 인정 사실관계에 비추어 원고가 20%로 하고, 피고인 중개업자가 80%의 손해배상책임</u>을 판단한 판례이다.

사례 05

부산지법 91가합3164 손해배상 판결
사기 분양하는 조합주택의 분양을 알선한 부동산 중개업자에게 부동산중개업법 제19조 제1항등에 따른 손해배상책임이 있다고 본 사례.
<u>원고의 손해금액은 38,215,000원 인데, 원고의 과실을 참작하면 피고가 원고에게 배상하여야 할 손해액은 금 10,000,000원으로 정함이 상당하다고 할 것이다.</u>

결론적으로 임차인이 보증금을 손해를 볼 수밖에 없습니다.

중개업소의 그 과실이 없거나 과실이 있더라도 그 과실을 어떻게 증명할 것인가도 문제가 되지만 그 과실이 인정된다고 하더라도 있더라도 적다면, 손해보상금액이 20~30% 미만이 되므로 임차보증금을 떼일 수밖에 없습니다.

대부분의 중개업소에서 기본적인 하자가 있는 물건을 소개하거나 계약서를 작성하는 경우가 드물고, 있다고 하더라도 앞에 열거한 대법원 판례와 같이 중개업소의 과실로 인한 책임이 적고, 임차보증금 손실의 대부분은 임차인의 과실 책임으로 남게 되니, 계약을 공인중개사에게 의뢰를 했더라도 이를 너무 신뢰하지 말고 앞에서 첫 번째 사례에서 열거한 것과 같이 기본적인 문제점을 스스로 확인해야 합니다. 왜냐하면 중개업자 입장에서 보면 계약이 성립돼야

- 중개수수료가 발생하게 되므로 간혹 무리한 계약서를 작성하는 경우도 있기 때문이지요.

　그렇군요. 이젠 알았어요. 계약이 잘못되면 임차인이 손해 볼 수밖에 없다는 사실을… 그럼 어떠한 내용들을 알고 있어야 하나요?

　그래서 다음과 같이 임차인이 꼭 알고 있어야할 임대차계약에서 기본 상식, 경매로 경매 당했을 손해를 줄이면서 탈출하는 방법, 그리고 올바른 전월세계약서를 작성하는 비법 등을 기술해 놓았으니 필요할 때 따라만 한다면 전세보증금을 떼일 염려는 없을 겁니다.

PART 2

아는 만큼 보호받는 주택과 상가 임차인의 권리

009 주택임대차보호법의 적용대상 건물은?

주임법은 주거용 건물의 전부 또는 일부의 임대차에 관하여 이를 적용하고, 그 임차주택의 일부가 주거 목적 외의 목적으로 사용되는 경우에도 마찬가지이고(주임법 제2조), 주거로 사용하고 있는 건물이 주택으로 등기가 되었든, 미등기든, 무허가 건물이든, 비주거용건물의 일부를 주거용 건물로 이용하는 경우 모두 적용대상이 되는데 그 주거용건물의 용도로 사용하는 판단 시점은 임대차계약체결 시점으로 판단해서 주임법의 적용을 받게 된다. 다만 일시사용하기 위한 임대차임이 명백한 경우에는 적용되지 않는다(일시사용을 위한 임대차 - 주임법 11조).

010 상가건물임대차보호법의 적용대상 건물은?

　상가건물임대차보호법도 주택임대차보호법의 적용대상 건물처럼 임대차 목적물의 전부 또는 일부를 건물로 사용하는 경우에도 적용 대상이다. 영업용으로 사용하고 있는 건물이 영업용 건물로 등기가 되었든, 미등기든, 무허가 건물이든, 비영업용 건물의 일부를 영업용 건물로 이용하든 사업자등록을 할 수 있는 건물이면 모두 적용대상이 되는데 그 영업용 건물의 용도로 사용하는 판단 시점은 임대차계약체결 시점으로 판단해서 상임법의 적용을 받게 된다.

011 주임법으로 보호받을 수 있는 임차인은?

주택임차인은 자연인만 대상이 되고 법인은 자연인이 아니라 대상이 될 수 없다[대법2003다23885].

대한민국 국민과 외국인(출입국관리법 제88조의 2)과 외국국적의 재외동포(재외동포법 제9조)도 자연인으로 임차인이 될 수 있고, 이들 임차인이 대항요건만 갖추고 있으면 대항력이 인정되어 특별법(주임법)의 보호대상이 된다. 여기서 자연인이란 법이 권리능력을 인정하는 자연적 생활체로서의 인간을 말하는 것으로 재단이나 사단인 법인에 대립하여 개인을 가리키는 개념이다.

출입국관리법 제31조제1항 본문은 90일을 초과하여 국내에 체류하는 외국인은 그의 체류지를 관할하는 출입국관리사무소장 또는 출입국관리사무소 출장소장에게 외국인등록을 하여야 하고, 등록을 한 외국인이 그의 체류지를 변경한 때에는 전입한 날부터 14일 이내에 신체류지의 시·군·구의 장 또는 신체류지를 관할하는 출입국관리사무소장·출입국관리사무소 출장소장에게 전입신고를 하여야 한다고 규정하고 있으며, 출입국관리법 제88조의 2는 법령에 규정된 각종 절차와 거래관계 등에 있어서 주민등록증 또는 주민등록 등·초본을 요하는 경우에는 외국인등록증 또는 외국인등록사실증명으로 이에 갈음하고 규정하고 있기 때문이다.

주임법으로 보호받을 수 있는 법인도 있나?

　법인은 원칙적으로는 보호를 받을 수 없지만 예외적으로 보호를 받을 수 있는 경우가 있는데, 주임법 제3조 2항의 전세임대주택을 지원하는 법인이 주택을 임차한 후 지방자치단체의 장 또는 그 법인이 선정한 입주자가 그 주택을 인도받고 주민등록을 마쳤을 때 주임법 제1항을 준용하여 다음날 오전 0시에 대항력이 발생하게 되는데, 이러한 법인은「한국토지주택공사법」에 따른 한국토지주택공사,「지방공기업법」에 따라 주택사업을 목적으로 설립된 지방공사 등이 있다.

　주임법 제3조 3항「중소기업기본법」제2조에 따른 중소기업에 해당하는 법인이 소속 직원의 주거용으로 주택을 임차한 후 그 법인이 선정한 직원이 해당 주택을 인도받고 주민등록을 마쳤을 때에는 제1항을 준용하여 다음날 오전 0시에 대항력이 발생하지만, 임대차가 끝나기 전에 그 직원이 변경된 경우에는 그 법인이 선정한 새로운 직원이 주택을 인도받고 주민등록을 마친 다음 날 오전 0시에 대항력이 발생하게 된다. 여기서 중소기업기본법 제2조에 따른 중소기업의 범위는 중소기업기본법 제2조 1항 제1호(중소기업의 범위)와 중소기업법 시행령 제8조(소기업기준), 소기업 및 소상공인을 위한 특별조치법 제2조(소상공인 기준)를 검색해서 참고하면 될 것이다.

013 상임법으로 보호를 받을 수 있는 임차인은?

　상가건물임대차보호법의 보호를 받으려면 등기된 건물이든, 미등기건물이든, 무허가건물이든, 비영업용건물의 일부를 영업용건물로 이용하든, 사업자등록을 할 수 있는 건물에서 대항요건(사업자등록 + 건물인도)을 갖추고, 대통령이 정하는 환산보증금을 초과하지 말아야 한다. 즉 모든 상가건물이 대상이 되는 것이 아니라, 사업자등록의 대상이 되는 영업용 건물로, <u>상가임차인이 보호를 받기 위해서는 대항요건 즉 건물인도와 사업자등록을 신청한 임차인만이 보호대상이 되고, 이와 같은 임대차도 모두가 적용되는 것이 아니라 상가임차인의 환산보증금</u>(보증금 +월세×100)이 상임법 적용대상 범위 내(서울의 경우 현재 환산보증금이 4억 이하)에 있어야 보호를 받을 수 있는 것이지, 초과되는 상가임차인은 상임법의 보호대상이 아니다.

014 단독·다가구주택과 아파트·다세대주택에서 전입신고는 어떻게?

단독·다가구주택인 경우에는 그 주택이 소재하는 지번만 일치하게 전입신고하면서 거주하면 임차인은 주임법상 대항력을 가지게 된다. 예를 들어 서울시 서초구 방배동 100번지로 전입신고를 하고 주택인도를 갖추었다면 적법한 대항요건을 갖추게 되므로 다음날 오전 0시에 대항력이 발생하게 된다.

아파트·연립·다세대주택과 같은 집합건물에 있어서는 건축물대장에 있는 지번과 동 호수로 정확히 전입신고를 해야 보호를 받을 수 있다. 서울시 서초구 방배동 100번지 천사 아파트 108동 1004호로 동과 호수까지 정확하게 일치한 주소로 전입신고와 주택인도를 갖추어야 다음날 오전 0시에 대항력이 발생하는데, 다음날 오전 0시 이후에 소유권이 제3자에게 이전되거나 근저당권 등의 담보물권이 설정되어도 이들 권리에 대항력을 주장할 수 있게 되어 내 권리를 안전하게 지킬 수 있는 것이다. 그리고 상가임차인도 일반상가건물에서는 주소만 일치하면 되지만 집합건물에서는 번지와 동, 호수를 정확하게 일치한 주소로 사업자등록을 해야 한다.

015 주택임차인의 대항력 발생 요건은?

일반적으로 임대차계약은 채권계약이므로 당사자 상호 간에서만 그 효력을 주장할 수 있지 제3자에게 그 효력을 주장할 수 없었다. 그러나 주택임대차보호법이 시행되면서 임차인이 주택의 인도와 주민등록(대항요건)을 마친 때에는 그 다음 날 오전 0시 부터 제3자에 대하여 대항력을 가지게 되는데, 이 경우 전입신고를 한 때에 주민등록이 된 것으로 본다(주임법제3조1항)

016 상가임차인이 대항력이 발생하려면 어떠한 요건을 갖춰어야 하나?

상가건물임대차보호법으로 보호를 받으려면 '상임법 제2조 1항에서 상가건물(제3조 1항의 규정에 의한 부가가치세법 제8조, 소득세법 제168조 또는 법인세법 제111조에 따른 사업자등록의 대상이 되는 건물을 말한다)의 임대차에 대하여 적용한다. 다만, 대통

령이 정하는 보증금을 초과하는 임대차에 대하여는 그러하지 아니한다.' 따라서 모든 상가건물이 대상이 되는 것이 아니라, 사업자등록의 대상이 되는 영업용 건물로, 상가임차인이 보호를 받기 위해서는 대항요건 즉 건물인도와 사업자등록을 신청한 임차인만이 보호대상이 되고, 이와 같은 임대차도 모두가 적용되는 것이 아니라 상가임차인의 환산보증금(보증금 +월세×100)이 다음 ①·②·③·④ 4개의 권역에서 일정액 이하인 경우만 이 법의 보호대상이 된다.

권 역 별	2002.11.1. ~ 2008.8.20.까지	2008.8.21. ~ 2010.7.25.까지	권 역 별	2010.7.26 ~ 2013.12.31.	2014.1.1.~현재까지
① 서울특별시	2억4천만원 이하	2억6천만원 이하	① 서울특별시	3억원 이하	4억원 이하
② 수도권 과밀억제권역(서울시 제외)	1억9천만원 이하	2억1천만원 이하	② 수도권 과밀억제권역(서울 제외)	2억5천만원 이하	3억원 이하
③ 광역시(인천, 군 지역 제외)	1억5천만원 이하	1억6천만원 이하	③ 광역시(수도권 과밀억제권역과 군 지역은 제외), 안산, 용인, 김포, 광주(경기)	1억8천만원 이하	2억4천만원 이하
④ 그 밖의 지역	1억4천만원 이하	1억5천만원 이하	④ 그 밖의 지역	1억5천만원 이하	1억8천만원 이하
비 고	환산보증금	환산보증금		환산보증금	

상가임차인이 상임법상 보호대상 환산보증금을 초과한다면?

앞에 본 표와 같이 ①·②·③·④ 4개의 권역에서 환산보증금(보증금 +월세× 100)을 초과하는 상가임차인은 상임법의 보호대상이 아니라서 대항력과 우선변제권이 없는 민법상의 일반임차인에 불과하다.

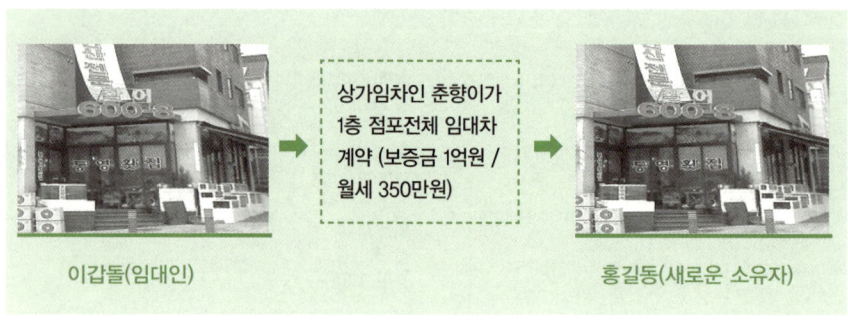

상가건물에서 임대인 이갑돌과 임차인 춘향이가 임대차계약을 하고 대항요건(사업자등록과 건물인도)을 갖추었더라도 환산보증금이 4억5,000만원으로 상임법의 보호대상 금액을 초과하여 새로운 소유자 홍길동에 대해서 대항할 수 없다. 이는 임대차 기간이 만료되지 않았더라도 새로운 소유자 홍길동이 기존 임대차에 동의하지 않는 한 비워줘야 한다. 일반임차인은 일반채권자에 불과해서 물권우선주의가 적용되기 때문에 매매는 임대차 계약을 깰 수 있다.

018 임차인이 대항요건만 갖추면 소유자가 바뀌어도 대항력이 있나?

임차인이 대항요건[주민등록(사업자등록)+주택인도(건물인도)] ⇨ 익일 오전 0시 대항력이 발생 ⇨ 제3자로 소유권이전.

이렇게 소유권이 일반거래(매매, 상속, 증여, 교환 등)로 제3자에게 이전되기 전에 임차인이 대항요건을 갖추고 있으면 임차인은 제3자에 대하여 대항력이 있어서 임대차 존속기간 동안 주택 또는 상가건물을 사용·수익할 수 있고, 계약기간 만료 시에 건물인도와 동시에 보증금을 반환 받을 수 있는 권리이다. 그런데 주택은 모든 임차인이 그렇지만, 상가임차인은 환산보증금이 상임법 적용대상 범위 내에 있어야 한다. 이와 같이 일반거래로 소유자가 변경 되는 경우에는 대항력만 주장할 수 있는 것이고, 우선변제권은 주장할 수 없다. 우선변제권은 임차주택이 경매나 공매 당했을때, 최우선변제권과 확정일자부 우선변제권 등으로 배당요구해서 다른 채권자보다 우선변제 받을 수 있는 권리이다.

019 경매나 공매로 소유자가 바뀌어도 모든 임차인이 대항력 있나?

경매나 공매로 소유자가 변경되는 경우에는 일반 거래와는 달리 말소기준권리를 기준으로 대항력 여부를 계산하게 된다. 선순위채권자의 처분제한을 받은 임대인과 임대차계약서를 작성하고 대항요건을 갖춘 임차인이나 후순위채권자가 소멸되지 않으면 선순위채권이 보호되지 않으므로 해서 채권의 손실이 발생하니 처분권 행사에 제한을 없애서 선순위채권을 보호해야 되기 때문이다. 그래서 등기부에 가장 먼저 등기된 말소기준권리(근저당, 가압류, 압류, 담보가등기, 전세권(집합건물), 강제경매개시결정기입등기)를 보호하기 위해서 이 보다 먼저 대항요건을 갖춘 임차인만 대항력이 있어서 경매절차에서 대항력을 주장할 수도 있고 배당요구해서 우선변제권을 주장할 수 있지만, 후순위로 대항요건을 갖춘 임차인은 대항력이 없어서 우선변제권을 주장하고 설령 보증금을 전액 배당 받지 못하더라도 임차권은 소멸하게 된다. 이러한 사례는 주택임차인이나 상가임차인 모두 적용되는 것이 원칙이지만, 상가임차인의 환산보증금이 상임법을 적용받을 수 없어서 선순위라도 대항력이 없는 일반 임차인에 불과하다는 사실을 잊어서는 안 된다.

임차인 가족만 전입하고, 나중에 임차인이 전입하면 대항력은 언제?

임차인이 주민등록을 갖춘 경우뿐만 아니라 동거 가족 중 일부가 먼저 전입신고한 경우(세대합가)에도 적용 된다.

동일세대원중 일부가 최초로 전입신고 ⇨ 근저당권설정 ⇨ 세대주(임차인)의 전입 ⇨ 임의경매

전입세대열람과 등기부를 확인한 결과 이렇게 되어 있다면 임차인은 가족구성원이 최초 전입신고를 한 날짜를 기준으로 대항력이 발생하므로 임차인은 대항력이 있다.

대항력이 인정되는 "가족"의 주민등록은 임차인과 세대를 같이 하고 있던 가족으로서 주택을 임차한 후에도 임차인과 공동으로 임차주택에 거주하고

전입 세 대 열 람							
순번	세대주 성명	전입일자	거주상태	최초전입자	전입일자	거주상태	동거인수
	주 소						
1	홍 길 동	1996-10-10	거주자	홍 당 무	1996-09-05	거주자	
	서울특별시 광진구 중곡동 191-4 (19/9)						
2	무 지 개	2007-06-13	거주자			거주자	
	서울특별시 광진구 중곡동 191-4 (19/9)						

있는 동거가족에 한 한다(95다30338).

위 전입세대열람의 1번에서 임차인 홍길동의 대항력은 최초전입자인 홍당무의 전입일자를 기준으로 하고, 2번 임차인 무지개의 대항력은 자신의 전입일자를 기준으로 하면 된다.

021 임차인인 아들과 따로 산 아버지가 전입신고 한다면 대항력은?

그 가족이 성년으로 임차인과 세대를 달리하고 있었고, 임차 후에도 임차인이 입주하지 않은 채로 그 가족만 입주하여 거주하고 있었다면 그 가족의 전입신고만으로 당연히 임차인이 대항력을 취득한다고 볼 수 없다.

즉 결혼해 서울에 살고 있는 아들이 부산에 살고 있는 아버지에게 집을 얻어 드리면서 아들이 임차인이 되고 아버지가 전입 및 거주하다가 그 이후 설정된 저당권에 의해 경매가 진행되는 경우 임차인은 대항력을 취득할 수 없다.

그러나 성년인 경우에도 종전 주민등록이 동일 세대원으로 함께 있다가 아들이 임차인이고 아버지가 대항요건을 갖춘 경우에는 아버지가 전입한 시점을 기준으로 대항력을 취득하게 된다.

022 아버지가 임차인이고, 미성년자인 아들만 점유해도 보호를 받나?

보호를 받을 수 있다. 왜냐하면 임차인인 부친이 미성년자인 아들을 통하여 점유하는 것으로 되기 때문에 아들은 부친의 점유 보조자가 된다. 아들이 점유와 주민등록이라는 대항요건을 갖추고 있는 동안 임차인인 아버지가 대항력을 유지하게 된다.

이렇게 아버지인 임차인이 대항요건을 갖추지 않았더라도 그의 동거가족 등 이른바 점유보조자(아들)에 의하여 임차주택에 대항요건을 갖추었다면 당해주택이 임대차의 목적물로 되어 있다는 사실이 충분히 공시될 수 있으므로 아들이 점유하면서 주임법상 대항력을 취득한다.

023 근저당권이 설정된 집에 임차인이 입주하면 대항력이 없는 건가?

일반매매로 소유자가 변경될 때에는 새로운 소유자에게 대항력을 주장할 수 있지만, 먼저 설정된 저당권에 의하여 주택(상가건물)이 경매된 경우에는 대항요건을 갖춘 임차권도 소멸하게 되는데, 만일 소멸하지 않는다면 경락이 잘 이루어지지 않을 것이고, 그것은 곧 선순위 저당권의 담보가치를 훼손하는 것이 되기 때문이다. 나아가 임차권이 먼저 대항력을 갖추고 저당권이 후순위로 설정되었다 하더라도, 그 저당권설정등기 이후에 증액한 보증금으로써는 그 주택의 경락인에게 대항할 수 없다(대판 90.8.24. 90다카11377).

024 선순위임차인이 근저당이 설정되고 보증금을 증액했다면 대항력은?

　임차인이 임차건물에 관한 저당권설정등기 이전에 대항력을 갖춘 임차권을 취득한 경우에는 그 임차권으로써 저당권자에게 대항할 수 있음은 물론이나, 저당권설정등기 후에 임대인과 사이에 임차보증금을 증액하기로 합의하고 증액된 부분의 보증금을 지급하였다면 그 합의는 저당권자의 권리를 해하는 것이므로 저당권자에게는 대항할 수 없다. 따라서 임차인은 위 저당권에 기하여 건물을 경락받은 소유자의 건물명도 청구에 대하여 증액 전 임차보증금을 상환 받을 때까지 그 건물을 명도할 수 없다고 주장할 수 있을 뿐이고, 저당권설정등기 이후에 증액한 임차보증금으로써는 소유자에게 대항할 수 없다(대법90다카11377참조).

　이러한 법리는 대항력을 갖춘 임차인이 체납처분에 의한 압류등기 이후에 임대인과 보증금을 증액하기로 합의하고 초과부분을 지급한 경우에도 마찬가지로 적용된다(대법2010다12753 판결)

025 임차주택에서 일시적으로 퇴거했다가 재전입하면 대항력은?

임차인이 그 가족들의 주민등록을 그대로 둔 채 자신만 주민등록을 일시적으로 옮긴 경우에는 대항력과 우선변제권은 그대로 유지되나, 임차인과 그의 세대원 전원이 주민등록을 퇴거했다가 다시 전입신고를 한 경우에는 주민등록을 재전입 신고한 다음 날 오전 0시에 대항력이 발생하게 된다. 이 경우 퇴거하기 전에 계약서에 이미 확정일자를 받은 경우에는 또다시 확정일자를 받지 아니하여도 종전의 확정일자가 유용하게 적용되나 확정일자에 의한 우선변제권의 효력발생 시기는 재전입 신고한 다음 날 오전 0시(대항력발생 시기와 같음)이다.

026. 주택과 상가에서 임대차기간은 몇 년이고, 언제까지 보호 받나?

원칙적으로 임대차계약의 존속기한은 20년의 초과할 수 없으므로(민법651조), 20년의 범위 내에서는 주택이든, 상가건물이든 당사자 간의 협의로 약정기간을 정해서 임대차계약을 체결할 수 있고, 그에 따라 대항요건을 갖추고 있으면 대항력이 있어서 보호를 받을 수 있는데, 부동산 중개 실무에서는 주택은 2년 이내, 상가는 1년 이내의 기간으로 당사자 간에 임대차계약을 자유롭게 체결하고 있다. 그런데 그 계약기간을 주택에서 2년 미만 또는 상가에서 1년 미만으로 정한 임대차의 경우에도 임차인은 그 기간을 2년 또는 1년으로 주장할 수도 있고, 본래의 계약기간인 2년 미만 또는 1년 미만의 기간을 주장할 수 도 있는데 반해서, 임대인은 임차인의 주장대로 2년 미만 또는 1년 미만의 계약에서도 임차인이 2년 또는 1년을 주장하면 그에 따를 수밖에 없다. 왜냐하면 주임법은 임차인을 보호하기위한 법으로 최단기간이 2년, 상임법의 적용을 받는 상가는 1년이기 때문이다.

027 계약기간을 약정하지 않았다면 계약해지가 가능한가?

계약기간을 약정하지 않은 경우에는 주택 및 상가 임차인을 보호하기 위해서 그 기간을 주택은 2년, 상가는 1년으로 법정최소임대차기간(최단기간)이 적용 된다. 그래서 임차인은 주택은 2년, 상가는 1년을 주장할 수도 있고, 기간의 정함이 없는 임대차계약으로 언제든지 계약을 해지할 수 있으나, 임대인은 그러한 권한이 없어서 임차인의 주장대로 따를 수밖에 없다. 여기서 임차인이 기간의 정함이 없는 임대차로 계약을 해지하면 그 효력은 주임법 제6조의2(묵시적갱신된 계약의 해지)를 유추 적용하여 해지 통고 후 3개월이 지나야 그 효력이 발생한다고 봐야 한다.

그러나 민법상의 일반임대차에서 존속기간을 약정하지 아니한 경우에는 당사자 간에 언제든지 상대방에게 계약을 해지 통보할 수 있고(법635조), 이때 부동산의 경우 임대인이 해지 통고를 한 경우 통고를 받은 날로부터 6개월이 경과하면 해지의 효력이 발생하고, 임차인이 해지 통고를 한 경우에는 1개월이 경과하면 해지의 효력이 발생하고, 동산은 5일 이후에 효력이 발생하게 된다.

계약기간 중 임대인이 일방적으로 계약해지를 할 수 있을까?

계약기간이 만료 되고 나서는 계약해지가 가능하지만, 계약기간 중에는 계약이 지켜져야 하므로 해지할 수 없는 것이 원칙이지만, 다음과 같은 사유가 발생하면 임대인은 계약기간 중에도 최고 없이 계약해지 통고를 할 수 있고 이때 상대방에 도달한 때에 그 효력이 발생하게 된다.

첫 번째로 차임을 2기 이상 연체 시 계약기간 중에도 계약을 해지할 수 있다.
민법 제640조, 641조의 의하면 건물 기타 공작물의 임대차에는 임차인의 차임 연체액이 2기의 차임액에 달하는 때에는 임대인은 계약을 해지할 수 있고, 주임법이나 상임법에 차임연체를 이유로 계약을 해지할 수 있는 규정이 없어서 민법의 규정을 따르게 되므로, 주임법과 상임법으로 보호받는 임차인은 물론이고 보호대상이 아닌 일반 임대차 모두 민법의 규정이 적용받게 된다.

여기서 2기의 차임 연체에 달한다는 의미는 차임을 연체한 금액이 합해서 2개월분이 누적 되었다는 뜻으로, 월차임이 100만원이라면 200만원 이상 연체하고 있어야 계약을 해지할 수 있다.

연체기간에 상관없이 2개월 누적 월세분을 연체한 경우만 임대인이 최고 없이 계약을 해지할 수 있는데 계약해지 통지하기 전에 연체차임을 임차인이 통장으로 입금하면 임대인이 계약을 해지할 수 있는 권리가 소멸된다.

두 번째로 임대인의 동의 없이 임차권을 양도나 전대, 용도를 변경한 경우

임차인은 임대인의 동의 없이 그 권리를 전부 또는 일부를 양도하거나 임차물을 전대하지 못한다(민법제629조). 이렇게 임차인이 임차인으로서의 의무를 현저히 위반(임대인의 동의 없이 용도변경 등)하거나 임대차를 계속하기 어려운 중대한 사유가 있는 경우(임차물의 멸실 등)에 그 상대방은 계약기간 중이라도 계약을 해지할 수 있다.

029 주택임차인이 계약갱신, 갱신 거절하는 방법이 있다?

주택 임대차계약 종료 시 당사자 간의 협의로 자유롭게 임대차계약을 갱신할 수 있는데, 이러한 약정갱신은 당사자의 합의로 10년을 넘지 않는 범위 내에서 약정기간을 정할 수 있다.

주택에서 당사자 간의 협의로 계약을 갱신할 수 있는 기간에 대해서 특별한 제한이 없지만, <u>주택임차인은 계약갱신 요구권이 없어서 협의에 의한 약정갱신과 묵시적갱신만 인정되므로 임대인이 계약갱신을 거절하면 그 주택을 비워주어야</u> 한다.

계약갱신을 거절하는 방법은 임대인은 임대차기간 만료 전 6월부터 1월까지

임차인에 대하여 갱신거절의 통지를 해야 하고, 임차인은 임대차기간 만료 전 1월까지 임대인에게 통지를 해야 계약해지 효력이 발생하게 된다. 이러한 통지가 없이 계약이 만료 되면 묵시적갱신이 된다.

030 상가임차인은 계약갱신요구권으로 5년 간 영업이 가능하다고?

첫 번째로 상임법의 보호대상인 상가임차인은 상가 임대차계약이 종료 시 당사자 간의 협의로 자유롭게 임대차계약을 갱신할 수 있는데, 이러한 약정갱신은 당사자의 합의로 10년을 넘지 않는 범위 내에서 정할 수 있다.

그리고 상임법으로 보호대상인 임차인은 계약갱신요구권이 있어서 계약만료 전 6월에서 1월 사이에 전체임대기간 최대 5년 내의 범위 내에서 1년 단위로 갱신을 요구할 수 있다. 임대인은 임차인이 임대차기간이 만료되기 6개월 전부터 1개월 전까지 사이에 계약갱신을 요구할 경우 정당한 사유 없이 거절하지 못한다(제10조). 이러한 통지가 없이 계약이 만료 되면 묵시적갱신으로 보호를 받을 수 있다.

두 번째로 상임법의 적용대상 환산보증금을 초과하는 상가임차인은 최장

5년간의 계약갱신권이 없었는데 2013. 7. 2. 상임법의 개정으로 5년간의 계약갱신권을 보호받게 됐지만, 유의할 점은 환산보증금이 상임법의 적용대상 범위내의 임차인은 소유자가 변경 돼도 기존 계약이 자동승계 되고 5년간의 임대차기간을 보호 받을 수 있지만, 상임법의 환산보증금을 초과하는 임차인은 소유자가 변경되기 전까지만 5년간의 임대차기간을 보호받을 수 있지만, 소유자에게 변경되면 새로운 소유자에게 그 권리를 주장할 수 없다(상임법으로 보호 받을 수 없어서 대항력이 없다).

031 상가임차인의 대항력과 권리금 보호제도 개정안

국회 법제사법위원회는 2015. 05. 06일 전체회의에서 '상가건물 임대차보호법 개정안'을 통과시켰다. 아직 국회 전체회의를 통과하지 못해 입법화 되지 못했지만, 조만간 시행될 것으로 그 개정안은 상가 임차인 끼리 권리금(점포 시설비와 영업권 등 자릿값)을 주고받는 것을 건물 주인이 방해할 수 없도록 한 것과 건물주가 바뀌더라도 누구나 5년간 한 점포에서 장사할 수 있는 권리가 인정되도록 한 것으로 자세한 내용은 다음과 같다.

모든 상가건물 임대차 대항력 인정 개정안

기존에는 환산보증금 기준으로 서울(4억), 수도권(3억), 광역시(2억4천)을 넘는 임차인은 대항력이 없어서, 건물주가 바뀌면 기존 임대차 계약을 주장할 수 없고, 강제 퇴거당하는 사례가 빈번 했다.

그런데 2015. 05. 06일 국회 법제사법위원회를 통과한 개정안은 환산보증금을 초과하는 상가임차인에게도 상가건물 소유자가 변경 돼도 새로운 소유자에게 대항력을 인정해서 최소 5년간 계약갱신요구권을 보장 받을 수 있도록 했다. 다만 백화점과 대형마트 등 유통산업발전법에서 규정한 대규모 점포는 적용대상에서 제외 된다.

그리고 이 법은 시행 후 새로 계약하거나 갱신된 임대차부터 적용하게 될 예정이다.

상가임차인 권리금 보호제도 개정안

① 권리금 회수기회 보호 등(상임법 제10조의4)

임대인은 임대차 계약기간이 끝나기 3개월 전부터 종료 시까지 다음에 해당하는 행위를 함으로써 권리금 계약에 따라 임차인이 주선한 신규임차인에게 권리금을 지급 받는 것을 방해 해서는 안된다.

㉠ 임차인이 주선한 신규임차인에게 건물주가 직접 권리금을 요구 또는 수수하는 행위, ㉡ 임차인이 주선한 신규임차인에게 권리금을 지급하지 못하게 하는 행위, ㉢ 임차인이 주선한 신규임차인에게 현저히 높은 보증금과 차임을 요구하여 계약에 이르지 못하게 하는 행위, ㉣ 그밖에 정당한 사유 없이 새 임차인과 계약 맺기를 거절하는 행위를 금지하고 있다.

② 임대인에 대한 손해배상청구권 인정

①항을 위반해서 손해가 발생 시 임차인은 임대차 종료 후 3년 이내에 건물주에게 손해배상을 청구할 수 있다. 이때 손해배상액은 새로운 임차인이 주기로 했던 권리금과 국토교통주가 고시한 기준에 따라 산정한 계약 만료 시점의 권리금중 낮은 금액을 넘을 수 없으며, 이때 임차인은 임대인의 방해 행위를 직접 입증해야 한다.

③ 다음과 같은 사유가 있을 때 임대인의 협력의무 면제 된다.

㉠ 임차인이 주선한 새로운 임차인이 보증금 및 차임을 지급할 능력이 없다고 보여 지는 경우.

㉡ 임차인이 주선한 새로운 임차인이 임차인으로서의 의무를 현저히 위반하거나 이에 상당한 이유가 있는 경우. 이를 위해 세입자는 건물주에게 신규 세입자의 임대료 부담 능력 등 정보를 제공해야 한다.

㉢ 상가건물을 1년 6개월 이상 영 목적으로 사용하지 않은 경우

㉣ 임대인이 선택한 신규임차인과 권리금 계약을 체결하고 그 권리금을 지급한 경우

㉤ 임차인이 차임액을 3기 이상 연체하여 계약갱신이 거절된 경우

㉥ 임대인이 보상을 제공하고 계약갱신을 거절한 경우

㉦ 임차인이 임대인의 동의 없이 전대하여 계약갱신이 거절한 경우

㉧ 건물의 파손·멸실·재건축·안전 등의 사유로 계약갱신이 거절된 경우

이 개정안이 시행되면 상가임차인인의 권리가 강화될 것이라 판단되므로 신속히 개정되기를 희망한다.

032 상가임차인이 계약갱신요구권을 행사하지 못할 수도 있다?

앞의 31번 사례와 같이 상가임차인은 계약갱신요구권이 있어서 계약만료 전 6월에서 1월 사이에 전체 임대기간 최대 5년 내의 범위 내에서 1년 단위로 갱신을 요구할 수 있다.

그러나 ① 상가임차인이 3기의 차임액에 해당하는 금액에 이르도록 차임을 연체한 사실이 있는 경우, ② 임차인이 거짓이나 그 밖의 부정한 방법으로 임차한 경우, ③ 서로 합의하여 임대인이 임차인에게 상당한 보상을 제공한 경우, ④ 임대인의 동의 없이 목적건물 전부 또는 일부를 전대한 경우, ⑤ 임차인의 중대한 과실이 있는 경우에 해당되면 임대인은 인차인의 계약갱신요구권을 거절할 수 있다.

이러한 통지가 없이 계약이 만료 되면 묵시적갱신이 되지만 앞에서와 같이 계약갱신요구권을 거부할 수 있는 상황에서는 묵시적갱신을 가지고 임대인에게 대항할 수 없어서 임대인은 언제든지 최고 없이 계약해지 통고를 할 수 있고 이때 상대방에 도달한 때에 그 효력이 발생하게 된다.

033 임대차계약이 묵시적갱신되면 전임대차와 동일한 계약으로 갱신되나?

　첫 번째로 주택이나 상가건물에서 묵시적갱신은 임대인은 임대차기간 만료 전 6월부터 1월까지 임차인에 대하여 갱신거절의 통지 또는 조건을 변경하지 아니하면 갱신하지 아니한다는 뜻의 통지를 하지 아니한 경우에는 그 기간이 만료된 때에 전임대차와 동일한 조건으로 다시 임대차한 것으로 보게 된다. 주택임차인이 임대차기간 만료 전 1월까지 통지하지 아니한 때, 상가임차인은 임대인과 같이 임대차기간 만료 전 6월부터 1월까지 통지하지 아니한 때에도 또한 같은데, 이렇게 갱신되는 것을 묵시적갱신이라 하고, 임대차의 존속기간은 정함이 없는 것으로 보게 된다.
　묵시적갱신 되면 임차인은 언제든지 계약을 해지할 수 있는데 해지 통고 후 3월 이후에 그 효력이 발생하지만, 임대인은 계약해지권이 없어서 임차인의 의사표시에 따라 주택은 2년간의 임대차기간을 보장해야 한다(주임법제6조의2).

　두 번째로 민법상의 일반임대차에서 묵시적갱신은 임대차기간이 만료한 후 임차인이 임차물의 사용, 수익을 계속하는 경우에 임대인이 상당한 기간 내에 이의를 하지 아니한 때에는 전임대차와 동일한 조건으로 다시 임대차한 것으로 보고, 계약당사자들은 언제든지 계약을 해지할 수 있는데, 그 효력은 토지, 건물 기타 공작물에 대하여는 임대인이 해지를 통고한 경우에는 6월, 임차인이 해지를 통고한 경우에는 1월. 동산은 5일 경과 후에 해지효력이 발생하게 된다. 상임법의 보호를 받지 못하는 상가 임차인도 이 법의 적용을 받게 된다.

034 1년 계약하고, 묵시적갱신이 되면 2년을 주장할 수 있나?

주택을 1년으로 임대차계약하고 거주하다가 1년이 지나서 묵시적갱신이 된 상태이다. 그런데 임대인이 갑자기 최초 계약일로부터 최단 존속기간인 2년이 경과하면 계약갱신을 하지 않겠다는 통고서를 내용증명우편으로 보내왔다. 이 경우 최초 계약기간 1년이 경과된 후 묵시적으로 갱신되었으므로, 그 갱신된 계약기간을 최단존속기간인 2년으로 보아 2년을 더 거주할 수 있지 않을까?

대법원 96다5551 판결도 "임차인이 주임법 제4조 제1항의 적용을 배제하고 2년 미만으로 정한 임대차기간의 만료를 주장할 수 있는 것은 임차인 스스로 그 약정임대차기간이 만료되어 임대차가 종료되었음을 이유로 그 종료에 터잡은 임차보증금반환채권 등의 권리를 행사하는 경우에 한정되고, 임차인이 2년 미만의 약정임대차기간이 만료되고 다시 임대차가 묵시적으로 갱신되었다는 이유로 주택임대차보호법 제6조 제1항, 제4조 제1항에 따른 새로운 2년간의 임대차의 존속을 주장하는 경우까지, 주임법이 보장하고 있는 기간보다 짧은 약정임대차기간을 주장할 수는 없다"라고 판결하여 최단존속기간 2년만을 인정하였다.

따라서 최초의 임차일로부터 2년이 경과되면 주임법 제4조 제1항에 의하여 기간이 만료되는 것이지, 임차인 주장처럼 3년(최초의 약정임대차기간 1년 + 묵시적으로 갱신된 임대차기간 2년)으로 임대차기간이 만료된다고 주장할 수는 없다.

그러나 유의할 점은 약정 임대차기간이 2년이었다가 묵시적갱신이 되었다면 2년으로 연장된다는 사실이다.

035 임대차 기간이 만료돼도 묵시적 갱신의 예외 사례가 있다고?

묵시적갱신이 되면 원칙적으로 주택임차인은 2년, 상가임차인은 1년을 주장할 수 있지만, 다음 사례와 같은 경우에는 묵시적갱신을 인정되지 않는다.

① 주임법 제6조 3항에서 2기의 차임액에 달하도록 차임을 연체하거나 기타 임차인으로서의 의무를 현저히 위반한 경우(임대인의 동의 없이 불법으로 임차권을 양도나 전대, 용도를 변경한 경우)의 임차인에 대하여는 제1항의 규정을 적용하지 아니한다고 하여, 묵시적 갱신의 예외사유로 정하고 있다.

이렇게 주택에서 2기, 상가에서 2기 이상 차임을 연체하고 있을 때에는 묵시적갱신을 인정하지 않는다. 그러나 유의할 점은 2기 이상 연체한 사실이 있어도 묵시적갱신이 되기 전에 차임을 납부해서 2기 이상의 차임을 연체하고 있지 않으면 묵시적갱신이 인정된다.

2기 이상 연체하고 있으면 임대인은 언제든지 최고 없이 계약해지 할 수 있고 그 해지 통지가 있으면 계약은 즉시 해지 된다. 이러한 법리는 계약기간 중이라도 2기 이상 연체하고 있을 때 계약해지를 최고 없이 하는 것과 같다.

② 상임법 제10조에서 일정한 환산보증금 이하의 상가건물 임차인에 대하여 최장 5년간의 기간동안 임대차기간의 갱신을 요구할 수 있는 권리를 부여하면서, 그 예외사유 중의 하나로 '임차인이 3기의 차임액에 달하도록 차임을 연체한 사실이 있는 경우'를 규정하고 있어 3기 이상 연체한 사실만 있어도 계약갱신요구권이 인정되지 않는 것과는 다르게 생각하고 있어야 한다.

③ 임대인이 건물을 철거하거나 재건축하기 위한 경우도 계약갱신요구를 거절할 수 있다.

임대차 기간 중에도 차임을 증감 청구할 수 있나?

약정한 차임 또는 보증금이 임차주택에 관한 조세, 공과금 기타 부담의 증감이나 경제사정의 변동으로 인하여 상당하지 아니하게 된 때에는 당사자는 장래에 대하여 그 증감을 청구할 수 있다(제7조). 차임 또는 보증금의 증액청구는 주택임대차보호법은 약정한 차임과 보증금의 20분의 1(5%)의 금액을 초과하지 못하며, 상가건물임대차보호법은 약정한 차임과 보증금의 100분의 9(9%)의 금액을 초과하지 못하며, 증액청구는 임대차계약 또는 약정한 차임 등의 증액이 있은 후 1년 이내에는 이를 하지 못한다(주임법 시행령 제2조). 그러나 임차인의 감액청구는 기간과 상관없이 청구가 가능하다고 정하고 있어서 이러한 사유가 발생하면 차임에 대해서 그 상대방이 증감을 요구할 수 있다. 여기서 상임법 적용대상 임차인만 9%이고, 적용대상이 아닌 임차인은 이 규정의 적용을 받지 않아도 되니 증액 폭이 커질 수밖에 없다.

037 재계약의 경우도 증액한도 제한규정의 적용을 받을까?

약정한 차임 또는 보증금의 증액청구는 주임법은 약정한 차임과 보증금의 20분의 1(5%)의 금액을, 상임법은 약정한 차임과 보증금의 100분의 9(9%)의 금액을 초과하지 못하며, 증액청구는 약정한 차임 등의 증액이 있은 후 1년 이내에는 이를 하지 못한다(주임법 시행령 제2조)는 규정은 재계약을 할 때에는 적용받지 않는다.

재계약 시에도 주택임대차보증금의 증액제한규정이 적용되는지에 대하여 대법원 판례에서는 "주임법 제7조는 임대차계약의 존속 중 당사자 일방이 약정한 차임 등의 증감을 청구한 때에 한하여 적용되고, 임대차계약이 종료된 후 재계약을 하거나 또는 임대차계약 종료 전이라도 당사자의 합의로 차임 등이 증액된 경우에는 적용되지 않다(대법 93다30532)고 판결했다.

따라서 이 사안과 같이 재계약을 하는 경우에는 주택이든 상가이든 증액제한규정의 적용을 받지 않는다.

038 전세보증금을 월세로 전환할 때 계산법은 어떻게?

전세보증금을 월세로 전환 시 적용되는 주택임대차보호법 시행령 제2조의 2의 시행령에서 정하는 산정율은 2014. 01. 01.부터 연 10%로 하향 조정했고, 상임대차보호법에서도 2014. 01. 01.부터 연 12%로 하향 조정했는데, 이 규정은 대통령령으로 정한 상한선이고, 부동산중개실무에서는 시중금리 변동에 따라 유동적으로 운영되고 있어서, 전세보증금의 연 6% 선에서 월세로 전환한다고 생각하면 된다.

예를 들어 전세보증금 1억 중에서 보증금 7,000만원으로 하고 나머지 3,000만원을 월세로 전환하려면 지역에 따라 편차는 있겠지만 연 6% 선으로 월세가 15만원(3,000만원×연6%=연180만원÷12)이 보태지게 된다. 주임법과 상임법 적용대상이 아닌 상가임차인 등은 이 제한규정에 적용 받지 않는다.

039 임차권등기와 임대차등기는 어떻게 다른가를 알아야 한다?

　주임법 3조의3, 또는 상임법 6조의 임차권등기명령에 의한 임차권등기는 그 대상이 주택 또는 상가건물(상임법보호대상만)에 한정되어 있고, 임대차가 종료되거나 해지 사유(경매나 공매)가 발생 후에 보증금을 반환받지 못한 임차인이 임대인의 동의 없이 임차주택의 소재지를 관할하는 법원에 단독으로 신청이 가능하다. 이와 달리 민법 제621조의 임대차등기는 모든 부동산임대차에 대해서 할 수 있는 것으로 입주하기 전에, 또는 임대차 존속기간 중에만 임대인의 동의를 얻어서 임대차등기를 하게 된다는 점이 임차권등기명령에 의한 임차권등기와 차이가 있다.

　그리고 주임법(상임법)상 임차권등기명령에 의한 임차권등기는 계약기간 종료 이후에 하게 되는 것으로 대항력과 우선변제권은 주임법상 대항요건과 확정일자를 갖춘 시점에서 그 효력이 발생되지만, 민법에 의한 임대차등기는 모든 주택과 상임법 적용대상 상가건물에 한해서만 등기시점에 즉시 대항력과 우선변제권의 효력이 발생하고(그 이전에 대항요건을 갖춘 경우 그 시점), 주택이나 상임법 보호대상 상가건물 이외의 건물이나 토지임대차등기는 대항력만 인정되고 우선변제권이 없어서 경매가 들어가도 배당요구가 인정되지 않는다는 점이 차이가 있다.

040 임차권등기명령으로 임차권등기하면 어떤 보호를 받을 수 있나?

　임차권등기명령에 의한 임차권등기가 경료 되면 임차인은 종전의 대항력과 우선변제권을 취득하게 되므로 임차권등기 후 대항요건 즉 점유와 주민등록요건을 상실하여도 이미 취득한 대항력과 우선변제권은 상실하지 아니하고 그대로 유지 된다. 이러한 임차권등기명령의 효과는 신청서를 제출시가 아니라 임차권등기가 마쳐진 시점을 기준으로 발생하게 된다는 점과 임대차등기와 관련해 발생한 비용은 임대인에게 청구할 수 있다는 점도 알고 있어야 한다. 그리고 선순위 임차권등기는 후순위 임차권에 대하여 우선하게 되므로 임차권등기 이후에 새로 임차한 임차인이 소액임차인에 해당되어도 임차권등기의 범위 내에서는 최우선변제권이 인정되지 않게 된다.

　임차권등기명령에 의한 임차권등기는 경매나 공매로 매각되면 대항력이 없는 임차권등기는 소멸되는 것이 원칙이나 대항력 있는 임차인은 보증금이 전액 변제되지 아니한 경우 전액 변제가 이루어질 때까지 소멸되지 아니하는데, 여기서 임차인의 대항력 유무는 임차권이 등기된 시점을 기준으로 하는 것이 아니라 등기내용에 기재된 전입일자와 확정일자에 의해서 대항력과 우선변제권을 판단하게 된다.

041 민법 제621조에 의한 임대차등기는 언제 대항력과 우선변제권이 발생하나?

　민법 621조의 임대차등기는 주택, 상가, 공장, 토지 등의 모든 임대차에서 임대인이 임대차등기의무자로 협조할 경우(임대인의 동의를 얻어) 임차할 당시 또는 임대차기간 중에 임대인과 임차인이 공동으로 신청하는 것이다. 이 민법상 임대차등기는 대항력만 인정되고 우선변제권이 없으므로 주택이나 상가에서 우선변제권을 해결하기 위해서 주임법 제3조의4와 상임법 제7조에 별도규정을 두어 우선변제권을 해결하게 되었다.

042 임차권등기 이후에 입주한 임차인은 대항력과 우선변제권이 없나?

임차권등기는 주택을 사용하기위한 용익적인 권리이기 때문에 동일목적물에 대해 중복적으로 임차권등기를 하는 것이 허용되지 않고 있으나 임대차기간이 만료돼 대항력을 유지하기 위해 임차권등기를 하고 이사를 나간 뒤 새로운 임차인이 입주해서 대항요건을 갖추고 있는 경우에는 종전 임차권등기가 주택을 사용하기 위한 용익적인 권리가 아니라 담보물권적인 권리만을 보호받기 위한 권리이므로 새로 입주한 임차인이 거주하거나 전세권등기, 임차권등기를 하는 것도 가능하다.

좀 더 자세하게 분석해 보면 임차인은 임차권등기를 마치면 주임법 제3조 1항 ~ 3항(대항요건)에 따른 대항력과 제3조의2 2항(확정일자)에 따른 우선변제권을 취득하게 되는데, 임차인이 임차권등기 이전에 이미 대항력이나 우선변제권을 취득한 경우에는 그 대항력이나 우선변제권은 그대로 유지되며, 임차권등기 이후에는 대항요건을 상실하더라도 이미 취득한 대항력이나 우선변제권을 상실하지 않고 그대로 유지하게 된다. 따라서 임차권등기를 할때 대항요건과 확정일자를 갖추고 있지 않았다면 그 등기 시점을 기준으로 대항력과 우선변제권이 발생하지만 그 이전에 대항요건과 확정일자를 갖추고 있었다면 그 이전에 대항력과 우선변제권이 발생하게 된다는 사실로, 확정일자를 갖추지 않고 임차권등기만을 한 경우에도 마찬가지로 임차권등기 시점을 기준으로 우선변제권이 발생한다.

주임법 제3조 6항에서는 임차권등기 이후에 입주한 임차인이 소액임차인이더라도 임차권등기권자에 우선해서 최우선변제권을 인정하지 않고 있다.

이러한 모든 내용을 정리하면 임차권등기 이후에도 새로운 임차인이 입주할 수 있고, 후순위로 임차권등기(대법 2005다4529 판결)도 가능하지만, 선순위임차권등기의 효력이 미치는 범위 내에서만 대항력과 우선변제권이 배제된다고 판단하면 된다.

그래서 후순위임차권도 일반매매로 소유권이 이전되면 새로운 소유자에게 대항력이 인정되지만(1개 담보물권과 1개 임차권 2개 인수), 임차권등기가 된 주택이 경매로 매각될 때에는 새로 입주한 임차인은 선순위임차권등기 범위 내에서는 대항력과 우선변제권도 없어서 선순위임차권등기권자가 소액임차인이면 1순위로 최우선변제금과 2순위로 확정일자 우선변제금, 3순위로 후순위 임차인의 확정일자부 우선변제권(소액임차인이더라도 선순위임차권보다 최우선변제권이 인정되지 않으므로) 순으로 배당받게 되고 낙찰자는 후순위임차권을 인수하지 않게 된다.

043 전세권등기 이후에 입주한 임차인도 최우선변제금을 받을 수 있나?

전세권등기권자는 전세 존속기간동안 그 주택을 사용할 수 있는 용익물권적인 권리와 만료 시 담보물권적 권리를 함께 가지게 되므로 전세권자가 거주하는 동안에 새로운 소액임차인이 발생하지 못한다(만료돼 묵시적 갱신된 경우도 마찬가지다). 그러나 전세권이 존속기간이 만료되거나 전세기간 중에도 합의해제 형식으로 전세권자가 이사를 나간 경우 전세금을 반환 받고 전세권을 소멸하지 않았다면 그 전세권은 형식적인 전세권으로 전세권의 효력이 없어서 소액임차인이 최우선변제금을 배당 받는데 아무런 문제가 없다. 그리고 전세금을 반환받지 못하고 우선 변제받을 목적으로 전세권을 말소하지 않은 경우라도 전세권자는 전세권중 용익물권적 권리는 소멸하고 담보물권적 권리만 가지게 되므로 저당권 등의 담보물권과 같이 볼 수가 있어서 전세권자가 이사 가고 나서 새로 입주한 임차인에 대해 담보물권 설정 시기를 기준으로 소액임차인 에 해당되면 전세권보다 우선해서 최우선변제금을 받을 수 있다.

이러한 이유는 전세권등기는 임차권등기와 같이 "주임법 제3조의3 제6항 임차권등기명령의 집행에 따른 임차권등기가 끝난 주택을 그 이후에 임차한 임차인은 제8조(최우선변제금)에 따른 우선변제를 받을 권리가 없다."는 규정이 없어서 전세권의 용익권이 진행되는 동안에는 최우선변제금의 침해가 인정되지 않겠지만, 용익권이 소멸되고 담보물권적인 권리만 남아 있는 경우에 한해서는 소액임차인이 전세권보다 우선해서 최우선변제금을 배당 받게 된다.

044 임차권의 양도나 전대차는 임대인의 동의가 있어야만 가능할까?

임차권의 양도는 임차권이 그 동일성을 유지하면서 이전하는 계약으로서 임차권의 양도인은 임차인의지위를 벗어나게 되고 양수인이 임차인으로서의 권리의무를 취득하게 된다. 임차권의 전대는 임차인 자신이 전대인이 되어 그의 임차물을 다시 전차인으로 하여금 사용·수익하게 하는 새로운 임대차관계로, 임차인이 임차권을 소멸하지 않고 전대인의 지위를 갖고, 새로운 주택이용자는 전차인의 지위를 갖게 된다.

주임법 제3조 제1항에 의한 대항력을 갖춘 주택임차인이 임대인의 동의를 얻어 적법하게 임차권을 양도하거나 전대한 경우에 양수인이나 전차인이 임차인의 주민등록 퇴거일로부터 주민등록법상의 전입신고기간 내(14일 이내)에 전입신고를 마치면 종전 대항력과 우선변제권을 그대로 유지할 수 있다.

045 소유자가 변경되면 새로 계약서를 작성해야 하나?

임차인이 대항요건을 갖추어 대항력이 발생하면 그 이후에 주택 소유자가 바뀌어도 새로운 소유자에게 대항력이 있어서 계약서를 다시 쓰지 않아도 계약기간 동안 주택을 비워 주지 않고 사용할 수 있는 권리가 있다. 그러나 계약기간이 종료되면 어떻게 될까?

임대인이 계약을 갱신을 거절하면(임대기간 만료 전 6월 ~ 1월 사이에 계약갱신 거부의 사를 밝히면) 임차주택을 비워 주고 이사를 가야 한다. 그러나 계약기간 만료 후 계약을 갱신하는 경우에는 계약서를 다시 써야 하지만, 묵시적 갱신이 되었다면 계약서를 다시 쓰지 않아도 되고 확정일자를 다시 받을 필요가 없다. 계약을 갱신하는 경우도 전세보증금이 아닌 계약기간만 변경하는 경우에는 기존 계약서 특약사항란에 변경한 계약기간을 별도로 기재하고 임대인(종전 임대차를 승계한 새로운 임대인)과 임차인이 서명날인 하면 된다. 어째든 전세금을 증액하지 않고 갱신하는 경우에는 종전계약에 의한 대항력과 우선변제권이 그대로 유지 된다. 하지만 증액해서 다시 쓰는 경우 최초 임대차계약에서 대항력과 우선변제권이 발생하고, 증액한 계약에서 증액한 시점을 기준으로 대항력과 우선변제권이 발생하게 된다.

전세금을 증액할 때 계약서를 어떻게 써야 할까?

주택을 임차해서 살다보면 임차보증금을 올리거나 내리는 경우가 있는데, 이때는 계약서를 다시 써야 한다.

임차보증금 증액으로 계약서를 재작성하는 방법은 첫 번째로 등기부등본을 확인하여 추가로 설정된 근저당권 또는 변동된 권리관계(압류, 가압류, 가등기, 가처분 등) 등이 있는 가를 먼저 확인해야 하고, 두 번째로 보증금 증액으로 계약서를 작성할 때 증액된 금액을 포함한 전체 금액을 기재하고 특약사항란에『임차보증금 ○○○○원을 증액하면서 기존 계약을 연장하기로 한다.』또는『기존 임대차계약기간 만료로 인한 보증금 증액 및 기한연장에 따른 재계약서 작성임』등으로 명기해서 작성해야 한다. 마지막으로 증액한 계약서도 확정일자를 받아 보관하고 있어야만 증액된 부분에 대해서도 대항력과 확정일자에 의한 우선변제권이 발생하게 된다는 사실을 알고 있어야 한다.

047 배우자와 자녀가 함께 살다가 임차인이 사망했다면 어떻게?

자녀가 미성년자일 때는 임차인인 배우자가 사망했다는 사실을 임대인에게 알리고, 종전계약서에 상속에 의거 계약당사자 [피상속권자(남편) ⇨ 상속권자(부인)]만 변경한다는 내용을 부기하고 임대차계약당사자 간 서명날인하면 문제가 없겠지만, 자녀가 성년자일 때에는 계약기간 종료 후 전세금 반환 시 다툼을 방지하기 위해서라도 자녀들의 동의를 얻어(협의분할 상속방법) 임차인을 변경해야 한다. 이때 동의방법은 계약서에 직접 동의한다는 내용을 기재하는 방법이면 족하다. 사망자의 동거가족이 그대로 살고 있으므로 대항력이 상실되는 것이 아니므로 주임법상 대항력이 그대로 유지되므로 종전 확정일자에 기해서 우선변제권이 유지가 된다.

이러한 방법은 자녀가 부모와 함께 살지 않고 성년으로 독립된 생활을 영위하고 있을 때도 임차인의 명의변경은 협의분할 상속방법으로 변경해 놓아야 임대인도 임차인도 다툼을 방지하고 안전하게 그 권리를 보호받을 수 있게 되므로 사전에 상속지분권자들의 동의를 얻어 임차인을 변경해야 한다는 사실도 잊지 말아야 한다.

048 임차인 홀로 거주하다가 사망하면 대항력은 사라진다?

이때 두 사례로 나누어 생각해야 한다.

첫 번째로 사망 이전에 상속지분권자가 동일세대원으로 대항요건을 갖춘 경우 종전임차권은 상속지분권자명의로 승계취득하게 되므로 종전임차권에 기한 대항력과 확정일자부 우선변제권이 상속지분권자에게 그대로 존속된다.

두 번째로 사망 이전에 상속지분권자가 동일세대원으로 대항요건을 갖추지 못한 경우 종전임차권의 효력은 소멸되고 새롭게 상속지분권자 명의로 대항요건을 갖춘 시점에 임차권이 대항력이 생기고, 만일 대항요건을 갖추기 이전에 제3자로 소유권이 변경되거나 경매로 매각된다면 종전임차권은 일반채권자의 지위에 놓이게 되어 주임법상 대항력과 우선변제권이 상실될 수도 있다. 경매 실무에서도 아버지가 홀로 사시다가 사망한 상태에서 1년 동안 상속지분권자들인 자녀들의 협의가 이루어지지 못한 상태에서 그 임차주택이 경매가 진행돼 전세금을 잃게 된 사례가 있다.

049 사실상의 혼인 관계에 있는 자와 거주하다가 임차인이 사망하면?

임차인이 상속인 없이 사망한 경우에는 사실상의 혼인 관계에 있는 자가 임차인의 권리와 의무를 승계(주임법 제9조1항)하고, 상속권자가 사실상의 혼인관계에 있는 자와 그 주택에서 가정공동생활을 하고 있었던 경우에는 민법상 상속규정에 따라 상속권자만 승계하고, 임차인이 사망당시 상속권자가 그 주택에서 가정공동생활을 하지 아니한 경우 그 주택에서 가정공동생활을 하던 사실상의 혼인 관계에 있는 자와 2촌 이내의 친족이 공동으로 임차인의 권리와 의무를 승계한다(제2항)고 규정하고 있다.

 ## 집주인이 사망했다면 임차인은 전세금을 어떻게 돌려받을 수 있나?

　임대인이 사망했다면 상속지분권자들에게 보증금 반환을 요구하면 된다. 그러나 상속지분권자들 끼리 협의가 되지 않고 상속재산으로 다툼이 발생하여 오랜 시일이 소요된다면 전세보증금반환청구소송을 제기해서 강제경매를 신청할 수 있는데, 상속등기가 이루어지지 않은 경우 상속권자를 대위하여 상속지분권자 비율대로 등기와 동시에 강제경매를 신청하면 된다.

051 임차인이 수선한 필요비는 누구에게 청구하면 되나?

Q 임차할 당시부터 부착되어 있던 보일러가 고장이 나서 임대인에게 수리를 요청했으나 임대인은 알아서 하라고만 하고 그래서 어쩔 수 없이, 보일러 수리를 의뢰하게 되었는데 너무 오래된 보일러라 수선이 어렵고 교체해야 한다고 해서 제 돈 60만원을 들여 새것으로 교체하게 되었습니다. 이러한 비용을 필요비나 유익비 등으로 청구가 가능한 지요. 가능하다면 누구에게 청구하면 되나요?

A 『임차인이 임차물의 보존에 관한 필요비를 지출한 때에는 임대인에 대하여 그 상환을 청구할 수 있다(민법 제325조 1항).』즉 보일러 시설이나 수도관의 누수현상, 욕실 등의 하자, 전시시설, 창문 등의 파손, 기타 임차인으로서 주택을 사용하기 위해서 필요한 부분 등이 하자가 발생 시 이를 임차인이 수선비를 지출하고 개선하였다면 필요비가 되고 그 반환을 임대인 또는 새로운 소유자(일반매매 또는 경매 등으로 취득한 제3자)에게 청구할 수 있고 그 필요비를 지급할 때까지 주택인도를 거부할 수 있습니다.

052  임차인이 지출한 비용이 주택 유지보존을 위한 통상의 필요비에 해당하나?

본건 주택에 입주하기 직전 또는 입주도중에 본건 주택에 출입문이 낡아서 새로 만들어 달았고, 마루문을 보수하였으며 지붕의 기와 및 방 4개를 보수하였고, 상수도 파이프가 삭아서 바꾸어 시설하였으며 정원과 마당을 일부 보수한 사실은 각 인정되나 위와 같은 정도의 보수 및 개수공사비용은 본건 주택의 유지보존을 위한 통산의 필요비에 지나지 아니한다할 것이어서 이는 원, 피고사이에 특단의 약정이 없는 한 본건 주택의 차주인 피고가 부담해야 할 것이므로 피고가 본건 주택에 지출한 위비용이 필요비가 아닌 유익비가 되는 것임을 전제로 한 피고의 위 유치권항변은 이유 없다(서울고법 75나1886 판결).

053 임차주택이 경매당하면 필요비로 배당요구 또는 유치권행사가 가능?

　임차인은 필요비와 유익비상환청구권은 임대인이나 제3취득자에게 청구할 수 있는 권리로 필요비상환청구권은 그 비용이 발생한 시점에서 청구가 가능하지만, 유익비상환청구권은 계약기간 종료 후에만 청구할 수 있다는 차이점이 있다.

　그런데 그 임차건물이 경매 당하게 되면 임차인은 필요비와 유익비상환청구권을 가지고 배당요구할 수 있고 이 경우 매각대금에서 경매비용을 공제한 금액에서 1순위로 배당받게 된다. 그런데 배당요구를 하지 않았다면 배당에 참여할 수는 없고, 낙찰자에게 유치권자로 대항할 수 있는 권리가 있어서 변제받을 때까지 건물인도를 거부할 수 있다.

054 임차인이 필요비와 유익비를 청구할 수 없는 사례는?

임차인이 필요비나 유익비를 가지고 비용반환청구나 유치권 주장을 할 수 없는 사례는 다음과 같다.

① 임대차계약당시 원상회복하기로 약정한 경우에는 임차인은 필요비와 유치권 등으로 낙찰자에게 유치권을 주장할 수 없다(서울남부지방법원 84가합837 판결).

② 임차인이 영업을 목적으로 지출한 비용은 유익비에 해당되지 않는다(대구고법 79나1082 판결).

③ 건물 임대인이 임차보증금과 임료를 저렴하게 해 주는 대신 임차인이 부속물에 대한 시설비, 필요비, 권리금 등을 일체 청구하지 않기로 약정하였고, 임차권양수인들도 시설비 등을 청구하지 않기로 약정하였다면 임차인이나 양수인 등은 매수청구권을 포기한 것이고, 위 약정이 임차인에게 일방적으로 불리한 것이라고 볼 수 없어서 필요비, 유익비 상환청구권은 인정되지 않는다고 판결한 사례(대법 82다24998 판결).

④ 임대차계약에서 임차인은 임대인의 승인 하에 개축 또는 변조를 할 수 있으나 <u>부동산반환기일 전에 임차인의 부담으로 원상 복귀한다는 약정이 있는 경우 임차인은 목적물에 지출한 각종 유익비의 상환청구권을 미리 포기하기로 한 취지의 특약이라 봄이 상당하다.</u>

참고로 상가임차인이 임차목적물에 대하여 영업을 목적으로 한 인테리어비용을 지출한 경우 이러한 비용은 건물의 보존을 위하거나 건물의 객관적 가치를 증가시키기 위한 것이 아니어서 이를 필요비, 유익비로 볼 수 없다. 따라서 이와 같은 내용은 유치권에 포함되지 아니한다. 원상복귀의무가 남을 수 있다 (대법 95다12927 판결).

055 임대차 목적물이 파손·장해가 발생하면 임대인과 임차인중 누가 수선해야?

임대차계약에 있어서 임대인은 임대차 목적물을 계약 존속 중 그 사용·수익에 필요한 상태를 유지하게 할 의무를 부담해야 되는데(민법제623조), 그 임차목적물에 파손 또는 장해가 생긴 경우에 그것을 수선하지 아니하면 임차인이 계약에 의하여 정하여진 목적에 따라 사용·수익하는 것을 방해 받을 정도의 것이라면 임대인은 그 수선의무를 부담해야 한다. 이러한 판단은 임대차 목적물에 파손 또는 장해가 생긴 경우 그것이 임차인이 별 비용을 들이지 아니하고도 손쉽게 고칠 수 있을 정도의 사소한 것이어서 임차인의 사용·수익을 방해할 정도의 것이 아니라면 임대인은 수선의무를 부담하지 않지만, 그것을 수선하지 아니하면 임차인이 계약에 의하여 정하여진 목적에 따라 사용·수익할

수 없는 상태로 될 정도의 것이라면, 임대인은 그 수선의무를 부담해야 한다
(대법 2009다96984 판결).

056 임차주택의 하자를 모르고 입주한 경우도 임대인에게 수선의무를 물을 수 있나?

2014년 06월 20일 선고한 서울중앙지법 2014나13609 판결에서 임대인의 수선의무의 대상이 되는 목적물의 파손 또는 장해는 임대차기간 중에 드러난 하자를 의미하는 것이지만 임대차기간 중에 비로소 발생한 하자에 한정되지 않고, 이미 임대인이 임차인에게 목적물을 인도할 당시에 존재하고 있었던 하자도 포함된다고 판단하고 있다. 입주할 당시에 몰랐던 하자라도 입주하고 나서 알게 되었고 그 하자로 인해서 임차인이 계약에 의하여 정하여진 목적에 따라 사용·수익할 수 없는 상태라면 임대인에게 수선의무가 있다.

057 임차인의 불법행위로 건물이 훼손된 경우 그 손해액의 범위는?

불법행위 등으로 인하여 건물이 훼손된 경우, 수리가 가능하다면 그 수리비가 통상의 손해이다. 훼손 당시 그 건물이 이미 내용연수가 다 된 낡은 건물이어서 원상으로 회복시키는 데 소요되는 수리비가 건물의 교환가치를 초과하는 경우에는 형평의 원칙상 그 손해액은 그 건물의 교환가치 범위 내로 제한해야 한다. 또한 수리로 인하여 훼손 전보다 건물의 교환가치가 증가하는 경우에는 그 수리비에서 교환가치 증가분을 공제한 금액이 그 손해가 된다(대법 2002다39456 판결).

058 원인불명의 화재로 임차물 반환채무가 이행불능이된 경우 그 입증책임과 손해배상은?

임차건물이 원인불명의 화재로 소실되어 임차물 반환채무가 이행불능이 된 경우, 그 귀책사유에 관한 입증책임의 소재(=임차인)는 어떻게 될까? 임차인의 임차물 반환채무가 이행불능이 된 경우 임차인이 그 이행불능으로 인한 손해배상책임을 면하려면 그 이행불능이 임차인의 귀책사유로 말미암은 것이 아님을 입증할 책임이 있으며, 임차건물이 화재로 소실된 경우에 있어서 그 화재의 발생원인이 불명인 때에도 임차인 그 책임을 면하려면 그 임차건물의 보존에 관하여 선량한 관리자의 주의의무를 다하였음을 입증하여야 한다(대법 2000다57351 판결). 건물 중 일부 임차부분에서 발생한 화재로 건물의 다른 부분도 소실된 경우에도 그 책임은 임차인은 임차 부분에 한하지 않고 그 건물의 유지·존립과 불가분의 일체관계가 있는 다른 부분이 소실되어 임대인이 입게 된 손해도 배상할 의무가 있다(대법 2002다39456 판결).

059 임차인이 관리비와 함께 납부한 장기수선충당금은 언제 돌려받을까?

장기수선충당금의 관리주체는 장기수선계획에 의하여 공동주택의 주요시설의 교체 및 보수에 필요한 장기수선충당금을 당해 주택의 소유자로부터 징수하여 적립하게 된다(주택법 제51조, 장기수선충당금의 적립). 주택법 시행령 제58조 제2항에 따라 관리주체가 관리비와 별도로 징수 하고 있으나 이렇게 되면 더 많은 관리 인력이 필요하고 그로 인해서 관리비도 증가하게 되므로 자체 규약 또는 관행으로 세입자가 일반관리비와 같이 납부한 후 임대차 종료시에 소유자에게 청구하여 받아 가는 게 관행이 되어 있다. 그래서 계약기간이 종료되면 임대인이 반환하게 되지만 임차주택이 경매당하면 제3취득자인 낙찰자에게 청구할 수 없는 일반채권에 불과해서 임차인이 손실을 볼 수밖에 없다.

PART 3

임차인이 경매에서 3개의 우선변제권으로 살아남는 방법!

060 임차인은 3개의 우선변제권으로 경매에서 탈출할 수 있다

첫 번째 우선변제권으로 필요비와 유익비상환청구권이 있는데 필요비상환청구권은 민법 제 325조 제1항『임차인이 임차물의 보존에 관한 필요비를 지출한 때에는 임대인에 대하여 그 상환을 청구할 수 있다.』즉 보일러 시설이나 수도관의 누수현상, 욕실 등의 하자, 전기시설, 창문 등의 파손, 기타 임차인으로서 주택을 사용하기 위해서 필요한 부분 등에 하자가 발생 시 이를 임차인이 수선비를 지출하고 개선하였다면 필요비가 되고 그 반환을 임대인 또는 새로운 소유자(일반매매 또는 경매 등으로 취득한 제3자)에게 청구할 수 있고 그 필요비를 지급할 때까지 주택인도를 거부할 수 있다.

유익비상환청구권은 민법제325조 제2항『임차인이 유익비를 지출한 경우에는 임대인은 임대차 종료 시에 그 가액의 증가가 현존한 때에는 임차인이 지출한 금액이나 그 증가액을 상환하여야 한다(제2항).』

유익비는 유치물이 객관적 가치를 증가시키는데 소요된 비용으로 유치권자의 주관적 필요에 따라 소요된 비용은 유익비로 인정되지 아니하고 객관적으로 가치를 증가시키는 경우만 인정되고, 인정된다 하더라도 그 가액의 증가가 현존하는 경우만 인정하게 되므로 그 비용을 전부 보상 받기는 어렵고, 임대인의 동의 없이 수선한 것으로 필요비가 아닌 유익비라면 더욱이 어렵다.

두 번째로 최우선변제금과 세 번째로 확정일자부 우선변제권이 있는데 이 내용은 다음 000번부터 000번을 참고하면 된다.

061 임차인이 지급한 필요비와 유익비의 반환 방법은?

임차인의 필요비와 유익비상환청구권은 임대인이나 제3취득자에게 청구할 수 있는 권리로 필요비상환청구권은 그 비용이 발생한 시점에서 청구가 가능하지만, 유익비상환청구권은 계약기간 종료 후에만 청구할 수 있다는 차이점이 있다.

그런데 그 임차건물이 경매 당하다 되면 임차인은 필요비와 유익비상환청구권을 가지고 배당요구할 수 있고 이 경우 매각대금에서 경매비용을 공제한 금액에서 1순위로 배당받게 된다. 그런데 배당요구를 하지 않았다면 배당에 참여할 수는 없고, 낙찰자에게 유치권자로 대항할 수 있는 권리가 있어서 변제받을 때까지 건물 명도를 거부할 수 있다.

062 임차인의 우선변제권은 어떠한 권리인가?

주택임대차보호법과 상가건물임대차보호법으로 보호를 받는 임차인은 일반 거래로 소유자가 달라지는 경우에는 새로운 소유자에게 대항력을 주장하고, 계약기간이 종료되면 보증금반환청구를 해서 계약관계가 종료되는 것이지 우선변제권은 없다.

임차인의 우선변제권이란 주임법과 상임법으로 보호를 받는 임차인이 경매나 공매절차에서 배당요구해서 우선 변제받을 수 있는 권리로 최우선변제권과 확정일자부 우선변제권으로 두 가지가 있다.

따라서 소액임차인이 계약서에 확정일자까지 받아 두었다면 소액임차인은 두 개의 권리를 동시에 가지고 있어서 최우선변제금으로 먼저 배당받고, 나머지는 확정일자에 의한 우선변제금으로 우선 변제받을 수 있다. 소액임차인이 아니면 확정일자부 우선변제금으로 우선 변제받을 권리만 있다.

임차인의 우선변제권은 대항력이 있든, 없든 간에 가지게 되는 권리이나, 대항력이 있는 임차인의 미배당금은 낙찰자가 인수하게 되므로 보증금의 손실이 없게 되지만, 대항력이 없는 임차인의 미배당금은 경매로 소멸되므로 보증금을 손해를 보게 될 수밖에 없다. 그래서 임차주택이 경매당하면 4명중 1명이 보증금을 떼이게 되는 상황이 발생한다.

주택임차인이 최우선변제금을 받으려면 갖춰야할 요건은?

주택임차인이 최우선변제금을 받으려면 대항요건인 주민등록과 주택의 인도를 경매기입등기 이전, 또는 공매공고등기 이전에 대항요건을 갖추고 있으면서 소액임차인에 해당되면 보증금 중 일정액에 대하여 주택가액(대지가액을 포함한다)의 2분의 1 범위 안에서 다른 담보물권보다 우선해서 변제받을 수 있는 권리를 갖게 된다. 이때 최우선변제금은 대항요건만 갖추고 있으면 되는 것이지 확정일자까지 요구되는 것이 아니다.

그런데 소액임차인에 해당된다고 하더라도 배당요구종기일 까지 배당요구를 해야 배당에 참여가 가능한 것이지 배당요구를 하지 않으면 최우선변제권을 주장할 수 없다.

만일 배당요구종기일을 지나서 알게 되었다면 배당요구종기 연기신청과 동시에 배당요구를 하면 경매담당판사가 판단해서 배당요구종기일을 연기하면서 배당요구를 받아 주기도 한다. 그리고 대항요건은 배당요구종기일 까지 유지하면 되지만, 간혹 경매나 공매가 취소되면 기존 대항력을 상실하게 될 수도 있으니 반드시 낙찰자가 잔금납부 시까지 이전하지 않는 것이 좋고, 만일 이사를 가야할 상황이라면 임차권등기명령에 따른 임차권등기가 등기부에 등기된 것을 확인하고 이사를 나가야 한다.

064 우리 생활과 밀접한 소액임차인을 결정하는 방법은?

경매주택 등에 등기된 담보물권(근저당권, 담보가등기, 전세권)이 없다면 현행법에 따라 서울의 경우 9,500만원 이하인 임차인이 주택가액의 2분의 1 범위 내에서 3,200만원을 1순위로 배당받게 된다. 그러나 담보물권이 있다면 다음과 같이 배당한다.

① 담보물권이 다음 어느 구간에 해당 하는가를 확인하고 그 구간에 맞는 소액임차인이면 1순위로 최우선변제금을 받고 그 다음 담보물권 순으로... 배당하게 된다.

② 담보물권이 설정된 구간에 소액임차인에 아니면 1순위로 담보물권이 먼저 배당 받고, 2순위로 그 다음 담보물권을 기준으로 소액임차인을 결정하고 더 이상 담보물권이 없다면 배당 시점으로 현행임대차보호법상 소액임차인에 해당하는 가를 판단해서 소액임차인의 최우선변제금이 다른 채권에 우선순위로 배당한다.

주택소액임차인 최우선변제금			
담보물권설정일	지역	보증금 범위	최우선변제액
생략 :	생략 :	생략 :	생략 :
2001.9.15.~ 2008.8.20.	수도권 과밀억제권역	4,000만원 이하	1,600만원까지
	광역시(인천광역시, 군지역 제외)	3,500만원 이하	1,400만원까지
	그 밖의 지역	3,000만원 이하	1,200만원까지

기간	지역	보증금 범위	최우선변제액
2008.8.21.~ 2010.7.25.	수도권 과밀억제권역	6,000만원 이하	2,000만원까지
	광역시(인천광역시, 군지역 제외)	5,000만원 이하	1,700만원까지
	그 밖의 지역	4,000만원 이하	1,400만원까지
2010.7.26.~ 2013.12.31.	① 서울특별시	7,500만원 이하	2,500만원까지
	② 수도권 과밀억제권역(서울시 제외)	6,500만원 이하	2,200만원까지
	③ 광역시(과밀억제권역, 군지역은 제외), 안산시, 용인시, 김포시, 광주시(경기)	5,500만원 이하	1,900만원까지
	④ 그 밖의 지역	4,000만원 이하	1,400만원까지
2014.01.01.~ 현재	① 서울특별시	9,500만원 이하	3,200만원까지
	② 수도권 과밀억제권역(서울시 제외)	8,000만원 이하	2,700만원까지
	③ 광역시(과밀억제권역, 군지역은 제외), 안산시, 용인시, 김포시, 광주시(경기)	6,000만원 이하	2,000만원까지
	④ 그 밖의 지역	4,500만원 이하	1,500만원까지

〈예제〉
2005. 01. 10. 국민은행 근저당 5,000만원 ⇨ 2010. 02. 20. 신한은행 근저당 4,000만원 ⇨ 2012. 01. 25. 새마을금고 근저당 3,000만원 ⇨ 2013. 01. 20. 이도령 전입/확정 9,500만원 ⇨ 2013. 05. 10. 춘향이 7,500만원 ⇨ 2014. 01. 10. 이순신 4,000만원 ⇨ 신한은행이 경매신청(주택은 서울소재하고 배당금액 2억5,000만원인 경우)

이 사례에서 배당순서는 1순위로 이순신 임차인 최우선변제금으로 1,600만원(국민은행 근저당권 기준 4,000만원 이하/1,600만원),

2순위 국민은행 근저당 5,000만원, 3순위 이순신 최우선변제금 400만원(신한은행 근저당 기준 6,000만원 이하/2,000만원),

4순위 신한은행 4,000만원, 5순위 ① 이순신 500만원 + ② 춘향이 2,500만원, 6순위 새마을금고 근저당 3,000만원,

7순위 ① 이순신 700만원 + ② 춘향이 700만원 + ③ 이도령 3,200만원(담보물권이 없어서 배당시점으로 현행법상 소액임차인 결정 9,500만원 이하/ 3,200만원) 8순위 이도령 확정일자부 우선변제금3,400만원으로 배당이 종결된다.

경매개시 전에 전입신고를 하면 모두 최우선변제금을 받나?

　경매개시기입등기 이전에 임차인이 대항요건을 갖추고 소액임차인이면 최우선변제권을 갖게 되는 것이 원칙이다.

　그러나 경매기입등기일로부터 6월 이전에 대항요건을 갖춘 임차인이면 경매법원에서 보정명령, 심문절차를 거쳐서 위장 임차인으로 판단되면 최우선변제금의 배당에서 배제될 수도 있다. 그리고 경매개시 1월을 전·후해서 소액임차인을 만드는 채무자나 부동산중개업자, 이와 이해관계자들이 있는데, 이때에는 상황이 더 심각하다. 배당실무에서 1차적으로 위장임차인 여부를 앞에서와 같이 가려내고 여기서 인정하고 넘어간다고 하더라도 후순위저당권자 등이 배당이의 소송과 동시에 경찰서에 형사로 고발하는 경향이 있어서 주의해야 한다. 어쨌든 이 과정에서 위장임차인으로 판단되면 배당에서 배제된다. 그래서 경매가 임박해서 입주한 임차인이 소액임차에서 배제되지 않으려면 경매가 임박한 사실을 모르고 입주한 것이 관건이고, 임대차계약서에 확정일자는 물론이고 전세금 입금내역이 분명해야 하며, 그 주택에 거주하고 있었다는 증빙자료로 관리비와 통신비 등의 납부증명서가 필요하다.　그리고 6월 이전에 대항요건을 갖추고 있으면서 전세금 입금내역이 있으면 문제가 되지 않겠지만 이러한 경우에도 선순위채권이 과다한 경우라면 인정하지 않을 수도 있다는 사실을 알고 있어야 한다.

066 전세금 증액으로 소액임차인이 아니게 되면 최우선변제권이 없다?

최우선변제금 제도는 보증금을 적게 가지고 있는 열악한 임차인을 보호하기 위해서 만들어진 특별법으로 주택이 경매당하더라도 소액임차보증금 중 일정액을 최우선적으로 보장하여 사회적인 약자를 보호하려는 데 그 목적이 있다. 그런데 동일한 임차인이 보증금을 증액해서 소액임차보증금 한도를 초과하면 임차인을 보호하면서 까지 선순위채권 보다 우선해서 보호할 목적이 없어지기 때문에 보호 받지 못한다.

067 전세금 감액으로 소액임차인이 되면 최우선변제권으로 보장받을 수 있나?

처음 임대차계약을 체결할 당시 보증금액이 소액임차인에 해당하지 않았지만 그 후 새로운 임대차계약에 의하여 정당하게 보증금을 감액하여 소액임차

인에 해당된 경우, 그 임대차계약이 통정허위표시에 의한 계약이어서 무효라는 등의 특별한 사정이 없는 한 그러한 임차인은 같은 법상 소액임차인으로 보호받을 수 있다(대법2007다23203).

068 부부 명의로 소액임대차계약서가 별도로 작성된 경우는?

주택임대차에서 동일 세대원 상호 간에는 하나의 대항력이 유지된다. 그래서 임차인이 먼저 대항요건을 갖추고 있지 않아도 동일 세대원 중 일부세대가 먼저 전입신고를 하고 입주하면 그 최초 전입일을 기준으로 대항력을 판단하게 된다. 그런데 부부 간에 별도로 최우선변제금으로 보호받을 목적으로 소액임대차계약서를 작성했더라도 동일 소유자 간에는 그 보증금이 합쳐서 판단하게 되므로 소액임차보증금을 초과해 버리게 되어 하나의 최우선변제금도 보장받지 못하게 되는 임차인도 실무에서 볼 수 있다.

069 아파트에서도 소액임대차계약서를 별도로 작성할 수 있나?

　동일세대원이 아닌 별도 세대가 하나의 아파트에 어느 특정된 부분(현관에서 좌측 방2개, 우측 작은방 1개)에 대해서 소액임대차계약을 했다면 각각 최우선변제권이 인정될 수 있다. 유의할 점은 경매가 임박해서 작성했거나 선순위채권이 과다할 때, 그밖에 보증금이 입금된 내역이 불분명할 때에는 인정되지 않을 수도 있다.

　그래서 계약서에 확정일자를 부여 받는 것은 물론이고, 임차보증금 입금내역, 그리고 거주 사실을 증빙하기 위한 공과금과 통신비 등의 납부 증빙자료를 가지고 있어야 한다.

　실무에서는 선순위채권자가 임차인의 최우선변제금으로 인해서 적게 배당받게 되므로 사해행위로 인한 배당이의 소송을 진행하게 되고 그 과정에서 입금된 보증금내역이 불분명할 때 패소하게 되어 보증금을 손해 볼 수도 있기 때문이다.

070 잔금을 지급하기 전에 대항요건과 계약서에 확정일자를 받았다면 그 효력은?

주임법은 임차인을 보호하기 위해서 제정된 법률 인데, 계약이 완결된 임차인만 보호하는 것이 아니라 계약서에 기해서 적법하게 대항요건을 갖추고 있으면 그 임차기간과 보증금을 보호하기 위한 제도이다. 설령 계약금만을 가지고 입주했더라도 그 임대차 사실이 진정성이 있는 한 보호받을 수 있으며, 이때 소액임차인을 결정하는 것도 계약서에 기재된 내용으로 하는 것이 아니라 실제로 지급된 금액을 근거로 판단하게 된다.

대항력을 갖춘 임차인이 근저당권 설정등기 이후에 보증금을 증액하는 경우에는 증가된 금액에 대해서는 대항력이 없지만(대법2010다12753)(증액계약은 또 다른 새로운 계약임), 근저당권이 설정되기 전에 임대인과 임차인인 보증금 1억원으로 하는 임대차계약서를 작성하였다면 계약은 이미 성립한 것이고, 그에 기해서 대항요건인 주민등록과 주택인도를 갖추어서 대항력이 발생되었으므로 근저당권이 설정된 것을 모르고 잔금을 지급했더라도 앞에서 보증금 증액을 근저당권 설정 이후에 증액하는 것과 같이 볼 수는 없을 것이다.

대항력이 인정되는 보증금의 범위는 계약이 효력이 1억까지 보장 된다고 볼 수 있다. 이렇게 판단하고 있는 이유는 계약이 동일성이 유지되고 그에 따라 대항력을 갖추고 있다면 그 종 된 권리인 전세보증금은 언제 지급하더라도 그 효력이 미칠 수밖에 없으며, 이렇게 하더라도 후순위채권자들이 예측하지 못한 손실이 발생하지 않기 때문이다.

071 확정일자부 우선변제권의 의미와 그 성립요건은?

주택임대차보호법 제3조제1항의 대항요건인 주택의 인도(점유)와 주민등록(전입신고)을 갖춘 임차인이 계약서에 확정일자를 부여 받았다면 주택이 경매나 공매로 매각되는 과정에서 후순위 제3채권자들에 우선하여 변제 받을 수 있는 권리이다.

여기서 확정일자에 의한 우선변제권은 반드시 대항요건을 갖추고 대항력이 있어야 그 효력이 발생한다.

확정일자란 무엇이고 어떤 효력을 갖고 있는지 확실히 알아두자!

우선변제권의 요건으로 임대차계약증서상의 확정일자를 갖추도록 한 것은 당해 임대차의 존재사실을 제3자에게 공시하기 위한 것이 아니라, 임대인과 임차인 사이의 담합으로 보증금의 액수를 사후에 변경함으로서 다른 권리자를 해하는 것을 방지하기 위한 것이다(대법 99다7992). 따라서 확정일자로 인정되는 것은 ① 공증인 사무소, 법무법인 또는 공증인가 합동법률사무소 등에서 임대차계약서를 공정증서로 작성한 경우, ② 임대차계약서를 동사무소(주민센터), 법원등기과 또는 등기소, 구청 등의 관공서, 위 ①의 공증기관 등에서 확정일자 인을 받은 경우, ③ 임대차계약서 자체에 확정일자를 받지 않았더라도 임대차계약서에 대하여 사서증서의 인증을 받은 경우이다.

계약서에 확정일자를 받았다면 그 효력의 발생 시기는?

주임법 제3조의2 제1항에 규정된 확정일자를 입주 및 주민등록과 같은 날 또는 그 이전에 갖춘 경우에는 우선변제적 효력은 대항력과 마찬가지로 인도와 주민등록을 마친 다음 날을 기준으로 발생한다(대법 97다22393, 98다26002, 99다67960).

대항력이 발생하기 전에 확정일자를 미리 받으면 대항력이 발생하기 전까지는 확정일자에 의한 우선변제권은 발생되지 않고, 대항력이 발생하는 시점에서 즉시 효력이 발생하게 된다. 그러나 대항요건을 갖춘 다음 날에 확정일자가 이루어졌다면 확정일자를 받은 당일 주간에 우선변제적 효력이 발생하게 된다.

예를 들어 대항력과 확정일자 우선변제 효력발생일시 계산방법은

① 05. 01. 전입신고 ➡ 05.10. 확정일자 : 대항력은 05월 2일 오전 0시, 확정일자부 우선변제권은 05월 10일 당일 주간.
② 05. 01. 확정일자 ➡ 05. 10. 전입신고 : 대항력과 우선변제권은 05월 11일 오전 0시.
③ 05. 01. 전입신고와 확정일자 : 대항력과 우선변제권은 05월 02일 오전 0시에 발생하게 된다.

073 갑 근저당의 우선변제권과 을 임차인의 대항력과 우선변제권은?

갑 근저당(14.01.10) ⇨ 을 임차인 전입/확정일자(14.01.10) ⇨ 대항력과 우선변제권은?

갑 근저당의 우선변제권은 2014. 01. 10. 당일 주간에 발생하고, 을 임차인은 대항력은 2014. 01. 11. 오전 0시, 을 임차인 확정일자에 의한 우선변제권은 2014. 01. 11. 오전 0시에 발생. 따라서 이 서울 소재 주택이 경매가 들어가 배당을 하게 된다면 을 임차인의 보증금이 9,500만원 이하이면 1순위로 을 최우선변제금 3,200만원 받고, 2순위로 갑 근저당권이 배당 받고, 3순위로 을 임차인이 확정일자로 배당받게 되는데 을에게 미배당금이 발생해도 대항력이 없어서 소멸하게 되므로 낙찰자가 인수할 금액은 없다.

074 갑 임차인의 대항력과 을 근저당의 우선변제권은?

갑 임차인 전입/확정일자(14.05.10) ⇨ 을 근저당(14.05.11) ⇨ 대항력과 우선변제권은?

갑 임차인은 대항력은 2014. 05. 11. 오전 0시, 갑 임차인 확정일자에 의한 우선변제권은 2014. 05. 11. 오전 0시에 발생하고, **을 근저당의 우선변제권은** 2014. 01. 10. 당일 주간에 발생하고, 따라서 이 주택이 경매가 들어가 배당을 하게 된다면 갑 임차인의 1순위로 배당받고, 2순위로 을 근저당권이 배당 받게 되는데, 갑의 미배당금액이 있으면 낙찰자 인수사항이나 그렇게 되면 경매 신청자의 배당금액이 없기 때문에 무잉여로 경매가 취소될 수도 있다.

075 경매개시 전에 전입하고, 이후에 확정일자를 받았다면 우선변제권은?

경매기입등기 이전에 대항요건을 갖추고 경매가 개시 되고 나서 확정일자를 받았다면, 소액임차인이면 최우선변제금을 우선적으로 배당 받고 배당 받지 못한 보증금은 확정일자에 의한 우선순위에 따라 배당받게 되고, 소액임차인이 아니면 오로지 확정일자에 의한 우선변제권만 있어서 전세보증금의 손실이 예상되니 임차주택에 입주할 때 대항요건과 확정일자를 동시에 받아 두도록 해야 한다.

경매가 개시되고 나서 받은 확정일자도 경매개시 전 가압류권자와 동순위로 안분배당 받을 수 있으니 반드시 확정일자를 받아서 배당요구를 해야 한다.

임차인이 경매가 들어간 사실을 모르고 입주했다면?

확정일자를 갖춘 임차인이 배당을 받기 위해서는 첫 경매개시결정기입등기 전(공매공고등 기 전)에 대항요건을 갖춰야 하는가에 대하여는 소액보증금 중 최우선변제권의 경우와는 달리 첫 경매개시등기 이후에 대항력을 갖추고 확정일자를 받아도 된다는 것이 다수설이다. 경매개시등기 이후에 대항요건과 확정일자를 갖춘 경우에는 그 갖춘 때를 기준으로 한 확정일자에 의한 우선변제권과 저당권 등의 담보물권 등과의 우선순위를 따지게 된다.

이 경우에도 경매개시 기입등기 전 가압류권자와 동순위로서 안분배당하게 되는데, 진정한 임차인이라면 모르겠지만, 허위임차인이라면 가압류권자 및 기타 후순위 채권자등이 배당에 대한 이의를 제기할 것이 예상되고 그에 따라 진정한 임차인 또는 가장 임차인으로 판결나게 될 것이다.

077. 다가구주택에서 임차인과 담보물권 등이 있을 때 배당 방법은?

신한은행 근저당(9,600만원) 2010.01.10. ⇨ 이정희 임차인(5,000만원) 2010.03.10. 전입 ⇨ 김석기 임차인(1억원) 2010.08.22. 전입/확정일자 ⇨ 서천새마을금고 근저당(8,400만원) 2011.10.30. ⇨ 이철수 임차인 (9,000만원) 2012.08.10. 전입/확정일자 ⇨ 마포세무서 일반세금 압류 (7,800만원) 2013.01.30.(법정기일12.07.25. 당해세 아님) ⇨ 구수민 임차인(7,000만원) 2013.02.10. 전입/확정일자 ⇨ 박기영 임차인(4,000만원) 2013.05.10. 전입/확정일자 ⇨ 국민은행 임의경매 2014.02.10.
(이 주택 소재는 서울이고 배당금액은 4억인 경우)

이 사건에서 말소기준권리는 국민은행 근저당권으로 대항력 있는 임차인은 없다. 그리고 배당에서 국민은행 근저당권에 우선하는 소액임차인(최우선변제금)이 있는 가를 분석해야 되는 데 근저당권이 2010. 01. 10. 에 설정등기가 이루어졌으므로 이 기간(2008.08.21.~10.07.25) 에 소액임차인 되려면 6,000만원 이하인 임차인이 2,000만원을 최우선변제금으로 국민은행 근저당권 보다 우선해서 변제받을 수 있다. 그러면 매각대금에서 경매비용을 빼고 실제 배당할 금액이 4억이므로 다음과 같이 배당하면 된다.

1순위 : ① 이정희 2,000만원 +② 박기영 2,000만원 (최우선변제금 1)
  - 1차적 소액임차인 결정기준 신한은행 (6,000만원/2,000만원)

2순위 : 신한은행 9,600만원 (우선변제 1)

3순위 : ① 이정희 500만원 + ② 박기영 500만원(법 개정에 따른 소액보증금 중 일정액 증가분) + ③ 구수민 2,500만원 (최우선변제금 2)

― 2차적 소액임차인 결정기준 서천새마을금고 (7,500만원/2,500만원)

4순위 : 김석기 임차인 1억원 (우선변제금 2)

5순위 : 서천 새마을 8,400만원 (우선변제금 3)

6순위 : ① 이정희 700만원 + ② 박기영 700만원 + ③ 구수민 700만원(법 개정에 따른 소액보증금중 일정액 증가분) +④ 이철수 3,200만원을 현행법상 소액임차인(2014.01.01. 개정)으로 3차적 최우선변제금을 배당받아야 하나 배당 잔여금이 4,500만원 밖에 없어서 이 금액으로 다음과 같이 안분 배당해야 한다.

① 이정희 = 4,500만원 × 700/5,300 = 5,943,396원

② 박기영 = 4,500만원 × 700/5,300 = 5,943,396원

③ 구수민 = 4,500만원 × 700/5,300 = 5,943,396원

④ 이철수 = 4,500만원 × 3,200/5,300 = 27,169,812원으로 배당이 끝나게 돼 낙찰자의 인수사항은 없고 이정희는 확정일자가 없어서 최우선변제만 받고 소멸하게 된다.

078 상가임차인이 최우선변제금을 받기 위해서 필요한 요건은?

상가임차인이 최우선변제금을 받으려면 대항요건인 사업자등록과 건물의 인도를 경매기입등기 이전, 또는 공매공고등기 이전에 갖추고, 전세의 경우 보증금을, 월세일 경우 보증금+(월세×100)으로 환산하여 그 보증금액이 다음의 보증금 범위 내에 있는 경우 보증금 중 일정액에 대하여 다른 담보물권보다 우선해서 변제받을 수 있는 권리를 갖게 된다(제14조 1항, 동법 시행령 제6조, 제7조).

개정 전			개정 후				
권역별	2002.11.1.부터~ 2010.7.25.까지		권역별	1차개정 2010.7.26. ~2013.12.31.		2차 개정 2014.1.1. ~ 이후부터 현재까지	
	보증금	최우선 변제금		보증금	최우선 변제금	보증금	최우선 변제금
① 서울특별시	4,500만원	1,350만원	① 서울특별시	5,000만원	1,500만원	6,500만원	2,200만원
② 수도권 과밀억제권역(서울 제외)	3,900만원	1,170만원	② 수도권 과밀억제권역(서울 제외)	4,500만원	1,350만원	5,500만원	1,900만원
③ 광역시(인천, 군 지역 제외)	3,000만원	900만원	③ 광역시(수도권과밀억제권역과 군지역은 제외), 안산,용인, 김포, 광주(경기)	3,000만원	900만원	3,800만원	1,300만원
④ 그 밖의 지역	2,500만원	750만원	④ 그 밖의 지역	2,500만원	750만원	3,000만원	1,000만원
환산보증금			환산보증금				

이때 유의할 점은 보증금중 일정액의 합산액이 상가건물(대지포함)의 가액의 2분의 1(2014.1.1.부터 개정됨, 개정 전 2013. 12. 31. 까지는 3분의 1)을 초과하는 경우에는 각 임차인의 보증금중 일정액의 비율로 그 상가건물의 가액의 2분의 1에 해당하는 금액을 분할한 금액을 각 임차인의 보증금중 일정액으로 보게 된다.

079 상가임차인이 최우선변제금을 받기 위한 환산보증금 계산법은?

앞의 78번과 같이 2차 개정 이후인 2014. 01. 01. 이후부터 현재까지를 서울을 기준으로 계산하면,

① 서울소재 보증금 1,000만원에 월세 50만원인 경우 1,000만원+(50만원×100)5,000만원=6,000만원으로 소액임차인에 해당되어 최우선변제금 2,200만원을 받을 권리가 있다.

② 보증금 3,000만원에 월세 40만원인 경우 3,000만원+(40만원×100)4,000만원=7,000만원으로 소액임차인에 해당되지 못 하므로 최우선변제금을 받을 대상이 아니다.

현행법상 소액임차인이면 누구나 최우선변제금을 받을 수 있나?

매각물건에 등기된 담보물권이 없다면 현행법에 따라 서울의 경우 6,500만원 이하인 임차인이 상가건물가액의 2분의 1 범위 내에서 2,200만원을 1순위로 배당 받을 수 있다.

담보물권(근저당권, 담보가등기, 전세권)**이 있고 그 담보물권이 상임법 시행일 이전에 설정되었다면** 상임법 적용대상이 아니어서 최우선변제권이 인정되지 않으므로 1순위로 담보물권이 배당 받게 되고, 2순위로 최우선변제금 순으로 배당하게 된다.

담보물권이 상임법 시행일 이후에 설정되었다면, 소액보증금이 각 지역 별에 해당되는 금액 이하인 경우만 최우선변제금을 받을 수 있다. 그런데 유의할 점은 현행상임법상 환산보증금이 소액임차인에 해당되어도, 그 이전에 담보물권이 설정되어 있다면 그 담보물권 설정당시에 해당하는 구간에 소액임차보증금이어야 그 담보물권보다 우선해서 최우선변제금을 받을 수 있다.

담보물권자가 예측하지 못하는 손실을 막고자 상임법 시행령 부칙 제4조(소액보증금 보호에 관한 적용례) 이 영 시행 전에 담보물권을 취득한 자에 대해서는 종전의 규정에 따른다는 예외 조항을 두었기 때문이다. 그래서 이 예외조항에 근거해서 우리의 귀에 익숙한 소액임차인의 결정기준이 탄생하게 되었고, 담보물권자를 보호하기 위해 담보물권이 설정된 시기에 해당하는 소액임차인만 담보물권 보다 우선해서 변제받을 수 있지만 그 구간에서 소액임차인에 해당하지 못하면 담보물권보다 우선하지 못하게 된 것이다.

081 상가임차인이 확정일자부 우선변제권을 행사하려면 필요한 요건은?

　상임법 제5조제2항 상가임차인이 제3조제1항의 대항요건을 갖추고 관할세무서장으로부터 임대차 계약서상 확정일자를 받으면 민사집행법에 의해 진행되는 경매시 임차건물(임대인소유의 대지를 포함)의 환가대금에서 후순위권리 그 밖의 채권자보다 우선하여 임차보증금은 변제받을 권리가 있다.

　그런데 상가건물임대차보호법은 영세상인을 보호하기 위한 것이므로 다음과 같이 4개의 권역별 기간별에 해당하는 환산보증금 이하인 임차인만 대항요건과 확정일자를 갖춘 경우 확정일자에 의해 후순위채권자 보다 우선해서 변제 받을 수 있고, 환산보증금이 법 적용 기준금액을 초과한다면 상임법상 보호대상이 아니어서 대항력과 우선변제권이 없는 일반채권자의 지위에 놓이게 된다.

권역별	2002.11.1. ~ 2008.8.20.까지	2008.8.21. ~ 2010.7.25.까지	권역별	2010.7.26 ~ 2013.12.31.	2014.1.1. ~현재까지
① 서울특별시	2억4천만원 이하	2억6천만원 이하	① 서울특별시	3억원 이하	4억원 이하
② 수도권 과밀억제권역(서울시 제외)	1억9천만원 이하	2억1천만원 이하	② 수도권 과밀억제권역(서울 제외)	2억5천만원 이하	3억원 이하
③ 광역시(인천, 군 지역 제외)	1억5천만원 이하	1억6천만원 이하	③ 광역시(수도권 과밀억제권역과 군 지역은 제외), 안산, 용인,김포,광주(경기)	1억8천만원 이하	2억4천만원 이하
④ 그 밖의 지역	1억4천만원 이하	1억5천만원 이하	④ 그 밖의 지역	1억5천만원 이하	1억8천만원 이하
비고	환산보증금	환산보증금		환산보증금	

 상가임차인이 대항요건과 확정일자를 받았다면 그 효력은?

상가 임차인에 대한 대항력과 우선변제권은 이렇게 알고 있으면 된다.

① 상임법 시행 전인 2002년 05월 10일 사업자등록/건물인도 ⇨ 2002년 11월 01일 확정일자를 받았다면 : 대항력과 확정일자 우선변제권은 2002년 11월 02일 오전 0시에 발생(기존임대차는 상임법 시행 후에 상임법적용대상이 되므로 그때 비로소 대항요건을 갖춘 것)

② 상가임차인이 2005년 05월 01일 사업자등록/건물인도 ⇨ 05월 10일 확정

일자를 받았다면 : 대항력은 05월 02일 오전 0시, 확정일자부 우선변제권은 05월 10일 당일주간에 발생하게 된다.

③ 상가임차인이 2005년 05월 01일 확정일자를 받고 ⇨ 5월 10일 사업자등록/건물인도를 받았다면 : 대항력은 05월 11일 오전 0시, 확정일자부 우선변제권은 05월 11일 오전 0시에 발생.

④ 상가임차인이 2005년 05월 01일 사업자등록/건물인도와 확정일자를 받았다면 대항력과 우선변제권은 05월 02일 오전 0시에 발생하게 된다.

083 임차해 영업 중이던 상가가 경매당했는데 선순위채권이 많다면?

A : 국민은행 근저당(1억원) 2002. 01. 25. ⇨ 정미정 상가임차인(1억원/월세320만원) 2004. 08. 20. 사업자등록 ⇨ 이미자 상가임차인(5,000/월세200만원) 2005. 12. 10. 사업자등록 ⇨ 김재민 상가임차인(1억/월세200만원) 2005. 12. 30. 사업자등록 ⇨ 김기수 근저당(5,000만원) 2007. 08. 10. ⇨ 이창기 상가임차인(2,000/월세20만원) 2008. 09.10. 사업자등록/확정 ⇨ 이미자 확정일자 2008. 09. 20. ⇨ 김재민 확정일자 2010. 07. 26. ⇨ 이국민 상가임차인(3,000/월세20만원) 2010. 08. 07. 사업자등록/확정 ⇨ 박미경(2,000/월세30만원) 2013. 03. 20. 사업

자등록/확정 ⇨ 국민은행 근저당권이 2014. 02. 10. 경매기입등기 순으로 되어 있고 상가건물은 서울에 있고, 이 상가건물이 경매절차에서 3억1,000만원에 매각되어 경매비용을 제외하고 실제 배당금은 305,250,000원이다. 그리고 박미경 임차인이 보일러 수리비 60만원을 필요비로 배당요구를 했다.

1순위 : 유익비 60만원(필요비나 유익비에 대한 명칭을 배당표에서는 일괄적으로 유익비로 표시하고 있음)

2순위 : 국민은행 1억원   (상임법이 시행되기 전이므로
(우선변제금 1등)   국민은행 1순위로 배당 받음)

3순위 : 이창기 환산보증금 4,000만원[2,000+(20×100]=1,350만원(최우선변제금 1등)

4순위 : 김기수 근저당권 5,000(우선변제금 2등)

5순위 : ① 이창기는 3순위에서 1,350만원을 제외한 미배당 650만원(2,000만원−1350만원)(최우선변제금 2등)

② 이국민 환산보증금 5,000만원[3,000+(20×100)]=2,200만원 (최우선변제금 2등)

③ 박미경 환산보증금 6,000만원[3,000+(30×100)]=2,200만원 (최우선변제금 2등)

> **여기서 잠깐!**
>
> 2차 개정시기로 2014. 01. 01.부터 환산보금이 6,500만원이하 소액임차인은 2,200만원을 최우선변제금으로 우선 변제 받을 수 있다(4순위 이후부터는 담보물권이 없어서 배당시점을 기준으로 현행법상 소액보증금 중 일정액을 우선하여 배당).

5순위 : 이미자 5,000만원(확정일자부 우선변제금 3등).

6순위 : 김재민 40,650,000원(우선변제금 5등)

앞의 문제에서 상가 임차인 이미자는 서울 소재로 환산보증금 2억 4천만원을 초과하여 사업자 등록 당시(2005. 12. 10.) 상임법상 적용대상이 되지 못하여 확정일자를 받지 못하였으나 상임법이 1차 개정된(2008.8.21.~2010. 07. 25.) 것을 알게 되어서 2008년 9월 20일 확정일자를 받았고, 상가임차인 김재민 역시 환산보증금이 초과되어 2차 개정(20010. 07. 26.~2013. 12. 31.) 이후인 2010. 07. 26에 확정일자를 받아서 이 시기부터 상임법상 확정일자에 의한 우선변제를 받을 수 있다.

PART 4

전세금을 떼이는 황당한 사례에서 탈출하는 비법

전입신고를 잘못한 이순신, 다세대주택을 낙찰받다

이 물건은 동작구 대방동에 위치하고 있는 다세대주택이다.

주변에 7호선 신대방삼거리역이 도보로 2~3분 거리에 있고, 버스 등의 대중교통이 발달해 있는 지역이다.

인근에 대림초교 등의 학군이 우수하고, 서울 중심권 어디든 30분 이내에 도달할 수 있는 훌륭한 교통여건으로 직장인이 선호하는 지역에 있는 다세대주택이다.

:: 경매 입찰대상 물건정보내역과 매각결과

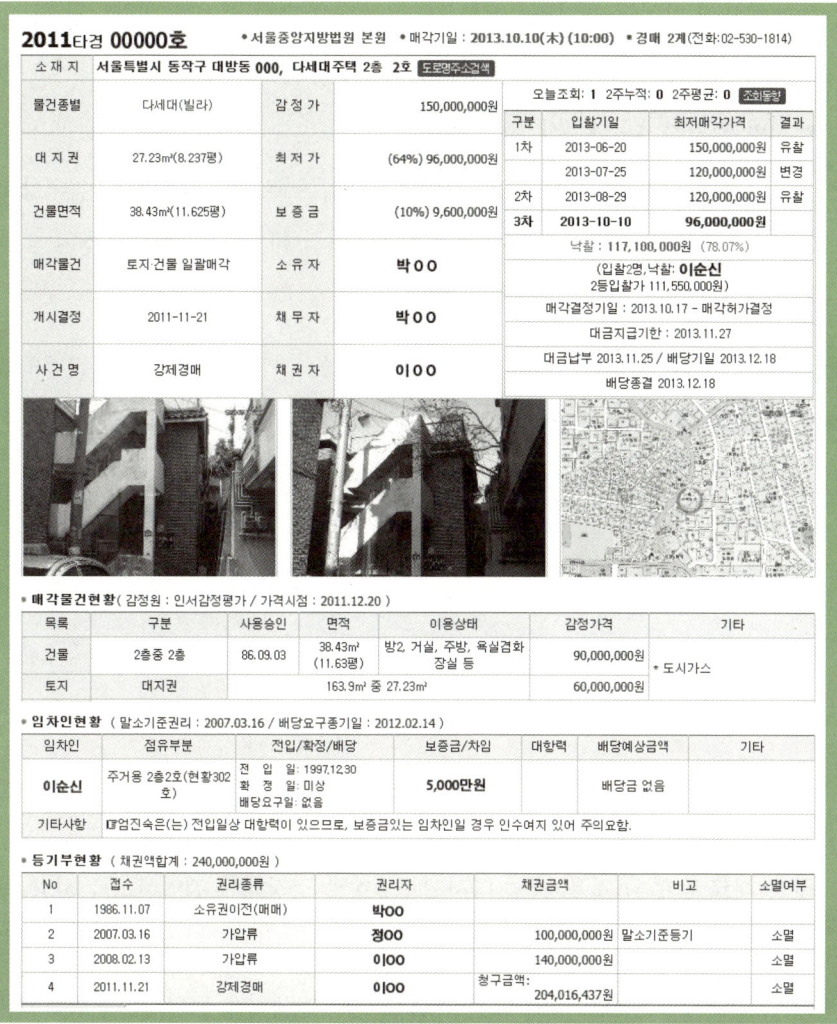

:: 이 물건에 대한 권리의 하자는 없을까?

이 경매사건에서 말소기준권리는 2007. 03. 16. 정○○ 가압류로 이순신 임차인은 전입일이 1997. 12. 30. 인데 배당요구하지 않아 임차인이 대항력이 있다면 낙찰자가 인수해야 한다.

주택에서 임차인이 대항력을 갖기 위해서는 반드시 적법한 대항요건 즉 전입신고와 거주(점유)를 하고 있어야 하고, 그 전입신고는 다가구주택에서는 번지까지만 일치한 주소로 전입신고를 하면 되지만, 아파트나 다세대주택과 같은 공동주택에서는 번지, 동, 호수까지 일치한 주소로 전입신고를 해야 대항력이 인정된다. 그런데 이 다세대주택에서 호수가 달라서 적법한 대항요건을 갖추었다고 볼 수 없다.

건축물대장상 2층 2호로 돼 있는데, 이순신은 주택 현황상 표시된 302호로 전입신고를 해서 대항력 있는 임차인으로 적법한 공시요건을 갖추지 못했다. 그래서 낙찰자가 인수하지 않아도 되는 임차인이다.

❖❖ 이순신은 잘못된 전입신고에서 이렇게 탈출했다?

이순신은 선순위로 대항요건을 갖추고 있었지만 건축물대장과 다른 302호로 잘못된 전입신고를 하고 있어서 대항력과 우선변제권을 주장할 수 없어 전세금 전액을 날릴 수밖에 없다. 그래서 손실을 줄이기 위해서 두 가지 방법을 선택했다.

첫 번째로 잘못된 것을 안날 다시 2층 2호로 정정해서 전입신고를 하고 배당요구 했다. 이때 계약서에 확정일자가 있어서 다시 받을 필요 없으나 확정일자부 우선변제권은 대항력이 발생할 그 효력이 발생하게 된다, 즉 전입신고를 2012. 01. 10. 했으니 대항력과 확정일자부 우선변제권은 2012. 01. 11. 오전 0시에 발생한다. 이 주택에는 선순위 가압류권자들만 있어서 이순신이 후순위 확정일자로 동순위로 안분 배당 받을 수 있기 때문이다.

> **여기서 잠깐!**
>
> **임차인들이 알아야할 내용**
> 경매기입등기 이전에 대항요건을 갖추고 있으면 소액임차인으로 최우선변제권을 가지고 있고, 이후에 대항요건과 확정일자를 갖춘 임차인은 최우선변제권은 없어도 확정일자부 우선변제권은 있다. 그래서 경매기입등기 전에 등기된 가압류권자들과 동순위로 안분 배당 받게 되는데 몰라서 손해보는 사례를 필자가 두 번 구제해 준 적이 있다.

두 번째로 임차주택을 직접 낙찰 받는 방법을 선택했다.

이 주택은 이순신을 포함해 2명이 입찰에 참여 했는데 이순신이 1억1,710만원에 낙찰 받았다.

선순위 임차인이 있어서 전세금을 인수할 수도 있다는 판단 때문에 경쟁자가 없었던 것이 시세보다 싸게 주택을 구입할 수 있었다.

어쨌든 매각대금이 117,100,000원에서 경매비용 150만원을 공제하고 115,600,000원으로 다음과 같이 배당이 이루어 졌다.

1순위로 정○○ 가압류권자 1억원과 이○○ 강제경매신청채권자

204,016,437원, 그리고 이순신 확정일자 5,000만원이 동순위로 안분 배당 받게 된다.

① 정○○ 가압류권자 = 1억1,560만원×1억원/354,016,437원 = 32,653,851원

② 이○○ 강제경매 = 1억1,560만원×204,016,437원/354,016,437원 = 66,619,223원

③ 이순신 = 1억1,560만원×5,000만원/354,016,437원 = 16,326,926원으로 배당절차가 종결된다.

이순신 임차인은 얼마나 손해를 줄일 수 있었나?
① 정정하여 배당요구한 결과 16,326,926원을 배당 받았다.
② 주택 시세가 1억 5,000만원인데 1억1,710만원에 낙찰 받아 3,300만원의 시세 차이를 보게 되었다.
결론적으로 5,000만원 전부 떼일 번 했지만 손해 없이 해결했다.
물론 이렇게 계산하는 방법으로 5,000만원을 복구했다고 논하기는 문제가 있지만 어쨌든 주머니에서 나간 돈은 없어 보인다.
독자 분들도 이러한 상황에 처한다면 이 방법은 유용한 방법이다.

085 공동소유주택에서 소수지분권자와 계약하면 대항력 상실?

　서울 성동구 성수동에 있는 다가구주택을 이소령·박 소령·정소령이 3분의 1지분 씩 공동으로 소유하고 있다. 이소령은 201호에 거주하면서 202호에 박소령과 정소령 동의 없이 전세보증금 1억원에 박민우 임차인을 입주시켰다. 그리고 이러한 사실을 알게 된 박소령과 정소령은 101호와 102호를 이소령 동의를 얻어 공동임대인으로 계약하고 전세금을 나누어 가졌다. 그 후 이소령 지분에 설정된 홍길동 근저당권으로 지분경매가 다음과 같이 진행되었다.

이소령 (1/3 지분)	박소령 (1/3 지분)	정소령 (1/3 지분)
2014.01.10. 202호 박정민 전세금 8천만원 전입/확정	〈동의없음〉	〈동의없음〉
2014.03.25. 국민은행 근저당 8,400만원(전체지분에 공동채무자로 설정)		
2014.05.22. 이소령지분만 홍길동 근저당 5천만원	〈해당없음〉	〈해당없음〉
〈이철수 계약에 동의함〉	2014.04.10. 101호 이철수 전세금 7천만원 전입/확정	
〈우선명 계약에 동의함〉	2014.07.10. 102호 우선명 전세금 8천만원 전입/확정	
2014.11.22. 이소령지분만 홍길동의 임의경매신청	〈해당없음〉	〈해당없음〉

:: 지분경매물건에 대한 권리분석과 배당표 작성

202호 박정민 임차인과 101호 이철수 임차인, 102호 우선명 임차인 모두 배당요구종기일 이전에 배당요구를 하게 되었는데, 박정민은 소수지분권자와 계약한 것을 이유로 배당에서 배제 되었다.

이소령 지분은 감정가 2억원에서 최초 시작되어 2차에서
154,080,500원에 매각되어 경매비용 2,545,200원을 제외한
151,535,300원을 가지고 배당하면 다음과 같다.

1순위: ① 이철수 3,200만원, ② 우선명 3,200만원(최우선변제금)

2순위: 국민은행 7,000만원(근저당권 우선변제금)

3순위: 홍길동 근저당 17,535,300원(근저권당 우선변제금)으로 배당되고 낙찰자가 인수할 전세금은 없다는 것을 확인할 수 있다.

왜냐하면 선순위 임차인 박정민은 대항력이 없어서 인수하지 않고 명도할 수 있기 때문이다.

> **알아두면 좋은 내용**
>
> 선행된 지분매각에서 유사공동저당권이 배당 받아 법정대위권 발생!
> ① 이소령이 박소령과 정소령을 대신해서 변제한 금액 국민은행 7,000만원의 3분의 2와 이철수, 우선명 6,400만원에 대해서 민법 제481조에 기한 물상보증인의 변제자 대위를 할 수가 있다.
> ② 경매신청자인 홍길동 역시 그 범위 내에서 민법 제368조 제2항에 따라 차순위저당권자의 대위권이 있다. 이 둘의 대위권에서 우선순위는 홍길동이 항상 우선하게 된다는 사실도 함께 알고 있어야 한다.

⁑ 박정민은 가장 먼저 입주했는데 왜 전세금을 떼이게 됐나?

공동소유주택에서 계약은 민법 제265조에 의해 과반으로 정하게 되어 있는데 3분의 1지분권자인 이소령과 임대차계약을 해서 그렇다.

소수지분권자와 계약하고 대항요건과 확정일자를 갖추고 있어도 대항력과 우선변제권이 없어서 낙찰자에게 대항할 수도 없고 경매절차에서 배당요구해서 우선변제 받을 수도 없게 된 것이다.

 김선생의 해결책 제시

> 선행된 지분매각에서 배당 받은 유사공동저당권을 채권자대위로 청구?
> 박정민 임차인은 우선변제권이 없어서 민법 제368조에 기한 대위권으로 보호받을 수 없다.
> 그러나 채무자인 이소령이 박소령과 정소령을 대신해서 변제한 금액 국민은행 7,000만원의 3분의 2와 이철수, 우선명 6,400만원에 대해서 민법 제481조에 기한 물상보증인의 변제자대위를 할 수가 있다.
> 이 권리를 채권자대위를 통해서 청구하면 금액이 충분하므로 전세금을 회수할 수 있다. 허지만, 이 방법으로 청구하려면 임차인이 얼마나 고생하겠나?
> 그래서 전세금을 떼이기 싫다면 공유물에서는 항상 민법 제265조에 따라 과반수지분권자와 계약을 해야 안전하다.

건물과 대지 소유자가 다를 때 잘못된 선택?

방배동에 있는 다가구주택은 건물과 대지가 2010. 12. 20. 부터 이만기 소유였는데 토지를 2011. 10. 20. 김철수에게 매각하여 건물만 소유하게 되었다.

이렇게 동일 소유자였다가 달라지는 경우에는 변경되기 전에 임대차계약을 한 이영국은 건물에서 대항력과 우선변제권이 있고, 토지에서는 우선변제권만을 갖게 된다.

그러나 건물과 토지소유자가 다를 때 계약한 김인기 임차인은 건물을 사용하는 것으로 건물소유자와 임대차계약해야 주택임대차보호법상 보호 받는 대항력과 우선변제권을 있다. 이때 주의할 점은 토지는 제3자 소유여서 우선변제권이 없어서 손실이 예상된다.

그래서 김인기는 건물과 토지 전체에 대해서 전세금반환청구소송을 진행했으나 토지는 제3자 소유여서 기각되고 건물만 판결문을 받을 수밖에 없었다. 왜냐하면 대지만 가지고 있는 사람들은 채무자가 아니라서 청구할 수 없기 때문이다.

> **알아두면 좋은 내용**
>
> 건물과 토지 소유자가 같을 때에도 임차인은 건물에서 대항력과 우선 변제권이 있고 대지에서는 대항력이 없고 우선변제권(최우선변제금과 확정일자부 우선변제권)만 있다. 그래서 대지만 경매되면 낙찰자가 임차인을 인수하지 않게 된다.
> 건물과 대지 소유자가 다르다면, 공동으로 소유하고 있는데 지분비율이 다르거나 대지만 소유하고 있다면 건물소유자와 계약한 임차인은 대지만 소유하고 있는 사람에 대해서 우선변제권을 행사할 수가 없게 된다는 사실에 유의해야 한다.

그래서 어쩔 수 없이 건물에 대해서만 경매를 신청해서 다음과 같이 매각되었다.

주 소	면 적	경매 진행과정	1) 임차인내역 2) 기타청구	건물등기부 권리관계	토지등기부 권리관계
서울시 서초구 방배동 ○○○ 번지 다가구 주택 채무자겸 소유자: 이만기 경매신청 : 김인기	대지 155㎡ 건물 1층 65㎡ 2층 55㎡ ① 건물 소유자 이만기 ② 대지 소유자 김철수 〈건물만 매각〉 (토지는 매각제외)	감정가 1억5,000만원 최저가 1차 1억5,000만원 유찰 2차 1억2000만원 유찰 3차 9,600만원 낙찰자 2014. 10. 10. 〈이수민〉 9,608만원	1) 임차인 ① 이영국 전입 11.03.30. 확정 11.03.30. 전세금 9,000만원 배당 14.01.20. ② 김인기 전입 12.01.10. 확정 12.01.10. 전세금 8,000만원 배당 14.01.15. 〈이만기를 임대인 으로 임대차계약〉	소유권이전 이만기 2010.12.20. 근저당 국민은행 2010.12.20. 9,600만원 가압류 김규정 2013.10.10. 6,000만원 건물만 강제경매 신청 김인기 2013.11.30 청구금액 8,000만원	소유권이전 이만기 2010.12.20. 근저당 국민은행 2010.12.20. 9,600만원 소유권이전 김철수 2011.10.20.

건물만 매각되어서 그런지 감정가 1억5,000만원에서 저감되어 9,608만원에 매각되었고, 경매비용 145만원을 공제하고 9,463만을 가지고 다음과 같이 배당되었다.

1순위: 국민은행(건물과 토지 전체 공동 근저당권) 9,000만원(현행법상 소액임차인들이지만 국민은행 설정 당시에는 소액임차인이 아니어서 국민은행이 먼저 배당받게 된다)

2순위: ① 김인기 2,315,000원 + ② 이영국 2,315,000원(최우선변제금)

현행법상 소액임차인으로 9,500만원 이하 3,200만원을 받을 수 있는데 배당금이 부족해서 안분 배당하게 됨.

김인기는 경매를 신청했는데도 배당금이 230만원으로 고민?

전세금이 반환되지 않아 할 수 없이 소송을 통해 경매를 신청했는데도 반환된 금액은 230만원 밖에 안 돼 고민에 빠졌다.

이 모든 사실이 법에서 정한 기준에 안주해서 건물소유자와 계약하면 전세금을 안전하게 반환 받을 수 있다는 안일한 생각에서 발생한 일로 한 번의 판단 실수가 전세금 8,000만원을 날리게 된 것이다.

이러한 사례에 전문가와 상담하면 건물소유자와 계약하면 된다는 사실만 알려 주는데 독자 분들은 거기에 안주해선 안 된다.

김인기 임차인처럼 건물 매각대금에서만 반환 받을 수 있어서 손실이 발생하게 된다. 물론 이러한 경우도 말소기준권리보다 선순위였다면 낙찰자가 인수하게 되지만, 그러한 경우라도 안전한 것은 아니다. 그렇게 되면 남을 가망이 없어서 경매가 취소될 것이고, 그러한 세월이 오래되면 토지소유자가 법정지상권이 없음을 원인으로, 법정지상권이 성립한다고 하더라도 토지사용료를 지급하지 못할 것이 뻔해서 소멸되어 건물이 철거될 것이고 그로인해 임차인은 전세금을 떼일 수밖에 없게 된다.

그래서 다가구주택에서 전세계약을 할 때 건물등기부만 확인하지 말고, 토지등기부와 함께 확인해서 소유자가 다르면 전체소유자와 계약하고 그것이 거부된다면 계약하지 말아야 한다.

김인기는 고민하다가 이러한 생각을 하게 되다?

국민은행 근저당권은 건물과 토지 전체에 대한 공동근저당권이라는 생각을 하게 되고 그때 국민은행이 청구할 수 있는 금액은 건물분에 해당하는 비율만큼 청구하고 나머지는 후순위인 임차인들이 배당받게 되는 것이 아닐까? 라는 생각이다.

그러나 고민은 고민일 뿐 해결할 수 없어서 전문가인 김선생을 찾아상담하다.

김선생의 해결책 제시

김선생은 김인기 마음을 꽤 뚫고 있는 듯 했다. 고개를 끄덕이면서 "이런 상황에서는 민법 제368조 제2항 차순위저당권자의 대위가 인정되니 먼저 토지에 설정된 국민은행 근저당권을 말소하지 못하게 가처분해야 합니다." 그리고 건물과 토지에 대한 감정평가를 통해서 공동저당권자인 국민은행이 건물과 토지가 동시에 매각될 때 토지에 서 배당 받게 되는 금액만큼 민법 제368조 제2항에 따라 대위청구가 가능하다는 조언을 해주었다. 그래서 김인기는 국민은행 근저당권이 토지의 경매대가에서 배당받을 수 있는 금액에 대해서 대위행사를 해 그 금액에 해당하는 전세금을 반환 받을 수 있었다.

건물과 토지등기부에 등기된 권리가 다를 때 임차인은?

∷ 건물과 대지의 말소기준이 다를 때 임차인의 대항력?

 임대차보호법상 임차인들은 토지와 건물 매각대금 전체에서 우선해서 배당 받을 권리가 있다. 그러나 다가구주택에서 대지와 건물에 설정된 권리가 다를 때 임차인의 대항력은 건물의 말소기준 권리를 가지고 인수냐 소멸이냐를 계산하게 된다.

 임차인은 건물이 사용·수익 목적이므로 건물에서는 대항력과 우선변제권을 가지나 대지에서는 대항력은 없고 우선변제권만 가지게 되므로 토지만 낙찰 받는 경우 임차인을 인수하지 않게 된다.

∷ 건물과 대지의 말소기준이 다를 때 배당방법?

 ① 임차인은 건물의 말소기준권리를 기준으로 대항력을 계산하는데 토지·건물 2개의 말소기준 권리보다 모두 빠르면 전체 매각대금에서 우선 배당받고 미배당금은 낙찰자가 인수하게 된다.

 ② 나대지(빈 땅)상태에서 근저당권이 설정되고, 건물이 신축되었다가 토지근저당 실행으로 건물과 일괄 경매되었다면 토지 매각대금에서는 토지저당권자가 배당 받고(신축건물의 소액임차인 보다 우선), 건물 매각대금에서는 임차인이 배

당 받고 미배당금은 낙찰자의 인수가 된다(임차인이 건물 말소기준보다 먼저 대항요건을 갖춘 경우). 그렇다고 하더라도 토지저당권자 우선배당하고, 잉여금이 있다면 토지매각대금에 대해서도 임차인이 후순위로 배당받게 된다.

③ 토지와 건물의 설정된 권리가 다를 때 배당방법으로 토지·건물 감정가액 비율로 매각대금에 곱해서 토지와 건물 배당금을 계산하고, 토지저당권자는 토지 배당금에서만 건물저당권자는 건물 배당금에서만 배당받는데 공동저당권자는 토지·건물 배당금 전체에서 배당받게 된다.

첫 번째로 토지저당권설정 당시 건물이 있었다?
토지와 건물전체 배당금 1순위 : 임차인 ○○○원(최우선변제금),
2순위 : 근저당권과 임차인의 확정일자 순위에 따라 배당하면 된다.

두 번째로 토지저당권설정 당시 건물이 없었다?
토지 배당금 1순위 : 근저당권 ○○○원, 2순위 : 임차인 ○○○원(최우선변제금
▷ 확정일자 우선변제금)순으로 다음과 같이 배당하면 된다.

주 소	면 적	경매가 진행과정	1) 임차인조사 2) 기타청구	토지등기부	건물등기부
서울시 강동구 천호동 ○○○번지 다가구주택 채무자· 소유자 : 이민정	대지 145㎡ 건물 1층 85㎡ 2층 85㎡ 3층 74㎡	감정가 400,000,000원 대지 220,998,800원 건물 179,001,200원 최저가 1차 400,000,000원	1) 임차인 ① 김기수 전입 2011.8.10. 확정 2011.12.19. 배당 2013.11.10. 보증 5,500만원 ② 이철희 전입 2012.1.20.	소유자 이민정 2009.12.10. 근저당 신한은행 2009.12.10. 84,000,000원 근저당 국민은행	소유자 이민정 2011.12.10.

채권자 : 신한은행	〈토지와 건물 일괄 매각〉	유찰 2차 320,000,000원 유찰 3차 256,000,000원 낙찰(2014.3.20.) 286,500,000원 낙찰자 이순신 〈경매비용 450만원〉	확정 2012.1.20. 배당 2013.11.15. 보증 6,000만원 ③ 박정민 전입 2012.7.10. 확정 2012.7.10. 배당 2013.11.20. 보증 6,000만원 ④ 김정희 전입 2013.1.10. 확정 2013.1.10. 배당 2013.11.9. 보증 5,500만원	2011.12.10. 1억2,000만원 가압류 이수철 2012.12.30. 1억원 신한은행 임의경매 〈2013.8.10.〉 청구 7,800만원	근저당 국민은행 2011.12.10. 1억2,000만원 가압류 이수철 2012.12.30. 1억원 신한은행 임의경매 〈2013.8.10.〉

이 경매사건은 나대지 상태에서 저당권을 설정하고 건물이 신축되고 보존등기가 이루어져 법정지상권은 성립하지 않지만 대지와 건물소유자가 같아서 토지저당권자가 토지와 건물을 일괄해서 경매를 신청하였다.

따라서 이 매각대금으로 배당표를 작성해보면 다음과 같이 된다.

배당금액은 [① 토지 158,290,391원-2,486,237원(경매비용)]=155,804,154원, [② 건물 128,209,609원-2,013,763원(경매비용)]=126,195,846원이다. 토지와 건물을 감정가액 비율대비로 토지와 건물매각대금에서 구분하여 배당하여 보자.

순위	배당채권자	대지 155,804,154원 (55.2497%)	건물 126,195,846원 (44.7503%)
1순위	신한은행	84,000,000원	0원
※ 선순위채권을 공제 후 대지와 건물의 경매대가를 다시 계산하여 배당비율을 정하면		대지경매대가 = 71,804,154원 배당비율=$\frac{71,804,154}{198,000,000}$ (36.26472%)	건물경매대가 = 126,195,846원 배당비율=$\frac{126,195,846}{198,000,000}$ (63.73528%)
2순위	① 김기수(최우선변제금)	9,066,180원	15,933,820원
	② 이철희(최우선변제금)	9,066,180원	15,933,820원
	③ 박정민(최우선변제금)	9,066,180원	15,933,820원
	③ 김정희(최우선변제금)	9,066,180원	15,933,820원
	소액임차인 결정기준은 3순위 국민은행 근저당권으로 7,500만원이하/2,500만원이다.		
3순위	국민은행 10,500만원	35,539,434원	62,460,566원

이와 같이 배당이 종결된다. 여기서 주택임차인들의 대항력은 주택에 설정된 말소기준권리로 2011. 12. 10. 국민은행 근저당권이다. 따라서 김기수 임차인은 대항력이 있어서 미배당금 3,000만원을 낙찰자가 인수해야 한다.

그러므로 낙찰자의 실제 취득금액은 2억8,650만원＋3,000만원으로 3억 1,650만원이 된다.

:: 임차인들의 손해는 얼마나 되나? 어떻게 줄일 수 있나?

① 김기수 임차인은 대항력이 있어서 3,000만원을 낙찰자가 인수해 손해가 없다

② 이철희 임차인은 대항력이 없어서 미배당금 3,500만원이 손실이 발생?

③ 박정민 임차인은 대항력이 없어서 미배당금 3,500만원이 손실이 발생?

④ 김정희 임차인은 대항력이 없어서 미배당금 3,000만원이 손실이 발생?

김선생의 해결책 제시

나대지 상태에서 설정된 근저당권이 있다면 신축건물에서 임차인은 건물배당금만 가지고 배당받게 되므로 토지저당권자의 채권금액이 얼마인가를 확인하고 토지에서 배당잉여가 없다면 임차인은 건물 매각대금에서만 우선변제 받게 되므로 전세보증금을 손해 보게 된다는 사실을 알고 계약하는 지혜가 필요하다.

대지권이 없는 아파트소유자와 계약한 임차인의 손실?

∷ 전세금 손해를 줄이기 위해 직접 입찰에 참여하다

　이도령은 아파트 소유자와 임대차계약을 하고 입주해서 거주하고 있었는데, 어느 날 아파트가 경매에 들어갔다는 통지를 법원으로부터 받았다. 경매로 매각되어도 안전할 거야? 15평형 아파트니 1억5,000만원에는 매각될 것이고 그러면 1순위 하나은행이 8,400만원 전부 가져간다고 하더라도 6,600만원이 남게 되니 2순위로 4,000만원 전부 배당받을 수 있다는 생각을 했다.

　현황조사를 한다고 법원 집행관이 아파트를 방문해서 이야기하던 중 놀라운 이야기를 들었다. 이 아파트는 대지권이 없어서 건물만 매각되고 감정가 1억3000만원에서 시작한다는 이야기다.

　그래서 1억3,000만원에서 계산하니 4,600만원이 남게 돼 그나마 다행이지만 1억400만원이면 2,000만원을 배당 받게 돼 2,000만원을 손해 보게 된다.

　그날 밤 이도령은 고민하다가 1억400만원 이하로 떨어지면 직접 낙찰 받기로 마음을 정하고 기다리기로 했다. 그런데 계속 유찰되더니 8,320만원 까지 떨어져 9,000만원으로 입찰에 참여하게 되었다.

∷ 대지권이 없는 아파트 소유자와 계약하면 어떻게 될까?

　대지권이 없는 아파트 소유자와 임대차계약하면 임차인의 권리는 건물에서만 보호받고 대지에서는 보호받지 못하게 된다는 것은 앞에서 여러 번 설명한 바 있다. 이러한 사례에서 임차인이 계약하기 위해서는 건물의 가치만으로 보호받을 수 있는 금액으로 전세보증금을 정하고 입주해야 안전하다.

아파트가 대지권이 없는 사례도 두 가지로 나누어 볼 수 있다.

대지가 국유지 또는 시·구·군청 등의 소유인 경우와 개인이 소유한 경우로 나누어 볼 수 있다. 이 두 사례 모두 아파트 소유자는 건물만 소유권을 가지고 있고 대지에 대해서는 소유권이 없다는 측면에서는 모두 같다. 그러나 아파트가 거래되는 시세에서는 큰 차이가 있다.

① 시유지나 국유지 상에 건축된 아파트는 건물철거의 위험 없이 저렴한 차임(토지사용료)을 지급하면서 아파트를 적법하게 소유할 수 있고 훗날 건물을 재건축하더라도 특별한 사정이 없는 한 건물소유자가 조합원이 되어 아파트분양권을 가지게 되기 때문이다.

② 개인 소유인 경우도 처음부터 지상권 및 전세권 등을 설정하고 그 지상에 아파트를 신축한 사례도 있겠지만, 이러한 사례는 드물다. 대부분이 나대지(빈 땅) 또는 구분소유권이 성립되기 전에 설정된 근저당권(=토지별도등기)에 의해 경매가 진행되어 건물과 대지소유자가 달라진 사례다. 이런 경우 토지소유자가 차임을 청구할 수 있는데 그 금액은 적지 않다. 그로 인해 건물이 경매가 되거나 매도청구당하게 될 수도 있다.

어쨌든 어느 사례든 안전하다고 할 수 없으니 똑바로 알고 접근하는 지혜가 필요하다.

:: 대지권이 없는 아파트 입찰내역과 입찰결과

이 물건은 매각조건에서 아파트 건물만 매각대상이고 대지권은 매각대상에서 제외되었다. 토지는 하천 복개천으로 구청에 매년 토지 사용료를 납부하고 있다.

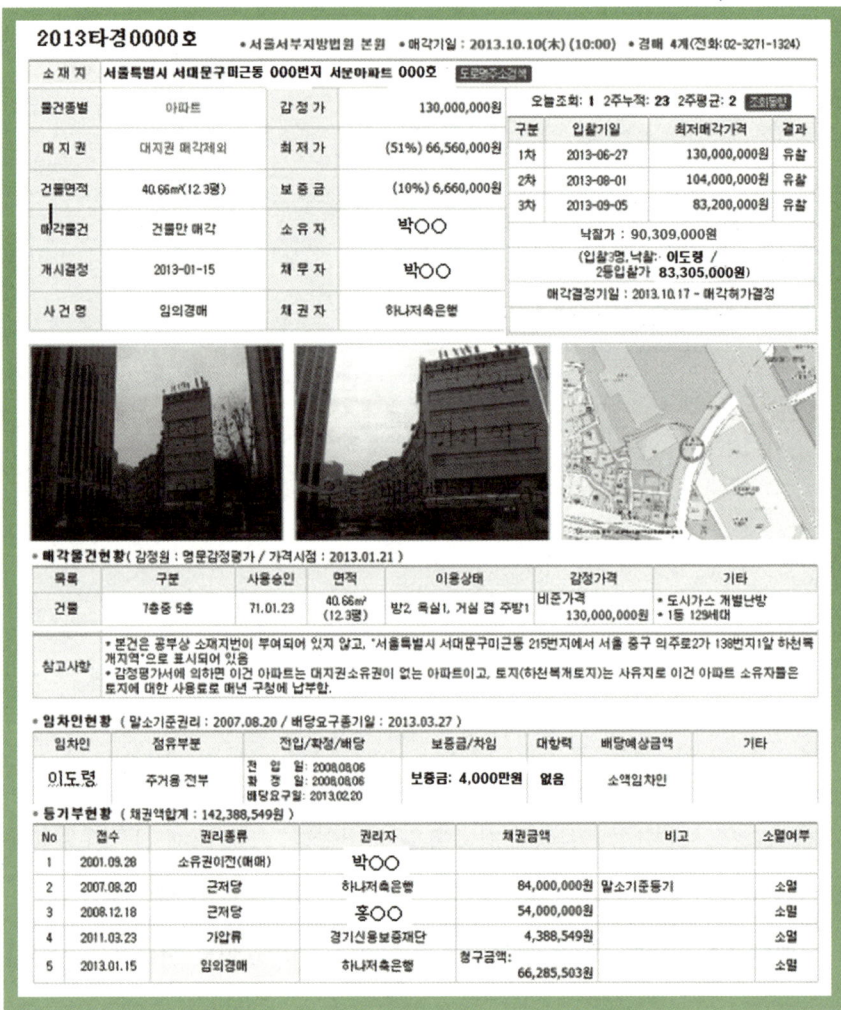

그리고 말소기준 권리가 2007. 08. 20. 하나저축은행 근저당권으로 이 보다 후순위로 대항요건을 갖춘 이도령은 대항력이 없는 임차인으로 전세보증금을

손해 볼 수밖에 없다.

이렇게 대지권이 없는 아파트는 낙찰 받으면 어떻게 대처해야 하나

첫 번째로 대지권이 없는 아파트에 대한 문제다.

대지사용권은 없지만 구청에 토지 사용료만 납부하면 주변 아파트에 거주하는 것에 비해 상대적으로 적은 비용을 들이고 살 수 있다.

구청에 납부하는 토지 사용료가 개인 소유 토지에 비해 저렴하게 책정되고 있어서 매수 후 제3자에게 팔 때 또한 이러한 장점으로 시세 차익도 노려볼 수 있는 아파트다.

두 번째로 대항력 있는 임차인의 보증금 인수문제가 남는다.

임차인의 배당금을 확인하기 위해서 예상배당표를 작성해 봐야 한다.

매각대금 90,309,000원에서 경매비용 154만원을 제외하면 배당금은 88,769,000원이므로 1순위로 이도령 1,600만원(최우선변제금 1), 2순위로 하나저축은행 72,769,000원으로 배당이 종결되므로 대항력 없는 임차인은 낙찰자가 인수하지 않게 된다.

어쨌든 첫 번째로 얘기한 장점들을 상기하면서 입찰참여를 결정해야 하고 이도령 역시 이러한 점을 고려해서 입찰에 참여해서 낙찰 받았다.

 김선생의 한마디

이도령이 직접 낙찰 받아서 얼마나 손해를 줄일 수 있었나?
대항력 없는 이도령은 1,600만원 배당받고 2,400만원은 손해를 볼 수밖에 없었다. 그런데 1억 3,000만원 짜리 아파트를 9,000만원에 낙찰 받고 거주하게 되었으니 4,000만원 시세 차익을 보게 된 것이다. 그러니 실질적으로 재산의 손실은 발생하지 않았다. 그리고 이 아파트가 재건축 가능성이 높다는 측면에서 볼 때 성공적인 투자다.

089 선순위채권이 과다한 상태에서 대항요건을 갖춘 소액임차인은?

박수현 임차인이 선순위채권이 과다한 주택이 경매가 들어가기 전에 소액임차보증금으로 입주했다. 경매로 매각되더라도 소액임차인에 해당되어 1순위로 최우선변제금으로 보장 받을 수 있다는 판단과 1년 동안은 적은 비용으로 입주해서 거주할 수 있다는 장점이 있었기 때문이다. 중개실무에서도 이러한 사례가 많고 그러한 일들을 조장해서 이익을 취하고 있는 분들이 많아서 그러한 판단에 경각심을 주고자 이 사례를 기술했다.

어쨌든 박수현의 목적과 다르게 배당이의소송이 진행되어 대법원 판결까지 나왔는데 그 내용을 정리하면 다음과 같다.

경매 입찰정보와 임차인이 배당요구한 내역

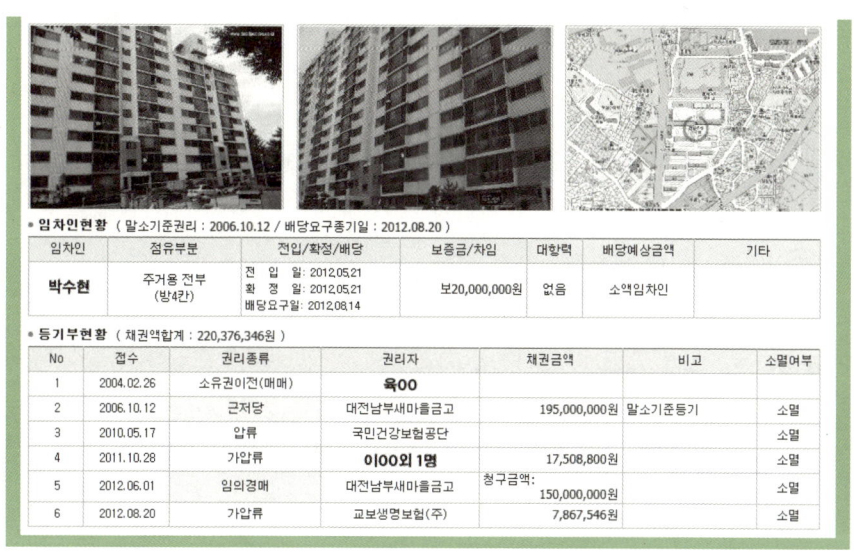

:: 이 사건에 대한 대법 2013다62223호 판결

    저당권 설정 등으로 실질적인 담보가치가 전혀 없는 주택을 시세보다 월등하게 저렴한 소액임대차보증금 상당액만 지급하고 임차한 임차인이 주택임대차보호법상 소액임차인으로서 보호받을 수 있는지 여부(소극)

    ① 원고(임차인)의 남편은 공인중개사로서 주택임대차보호법 규정을 잘 알고 이 사건 임대차계약 체결을 중개한 점,

    ② 원고(임차인)는 그 소유의 아파트를 보유하고 있었음에도 채권최고액의 합계가 시세를 초과하는 이 사건 아파트를 임차하였고 이 사건 아파트에 관한 경매가 개시될 것을 예상하여 소액임차인의 요건에 맞도록 이 사건 아파트 시세에 비추어 현저히 낮은 임차보증금만을 지급하고 이 사건 임대차계약을 체결하였으며, 실제로 이 사건 임대차계약 체결 직후 이 사건 아파트에 관하여 경매가 개시된 점 등을 종합하면,

    원고(임차인)는 소액임차인을 보호하기 위하여 경매개시결정 전에만 대항요건

을 갖추면 우선변제권을 인정하는 주임법을 악용하여 부당한 이득을 취하고자 임대차계약을 체결한 것으로 봄이 상당하고, 이러한 원고는 주택임대차보호법상의 보호대상인 소액임차인에 해당하지 않는다.

 김선생의 해결책 제시

① 선순위채권이 과다한 주택에 입주하거나 경매가 개시되고 나서 입주하게 되면 설령 소액임차인에 해당하더라도 최우선변제권을 가지지 못하게 될 수도 있다.
② 법원실무에서는 경매기입등기 6월 이전에 대항요건을 갖춘 임차인, 경매기입등기 6월 이전에 감액해서 소액임차인이 된 임차인 등이 허위일 가능성이 있다고 판단되면 경매담당판사가 배당요구서류에 대한 보정명령과 심문을 하기도 한다. 그 과정에서 허위로 판단되면 배당에서 배제한다. 이 과정에서 배제되지 않아도 다른 채권자들에 의한 배당이의로 배당이의 소송이 진행되고 대부분 패소해서 배당받지 못하게 되니 헛된 꿈으로 비용만 날리지 말아야 한다.
③ 그러나 진정한 임차인이 경매기입등기 전에 대항요건을 갖추고 있고, 선순위채권을 해할 목적이 아니었다고 판단되면 보호되어야 할 것이다.

090. 계약금, 중도금만 지급하고 입주했는데 경매되면 탈출은 어떻게?

∷ 임차인이 잔금지급 전에 입주를 했다면 임차인의 대항력은?

임차인이 전 소유자인 박○○과 임대차기간을 1995. 01. 26. 부터 계약하고 자녀의 병간호를 목적으로 1995. 01. 04. 주택을 인도 받아 01. 16. 전입신고를 마쳤다. 그 후 1995. 01. 19. 한국주택은행의 제1순위 근저당권설정등기가 마쳐져, 낙찰자가 임차인이 대항력이 없다고 명도를 청구한 소송에서 임대차계약서상 임대차기간이 1995. 01. 26. 부터고 임대인이 주택은행으로부터 1995. 01. 19. 대출을 받으면서 임차인이 없다고 하였다고 하더라도 임차인이 대항요건을 근저당권보다 먼저 갖추고 있어서 대항력 있는 임차인으로 판단하고 낙찰자의 인수로 판결했다(서울지법 2000나31563).

1998타경0000호	• 서울서부지방법원 본원 • 매각기일: 1999.10.14(木) (10:00) • 경매 2계 (전화: 02-3271-1322)						
소재지	서울특별시 서대문구 북가좌동 000-00. 로얄빌라 000호 도로명주소검색						
물건종별	다세대(빌라)	감정가	70,000,000원	오늘조회: 1 2주누적: 0 2주평균: 0 조회동향			
				구분	입찰기일	최저매각가격	결과
대지권	24.95㎡(7.547평)	최저가	(20%) 14,049,280원	1차	1999-04-15	70,000,000원	유찰
				2차	1999-05-13	56,000,000원	유찰
건물면적	60.04㎡(18.162평)	보증금	응찰금액의10%	3차	1999-06-10	44,800,000원	유찰
				4차	1999-07-08	35,840,000원	유찰
매각물건	토지·건물 일괄매각	소유자	박ㅇㅇ	5차	1999-08-12	28,672,000원	유찰
				6차	1999-09-09	22,938,000원	유찰
개시결정	1998-12-14	채무자	박ㅇㅇ	7차	1999-10-14	14,049,280원	
사건명	임의경매	채권자	주택은행	낙찰: 17,175,000원 (24.54%)			
				배당종결 1999.12.08			

매각물건현황							
목록	구분	사용승인	면적	이용상태	감정가격		기타
건물	4층중 1층		60.04㎡ (18.16평)	주거용			
토지	대지권		223.04㎡ 중 24.95㎡				

임차인현황 (말소기준권리 : 2008.07.07 / 배당요구종기일 : 2012.07.27)

임차인	점유부분	전입/확정/배당	보증금/차임	대항력	배당예상금액	기타
안OO	주거용 전부	전입일: 95. 01. 16. 확정일: 없음. 배당요구일: 99. 05. 14.	보증금: 4,800만원	있음	배당금 없음	

등기부현황

No	접수	권리종류	권리자	채권금액	비고	소멸여부
1	1995.01.19.	근 저 당	주택은행	채권최고액: 24,000만원		
2	1998.12.14.	임의경매	주택은행	청구금액: 24,092,632원		

그리고 이 사건의 최종심인 대법원 2000다61855 판결에서도 임차인이 대항력을 갖기 위해서『~ 적법하게 임대차계약을 체결하여, 그 임대차관계가 유지되고 있으면 족한 것이며, 반드시 새로운 이해관계인이 생기기 전까지 임대인에게 그 보증금을 전부 지급하여야만 하는 것은 아니라고 판결했다』

:: 임차보증금의 일부를 남겨두고 대항요건을 갖추었다면?

Q : 보증금 1억원, 임대기간 2년의 임대차계약서를 작성하고 계약금 1,000만원과 중도금 6,000만원을 지급한 후, 임대인의 동의를 얻어서 입주와 전입신고를 했습니다. 그 후 근저당권이 설정된 사실을 모르고 잔금을 지급했는데 이 근저당권에 기해서 경매가 진행되었다면 저의 대항력은 어떻게 되나요?

A : 대항력을 갖춘 임차인이 근저당권이 설정등기 이후에 보증금을 증액하는 경우에는 증가된 금액에 대해서는 대항력이 없지만(대법2010다12753), 근저당권이 설정되기 전에 임대인과 임차인이 보증금 1억 원으로 하는 임대차계약서를 작성하였다면 계약은 이미 성립한 것이고, 그에 기해서 대항요건인 주민등록과 주택인도를 갖추어서 대항력이 발생되었으므로 근저당권이 설정된 것을

모르고 잔금을 지급했더라도 앞에서 보증금증액을 근저당권 설정 이후에 증액하는 것과 같이 볼 수는 없을 것입니다.

대법 2000다61855 판결에 의하면 "임차인이라 함은 적법하게 임대차계약을 체결하여, 그 임대차관계가 유지되고 있으면 족한 것이며, 반드시 새로운 이해관계인이 생기기 전까지 임대인에게 그 보증금을 전부 지급하여야만 하는 것은 아니라고 할 것인 바," 적법하게 계약이 성립되고 그에 기해서 대항요건을 갖춤으로서 대항력이 발생하여 후순위근저당권으로 충분히 예측이 가능한 임차인이므로 대항력을 주장하더라도 근저당권자가 불가측의 손실을 끼치는 임차인에 해당되지 못하기 때문입니다. 따라서 대항력이 인정되는 보증금의 범위는 1억까지 보장된다고 볼 수 있을 것입니다.

091 임차인이 배당요구를 하지 않았다면 얼마나 손해를 볼까?

:: 후순위임차인 배당요구를 하지 않았다면 전세금 전액 손해

임차인은 주임법 또는 상임법으로 우선변제권이 있다. 우선변제권에는 소액임차인으로 최우선변제권과 확정일자부 우선변제권이다. 이러한 권리는 가만히 있어도 자동적으로 배당을 받게 되는 것이 아니고 반드시 배당요구종기 시까지 배당요구를 해야 한다. 그런데 간혹 임차인들이 권리신고만 하고 배당요구를 하지 않는 경우가 있다. 이러한 경우 적법한 배당요구로 볼 수가 없어서 배당에 참여가 불가하니 반드시 권리신고 및 배당요구를 함께해야 배당에 참여가 가능하다.

대항력 있는(말소기준권리보다 먼저 대항요건을 갖춘 경우) 임차인은 경매절차에서 대항력을 주장할 수 있고, 스스로 계약을 해지하고 배당요구해서 우선변제권을 선택할 수도 있다. 이때 미배당금은 낙찰자가 인수하니 선순위임차인은 전세금을 떼이지 않는다.

후순위임차인은 대항력이 없어서 경매로 소멸하게 되므로 미배당금이 발생하면 무자력자인 채무자에게 청구할 수밖에 없어서 손실이 예상된다. 그러나 배당요구를 하지 않았다면 배당 자체에 참여가 불가해서 전세금 전액 손해 볼 수밖에 없다. 임차인이 배당요구를 하지 않아 후순위채권자들이 배당받았다면 배당받은 후순위채권자를 상대로 부당이득 반환청구는 가능할까?

∷ 배당요구를 하지 않아 손해보면 후순위채권자를 상대로 부당이득청구?

대법원판례에 의하면 임차인이 배당요구를 하지 아니하여 배당에서 제외된 경우, 그로인해 배당 받은 후순위채권자를 상대로 부당이득반환청구가 가능한가에 대해서 다음 판례에서 할 수 없다고 판결하고 있다.

(1) 대법원 2002. 1. 22 선고 2001다70702 판결[부당이득금반환]

① 민사소송법 제605조 제1항 소정의 배당요구가 필요한 배당요구채권자가 실체법상 우선변제청구권이 있다 하더라도 적법한 배당요구를 하지 아니하여 배당에서 제외된 경우, 배당받은 후순위 채권자를 상대로 부당이득의 반환을 청구할 수 있는지 여부(소극)

② 주택임대차보호법에 의하여 우선변제청구권이 인정되는 소액임차인의 소액보증금반환채권은 현행법상 민사소송법 제605조 제 1항에서 규정하는 배당요구가 필요한 배당요구채권에 해당한다.

(2) 대법원 2005. 8. 25. 선고 2005다14595 판결(배당의의소송)

구 민사소송법(2002. 1. 26. 법률 제6626호로 전문 개정되기 전의 것)상 배당요구를 하여야만 배당절차에 참여할 수 있는 채권자가 경락기일까지 배당요구를 하지 아니한 채권액에 대하여 경락기일 이후에 추가 또는 확장하여 배당요구를 하였으나 그 부분을 배당에서 배제하는 것으로 배당표가 작성·확정되고 그 확정된 배당표에 따라 배당이 실시되었다면, 그가 적법한 배당요구를 한 경우에 배당받을 수 있었던 금액 상당의 금원이 후순위 채권자에게 배당되었다고 하여 이를 법률상 원인이 없는 것이라고 할 수 없다.

092 배당요구종기를 연기신청해서 전세금을 받게 된 임차인?

유영민 임차인은 2012. 02. 10. 임대차계약을 맺고 거주하고 있었다. 유영민 부부 모두 회사를 다니고 자녀들은 학교에 다니다 보니 아파트가 비워져 있을 때가 많았다. 그래서 임차아파트가 경매가 들어간 사실을 모르고 있다가 다음과 같이 배당요구종기일이 지나서 알게 되었다.

∷ 경매 입찰정보와 임차인이 배당요구한 내역

- 임차인현황 (말소기준권리 : 2011.12.15 / 배당요구종기일 : 2013.06.17)

임차인	점유부분	전입/확정/배당	보증금/차임	대항력	배당예상금액	기타
유영민	주거용 전부	전 입 일: 2012.02.10. 확 정 일: 2012.02.10. 배당요구: 2013.09.20..	보140,000,000원	없음		배당요구종기일 이후 배당요구종기일 연기신 청과 동시에 배당요구

- 등기부현황 (채권액합계 : 601,800,000원)

No	접수	권리종류	권리자	채권금액	비고	소멸여부
1(갑2)	2006.07.31	소유권이전(매매)	박소형		거래가액:270,000,000	
2(을16)	2011.12.15	근저당	세종상호저축은행	196,000,000원	말소기준등기	소멸
3(을18)	2011.12.19	근저당	신용보증기금	125,600,000원		소멸
4(갑3)	2012.05.17	압류	용산세무서			소멸
5(갑4)	2013.03.26	임의경매	세종상호저축은행	청구금액: 196,000,000원		소멸
6(갑5)	2013.11.05	압류	국민건강보험공단			소멸

❖❖ 유영민이 배당요구종기일 지나서 배당요구를 하다

유영민은 대항력이 없어서 배당요구를 하지 않으면 소멸되는 임차인에 불과하다는 사실을 17번 사례에서 알 수 있다.

이러한 사실을 알고 있는 유영민은 즉시 법원에 찾아가 어떻게 하면 되는가에 대해서 상담을 했다. 법원관계자가 친절하게 배당요구연기신청서와 권리신고 및 배당요구신청서를 작성해 제출하는 방법에 대해서 알려 주었고 그에 따라 신고절차도 마치고 기다렸다.

그 다음날 법원관계자는 배당종기일이 연기되어 배당에 참여할 수 있다는 연락을 받고 유영민은 한숨을 돌릴 수 있었다.

임차한 아파트가 3억5,690만원에 매각되어 경매비용을 제외하고 1순위로 세종상호저축 근저당권자가 1억9,600만원 배당 받고, 유영민도 2순위로 1억4,000만원 전액 배당 받을 수 있었다.

❖❖ 배당요구할 수 있는 시기와 연기신청으로 배당요구 방법

배당요구 종기는 첫 매각기일 이전으로 집행법원이 정한 배당요구의 종기까지 제출하면 된다. 임차인은 배당요구를 위해 신분증과 도장을 준비하고 법원에 비치된 권리신고 및 배당요구신청서를 작성하고 임대차계약서 사본 1부와 주민등록등본 1부를 첨부해서 배당요구하면 된다.

  그러나 배당요구종기일까지 배당요구를 하지 못했고, 첫 매각기일 이전이라면 임차인은 배당요구종기를 연기 신청하면서 권리신고 및 배당요구서를 제출하면 된다. 배당요구종기 연기를 받아주는 것은 집행법원의 재량적 결정사항인데 연기가 경매절차를 과도하게 지연시키는지 등을 종합적으로 고려해서 특별한 사정이 없으면 받아 주고 있다.

알아두면 좋은 내용

경매실무에서는 첫매각절차가 진행되어도 배당요구종기일을 연장해 주는 사례도 있었다. 이러한 전향적인 법원의 판단은 경매로 소멸될 수밖에 없는 후순위임차인들을 보호해야 한다는 사회적인 합의를 반영한 결과이고 올바른 판단이라는 것이 사견이다. 어차피 경매로 소멸되는 채권이고 그러한 채권의 존재를 알고 설정된 채권자들이라면 그렇게 하더라도 예측하지 못했던 손실이 아니기 때문이다. 그러나 대항력 있는 선순위 임차인에 대해서 적용을 다르게 해야 한다. 첫매각기일 이전 또는 최소한 낙찰자가 결정되기 이전으로 한정해야 한다. 그렇게 하지 않는다면 채무자가 손해보고 낙찰자가 부당이득을 보게 되는 사례가 발생할 수도 있기 때문이다.

계약기간만 갱신했고, 2차계약서로 배당요구해 배당금이 없을때 탈출?

배당요구종기 전까지 배당요구한 임차인이 배당요구를 잘못했다면 다음 대법원 2012. 07. 12. 선고 2010다42990 판결과 같이 배당기일 전까지 정정해서 배당요구할 수 있는 권리가 있다.

(1) 임차인의 대항력과 우선변제권의 범위

주택에 관하여 임대차계약을 체결한 임차인이 주민등록과 주택의 인도를 마친 때에는 그 다음날부터 제3자에 대하여 대항력이 생기고, 또한 임대차계약증서에 확정일자를 갖춘 임차인은 민사집행법에 따른 경매를 할 때에 후순위 권리자 등보다 우선하여 보증금을 변제받을 권리를 가진다. 그리고 대항력과 우선변제권을 갖춘 임대차계약이 갱신된 경우에도 종전 보증금의 범위 내에서는 최초 임대차계약에 의한 대항력과 우선변제권이 그대로 유지된다(대법원 90다카11377 판결 참조).

(2) 원심이 인용한 제1심이 확정한 사실에 의하면,

① 피고가 2003. 03. 31. 임차보증금 4,800만원, 임차기간 2003. 03. 31. ~ 2005. 03. 31.까지 임차한 다음, 2003. 04. 01. 전입신고를 마치고, 2003. 04. 02. 계약서에 확정일자를 받고(1차 임대차계약서),

② 위 임차기간 만료일인 2005. 03. 31. 임차보증금 4,800만원, 임차기간 2005. 03. 31. ~ 2007. 03. 31.까지로 임대차계약을 갱신한 다음, 2005. 04. 11. 계약서에 확정일자를 받았다(2차 임대차계약서).

③ 피고가 배당요구 종기 전에 집행법원에 "2차 임대차계약서"로 권리신고 및 배당요구 신청서와 주민등록등본을 첨부했다가, 배당요구 종기 후에 "2003. 03. 31. 1차임대차계약을 체결하였고, 2003. 04. 02. 확정일자를 받았다."는 취지가 담긴 사유서와 1차 임대차계약서를 제출한 사실 등을 알 수 있다.

위 사실관계로 보면, 이 사건 2차 임대차계약서는 1차 임대차계약서가 갱신되면서 작성된 것으로서 그 기간만이 다를 뿐 당사자, 목적물, 보증금 액수 등 그 대상이 되는 임대차계약은 실질적으로 동일하므로 1차 임대차계약에 의한 대항력과 우선변제권이 그대로 유지되고 있다고 할 것이고, 피고가 배당요구를 하면서 2차 임대차계약서를 제출하였지만 배당요구 신청서에서 1차 임대차계약에 의한 전입일과 주택의 인도일을 주장하였던 점 등에 비추어 피고가 1차 임대차계약에 의하여 지급되어 유지된 보증금에 관하여 우선변제를 주장하며 배당요구를 한 것으로 볼 수 있으므로, 배당요구의 종기 후에 1차 임대차계약서를 제출한 것은 위 주장을 뒷받침할 수 있는 서류를 보완하는 것에 불과하여 허용된다(대법원 2007다68756 판결참조).

094 소액임차인으로 잘못 판단해서 손해 볼 뻔한 임차인과 낙찰자의 탈출?

:: 임차인과 낙찰자가 경매의 덫에서 탈출하다

상가임차인을 주택과 같이 생각해서 확정일자가 없는데도 소액임차인으로 전액 배당받는 것으로 오인해서 갱신한 계약서로만 배당요구 했다.

그러나 배당기일 3일 전에 작성된 배당표를 보고 임차인과 낙찰자는 배당금이 한 푼도 없어서 놀랐다. 그 원인은 상가임차인은 주택과 같이 보증금만 가지고 하는 것이 아니고 환산보증금을 가지고 하게 되는데 그 범위를 초과했기 때문이다.

:: 입찰대상 물건정보와 입찰결과 내역

2012타경 00000호	• 수원지방법원 성남지원	• 매각기일 : 2012.06.11(月)(10:00)	• 경매 5계 (전화:031-737-1325)
소 재 지	경기도 성남시 분당구 정자동 24, 분당인텔리지2 21층 씨-0000호 도로명주소검색		
물건종별	오피스텔	감 정 가	245,000,000원
대 지 권	6.69㎡(2.024평)	최 저 가	(80%) 196,000,000원
건물면적	42.97㎡(12.998평)	보 증 금	(10%) 19,600,000원
매각물건	토지·건물 일괄매각	소 유 자	이ㅇㅇ
개시결정	2012-02-01	채 무 자	강ㅇㅇ
사 건 명	임의경매	채 권 자	서ㅇㅇ

오늘조회: 1 2주누적: 0 2주평균: 0 조회동향

구분	입찰기일	최저매각가격	결과
1차	2012-05-14	245,000,000원	유찰
2차	2012-06-11	196,000,000원	

낙찰 : 209,050,000원 (85.33%)
(입찰5명, 낙찰: 이ㅇ홍
2등입찰가 205,200,000원)
매각결정기일 : 2012.06.18 - 매각허가결정
대금지급기한 : 2012.07.18
대금납부 2012.07.10 / 배당기일 2012.08.17
배당종결 2012.08.17

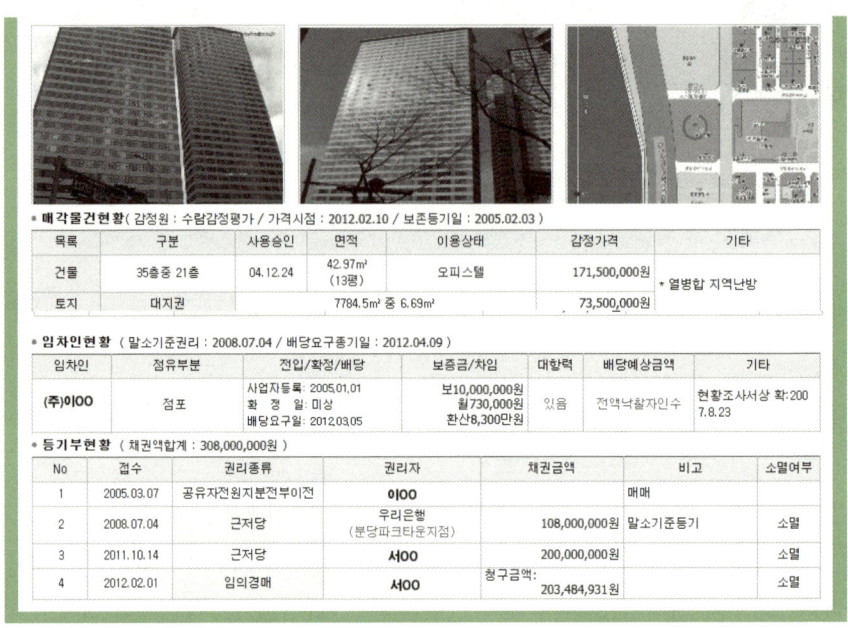

:: 매수인의 잘못된 판단으로 보증금을 인수할 뻔한 사례

성남시 분당구에 있는 오피스텔로 2~3분 거리에 정자역이 있어서 임대수요가 높은 곳이다. 그래서 매수인이 감정가 2억4,500만원 인데 2억905만원에 낙찰 받았다. 낙찰 받고 매각허가결정이 나서 현재 거주하고 있는 임차인 ㈜이○○를 만나게 되었는데 경매기록과 다른 점이 없었고 재 임대하게 해달라는 말을 들어 그렇게 하라고 편하게 말을 하고 돌아 왔다고 한다. 잔금을 납부하고 배당기일 3일 전에 배당표가 작성돼 경매계장의 도움을 받아 배당표 원안을 확인해 보니 예상하지 않았던 일이 발생했고 매수인이 놀라서 필자에게 전화를 걸어왔다. 그 내용은 임차인에게 배당된 금액이 없다는 내용이었다. 임차인이 최우선변제금으로 1,000만원 전액 배당 받았어야 하는데 배당금이 없다니 이럴 때 어떻게 대처하면 되느냐는 것이다.

그 말을 듣고 경매사건을 조회해본 결과 임차인이 상가 임차인으로 환산보증금이 8,300만원으로 소액임차인이 아니어서 최우선변제 대상이 아니고 확정일자도 없어서 배당에 참여하지 못하고 매수인이 보증금 1,000만원을 인수해야 한다고 말을 건네니 당황했다.

∷ 이러한 상황에서 어떻게 탈출할 수 있었을까?

이 내용을 기술하게 된 동기는 독자 분들도 알아두면 좋을 듯한 지식이기 때문이다.

필자가 고민하다가 이상한 점을 발견했다. 정상적인 임차인이라면 사업자등록과 점유를 하면서 계약서에 확정일자를 부여받아 두는 것이 보통인데 이 상가임차인은 2년 후 재계약하면서 확정일자를 받아 놓지 않은 이유가 있을 것 같아서 매수인에게 임차인에게 전화를 걸어 최초 계약당시 계약서에 확정일자를 부여 받았는가를 확인하라고 했다. 다행히도 최초 계약당시에 계약서에 확정일자를 부여 받아둔 것이 있어서 배당기일 하루 전에 최초 계약당시 확정일자로 정정해서 배당요구를 했고 임차인은 1,000만원 전액 배당받고 매수인은 인수에서 탈출하게 되었다.

∷ 대항력이 없는 임차인이 갱신한 계약서로만 배당요구했다면?

이 경매사례는 임차인이 대항력이 있어서 설령 배당요구가 잘못되어도 낙찰자의 부담으로만 남는다. 그래서 임차인에게는 손해가 없다고 말할 수 있고 그것은 분명한 사실이다.

그런데 임차인이 선순위가 아니고 말소기준권리보다 후순위로 최초계약서를 작성했고, 그 후 증액한 계약서로만 배당요구했다면 임차인은 후순위로 배당금에서 배제될 테고 그러한 사실을 모르고 당연히 배당받을 것이라고 판단해서 배당기일에 참여하지도 않았다면 배당표는 확정된다. 배당에 참여하지 않은 임차인은 배당에 동의한 것으로 보기 때문이다.

그래서 임차인들은 선순위든 후순위든 배당기일 3일 전(공매는 7일 전)에 작성하여 이해관계인에게 열람하고 있는 배당표원안을 확인해서 이상 유무를 확인하고 앞에서와 같이 잘못된 배당요구를 했다면 배당기일에 배당표가 확정되기 전까지 정정해서 배당요구하는 방법으로 전세금을 안전하게 지킬 수 있는 비법이다.

095 전세금을 증액했을 때 잘못된 배당요구에서 탈출하기

임차인은 배당요구할 때 최초 임차권(대항력 있는 임차권)과 2차 증액한 임차권(대항력 없는 임차권)을 함께 배당요구할 수도 있고 이때 미배당금이 발생하면 낙찰자가 인수하게 된다.

그러나 임차인들은 배당금요구할 때 두 개를 동시에 배당요구하지 않고 증액한 임대차계약서로만 배당요구하는 경향이 많다. 그렇게 하면 배당금을 더 받을 것이라는 생각이 작용한 것 같다.

이렇게 하면 확정일자 순위가 늦어서 배당금이 없게 된다. 이때 최초계약서가 선순위면 낙찰자가 인수하게 되므로 손실이 없지만, 후순위 임차인은 전세금 전액 손해 보게 된다.

손해 보지 않으려면 어떻게 해야 할까?

임차인이 배당요구종기 전까지 배당요구했고, 그 배당요구를 잘못했다면 배당기일 전까지 정정해서 배당요구하면 된다.

:: 저당권설정등기 이후에 증액한 경우 대항력과 우선변제권

대항력을 갖춘 임차인이 저당권설정등기 이후에 임차인과의 합의에 의하여 보증금을 증액한 경우 최초임대차계약서는 대항력과 1순위 우선변제권을 주장할 수 있고, 증액한 계약에 대해서는 대항력이 없고 근저당보다 후순위로 배당받게 된다. 따라서 낙찰자는 증액 전 전세금만 인수하고 명도를 구할 수 있다(대법원 90다카11377 판결).

∷ 증액한 계약으로 배당요구했다가 최초 계약서로 정정 배당요구하면?

① <u>대항력과 우선변제권을 갖춘 임대차계약이 갱신된 경우에도 종전 보증금의 범위 내에서는 최초 임대차계약에 의한 대항력과 우선변제권이 그대로 유지된다</u>(대법원 90다카11377 판결 참조). 이러한 법리는 계약의 동일성이 유지되는 선에서 보호받을 수가 있어서 증액한 계약서로 배당요구했다가 배당요구종기일이 지나서 최초 계약서로 정정하여 배당요구하면 최초 계약서로 대항력과 우선변제권이 주어지고 증액한 전세금은 후순위로 배당받게 되는데 대항력이 없어서 미배당금이 발생해도 소멸된다.

② 그러나 동일성이 유지되지 않는다면 거부될 수 있다는 대법원 2013다58057 판결도 있으니 주의해야 한다.

가. 최후임대차로 배당요구했다 최초계약서로 정정 배당요구한 사례

㉠ 원고 홍길동은 2002. 10. 28. 주식회사 세명상사로부터 이 사건 건물의 1층 소매점포를 임대차보증금 600만원, 임대차기간 1년으로 정하여 임차한 다음 2002. 11. 14. 사업자등록을 마치고 같은 날 위 임대차에 관한 계약서에 확정일자를 받았다. 그 후 임대차기간 만료 후에도 임대차계약을 계속 갱신하여 오다가 2009. 08. 01. 새로운 소유자 이정민과 임대차보증금 800만원, 임대차기간 1년으로 정하여 다시 임대차계약을 체결하였고, 임대차보증금을 900만 원

으로 인상하면서 2009. 12. 04. 그 임대차에 관한 계약서에 확정일자를 받았다.

ⓛ 원고 이도령은 2002. 07. 02. 주식회사 세명상사로부터 이 사건 건물의 1층 소매점포를 임대차보증금 1,000만원, 임대차기간 1년으로 정하여 임차한 다음 2002. 12. 26. 사업자등록을 마치고 같은 날 임대차계약서에 확정일자를 받았다. 그 후 원고 이도령은 임대차기간 만료 후에도 임대차계약을 계속 갱신하여 오다가 2009. 08. 01. 새로운 소유자 이정민과 임대차보증금 2,000만원, 임대차기간 1년으로 정하여 다시 임대차계약을 체결한 다음 2009. 08. 18. 그 임대차계약서에 확정일자를 받았다.

ⓒ 그리고 서귀포 농업협동조합이 이 사건 건물을 포함한 이 사건 각 부동산에 관하여 2007. 06. 12. 채권최고액 30억원으로 하는 각 근저당권설정등기를 마쳤고, 서귀포 농업협동조합의 임의경매절차가 개시되어 그 배당요구의 종기가 2011. 02. 28.로 정하여졌다.

ⓔ 원고 홍길동은 배당요구의 종기 전인 2011. 02. 17. 집행법원에 "임대차보증금 900만원, 임대차계약일 2009. 08. 01. 확정일자 2009. 12. 04."로 기재한 배당요구신청서를, 원고 이도령 역시 배당요구의 종기 전인 2011. 02. 18. 집행법원에 "임대차보증금 2,000만원, 임대차계약일 2009. 08. 01. 확정일자 2009. 8. 18."로 기재한 배당요구신청서를 제출하면서 최후 임대차계약서를 첨부하였다.

ⓜ 그런데 원고들은 배당요구의 종기 후인 2012년 7월경 집행법원에 "원고 홍길동은 2000. 8. 28.경 처음 개업할 무렵에 임대차보증금 600만원의 임대차

계약을 체결하여 2002. 11. 14. 확정일자를 받았고, 원고 이도령은 2002년 7월 경 임대차보증금 1,000만원의 임대차계약을 체결하여 2002. 12. 26. 확정일자를 받았다"는 내용의 '의견서'를 각 제출했다.

㈅ 이 사건 경매절차에서 이 사건 각 부동산이 매각된 후 집행법원은 2012. 08. 31. 배당기일에서 조세채권자인 제주특별자치도를 제1순위로, 확정일자를 갖춘 임차인인 소외 4를 제2순위로, 근저당권자인 피고를 제3순위로 하는 배당표를 작성하였고, 원고들은 배당에서 제외되었다.

나. 대법원의 판단은 원심판단과 달랐다.

기록에 의하면, 이 사건 경매절차에서 원고들의 배당요구에 앞서 2011. 02. 10. 집행관이 작성·제출한 부동산현황조사서에 원고들의 임대차기간·임대차보증금 및 확정일자가 모두 최후 임대차계약서의 내용 그대로 기재된 사실, 원고들도 배당요구를 하면서 앞서 본 바와 같이 배당요구신청서에 임대차계약일·임대차보증금 및 확정일자를 모두 최후 임대차계약서에 기하여 기재하였고 그에 대한 증빙으로 최후 임대차계약서를 첨부한 사실을 알 수 있다. 그런데 최후 임대차계약서는 최초 임대차계약서와 비교하여 그 임대차기간 뿐만 아니라 임대차계약의 당사자인 임대인 및 임대차보증금의 액수 등을 모두 달리하는 것이다. 또한 기록에 의하면, 원고 홍길동은 배당요구신청서에 건물인도일을 기재하지 아니하고 공란으로 남겨두었고, 원고 홍길동 이도령은 배당요구신청서에 건물인도일을 최후 임대차계약 체결일인 2009. 08. 01.로 기재한 사실도 알 수 있다. 사정이 이와 같다면, 원심과 같이 원고들의 배당요구가 최초 임대차계약에 의한 임대차보증금에 관하여 우선변제를 주장한 것이라고 보기는 어렵다고 할 것이고, 또 배당요구의 종기 후 원고들이 의견서를 제출하여 최초 임대차계약서에 기한 확정일자를 주장한 것을 가지고 이미 배당요구한 채권에 관한 주장을 단순히 보완한 것이라고 볼 수도 없다.

나아가 기록에 의하면, 배당요구의 종기 후인 2012. 04. 20. 집행법원이 작성·비치한 매각물건명세서에도 원고들의 임대차기간·임대차보증금 및 확정일자가 모두 최후 임대차계약서의 내용 그대로 기재된 사실, 그 뒤 2012. 06. 18. 매각기일에서 이 사건 각 부동산이 매각되었고 2012. 06. 25. 매각허가결정이 내려진 사실, 그런데 매각허가결정까지 있은 후인 2012년 7월경 비로소 원고들이 최초 임대차계약서에 의한 임대차보증금 및 확정일자를 주장하는 내용의 위 의견서를 제출한 사실 등을 알 수 있다.

위 사실관계에 의하면, 이 사건 경매절차에서 이 사건 건물을 매수한 매수인은 매각물건명세서에 기재된 대로 원고들의 확정일자에 기한 배당순위가 근저당권자인 피고보다 후순위인 것으로 알고 원고들이 '상가건물 임대차보호법' 소정의 대항력을 갖춘 임차인이라면 배당절차에서 지급받지 못하는 임대차보증금 반환채무를 자신이 인수할 수도 있음을 예상하여 매수대금을 결정하였을 것이다. 그런데 만일 원심의 판단과 같이 배당요구의 종기 후 원고들의 확정일자 변경 주장을 받아들여 원고들의 임대차보증금을 피고의 근저당권보다 선순위로 배당한다면 이는 그러한 배당순위의 변동을 통하여 매수인이 인수할 부담을 경감시킴으로써 매수인에게 매수 당시 예상하지 못한 이익을 주는 것이 된다. 그렇다면 원고들의 위와 같은 주장은 배당요구의 종기 후 배당순위의 변동을 초래하고 이로 인하여 매수인이 인수할 부담에 변동을 가져오는 것으로서 특별한 사정이 없는 한 허용될 수 없다고 할 것이다.

원심이 들고 있는 대법원 2010다42990 판결 및 대법원 2007다68756 판결은 이 사건과는 사안을 달리하여 이 사건에 원용하기에 적절하지 않다.

❖❖ 증액한 임차인이 배당요구를 잘못해서 손해 볼 뻔한 사례에서 탈출?

이 사례는 임차인이 대항력 없는 이정선 임차인이 최초임대차계약서(보증금 8,000만원 2012. 11. 26. 확정일자 부여받음)로 배당요구한 것이 아니고, 증액한 계약서(보증금 1억원 2014. 07. 23. 확정일자 부여받음)로 배당요구해서 후순위로 배당금이 없었지만, 앞에서도 설명한 바와 같이 배당기일 전에 그러한 사실을 알게 되어 배당요구를 정정해서 최초임대차계약서(증액 전)의 2012. 11. 26. 확정일자로 우선변제 받을 수 있었던 사례다.

(1) 입찰대상 물건정보와 입찰결과 내역

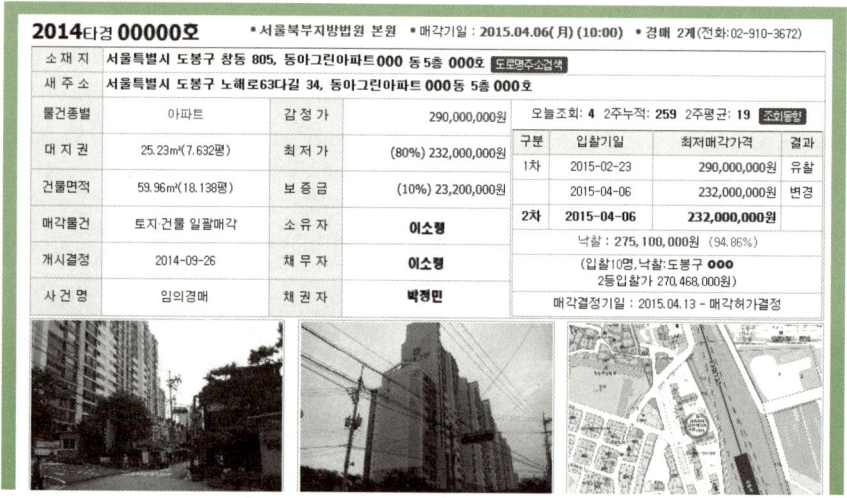

• 매각물건현황 (감정원 : 생림감정평가 / 가격시점 : 2014.10.02 / 보존등기일 : 1996.12.26)

목록	구분	사용승인	면적	이용상태	감정가격	기타
건물	17층 중 5층	96.11.30	59.96㎡ (18.14평)	방3, 거실, 주방 및 식당, 욕실, 발코니 등	116,000,000원	• 단지규모 : 3개동 449세대 • 도시가스 개별난방 • 지하주차장
토지	대지권		13942.6㎡ 중 25.23㎡		174,000,000원	

• 임차인현황 (말소기준권리 : 2009.02.26 / 배당요구종기일 : 2014.12.08)

임차인	점유부분	전입/확정/배당	보증금/차임	대항력	배당예상금액	기타
이정선	주거용 전부 (방3칸)	전 입 일: 2012.11.26 확 정 일: 2014.07.23 배당요구일: 2014.10.31	보100,000,000원	없음	배당순위있으나 순위늦어 배당여부불투명	

• 등기부현황 (채권액합계 : 353,401,977원)

No	접수	권리종류	권리자	채권금액	비고	소멸여부
1(갑2)	2004.03.25	소유권이전(매매)	이소평			
2(을8)	2009.02.26	근저당	강서농협	135,200,000원	말소기준등기	소멸
3(을11)	2009.03.17	근저당	박정민	60,000,000원		소멸
4(을12)	2009.03.17	근저당	박정민	50,000,000원		소멸
5(갑5)	2014.09.02	가압류	(주)케이비국민카드	8,201,977원		소멸
6(갑6)	2014.09.26	임의경매	박정민	110,000,000원	청구금액:	소멸
7(갑7)	2014.10.02	압류	국민건강보험공단			소멸
8(갑8)	2015.01.19	압류	서울특별시도봉구			소멸

(2) 대항력이 없는 임차인이 증액한 계약서로만 배당요구했다면?

대항력 없는 이정선 임차인이 2014. 07. 23. 1억으로 증액한 계약서로만 배당요구를 했다. 이정선 뿐만 아니라 대부분의 임차인들이 이렇게 배당요구하고 배당기일에 참여하지 않고 당연히 배당은 제대로 이루어질 것이라고 생각한다. 배당에 참여하지 않은 임차인은 배당에 동의한 것으로 보게 되기 때문에 증액한 1억원으로 배당요구한 임차인은 배당절차에서 확정일자가 늦어 배제될 수밖에 없다.

이정선도 배당기일 3일전에 작성한 배당표원안을 확인하게 되었는데 뜻밖에도 배당금이 없었다. 그래서 법원담당자에게 문의하니 확정일자가 늦어서 그렇다는 답변을 듣고 증액하기 전에 확정일자도 있다고 그러니 그것으로 정정해서 배당요구하면 배당에 참여할 수 있다는 놀라운 이야기를 들을 수 있었다. 그래서 이정선은 증액하기 전의 임대차계약서(전세금 8,000만원)도 함께 정정해서 배당요구를 해서 배당표는 다음과 같이 정정될 수 있었다.

경매비용을 제외하고 실제 배당할 금액은 273,085,000원이다.

1순위: 강서농협 135,200,000원

2순위: 이정선 임차인 8,000만원

3순위: 박정민 근저당권 57,885,000원으로 배당이 종결되었다.

이정선은 증액한 2,000만원은 순위가 늦어서 배당받지 못하고 손해 보게 되었지만 제때 배당요구를 정정하지 않았다면 1억원 전체를 손해 볼 수밖에 없었지만 제때 대응을 잘해서 함정에서 탈출할 수 있었다.

선순위 임차인은 증액한 전세금만 배당요구할 수 있다?

∷ 선순위임차인이 증액전은 대항력을, 증액분만 배당요구한 경우

선순위임차인은 최초 임대차계약서는 대항력을 주장하면서, 대항력 없는 2차 증액한 계약서만 분리해서 배당요구할 수도 있다. 이때 임대차기간동안 거주할 수 있고, 다만 증액분의 부당이득 문제만 남게 된다

∷ 유승민은 임차주택이 경매되자 증액한 전세금만 배당요구

유승민 임차인은 2008년 06월 30일 최초 1억8000만원으로 임차계약을 했고, 2010년 12월 10일 전세금 4000만원으로 증액계약서를 작성했다. 그런데 임차주택이 경매되자 증액분 4000만원에 대해서만 배당요구했다. 왜냐하면 증액한 전세금 4000만원은 말소기준권리보다 후순위로 배당요구와 상관없이 소멸되기 때문이다.

2011타경 00000호			• 서울중앙지방법원 본원 • 매각기일 : 2012.10.31(水) (10:00) • 경매 11계 (전화:02-530-2715)				
소 재 지	서울특별시 성북구 정릉동 1031, 정릉힐스테이트3차아파트 000동 8층 000호 도로명주소검색						
물건종별	아파트	감 정 가	440,000,000원	오늘조회: 2 2주누적: 3 2주평균: 0 조회동향			
				구분	입찰기일	최저매각가격	결과
				1차	2012-02-01	440,000,000원	유찰
대 지 권	60.946m²(18.436평)	최 저 가	(33%) 144,179,000원	2차	2012-03-07	352,000,000원	유찰
				3차	2012-04-04	281,600,000원	유찰
				4차	2012-05-09	225,280,000원	낙찰
건물면적	84.97m²(25.703평)	보 증 금	(10%) 14,420,000원	낙찰 255,500,000원(58.07%) / 불허가			
				5차	2012-08-22	225,280,000원	유찰

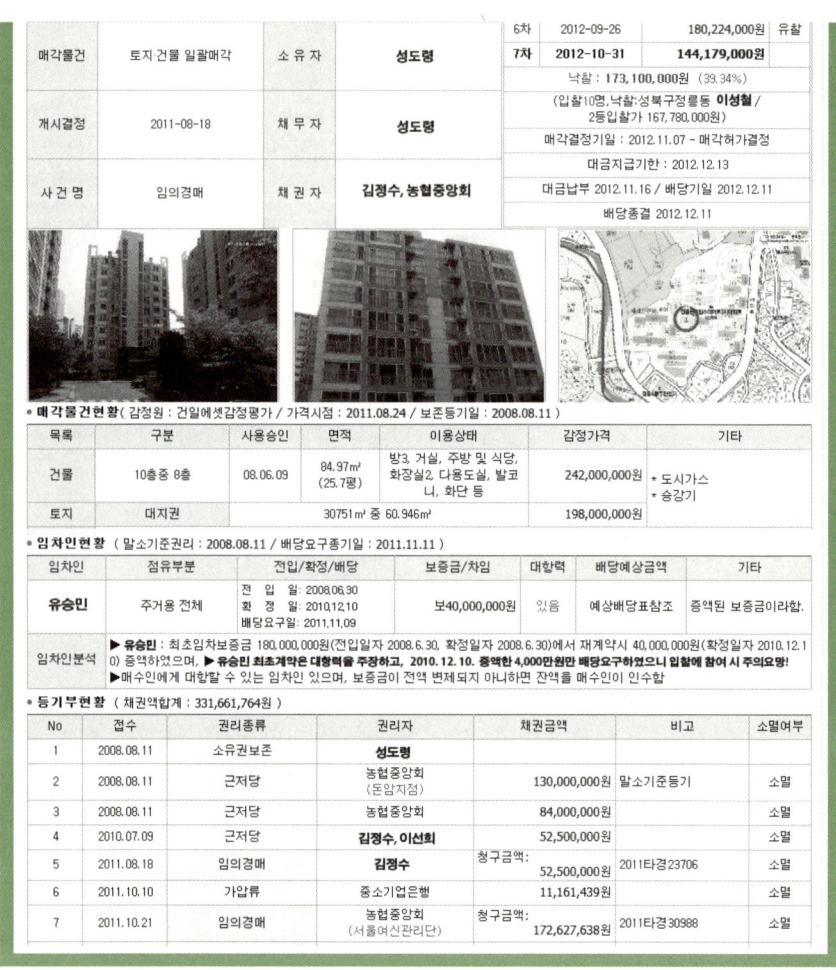

❖ 유승민의 배당금과 대항력, 그리고 부당이득의 범위?

유승민이 증액한 전세금 4,000만원은 배당요구를 하지 않더라도 배당에 참여하지도 못하고 소멸된다. 이러한 사실을 알고 있는 유승민 임차인은 대항력 있는 최초 1억8,000만원에 대해서는 대항력을 주장하고, 대항력이 없는 증액분에 대해서는 다음과 같이 배당요구를 한 것이다.

유승민은 증액한 전세금만 배당요구했으나 배당금이 없다.

유승민은 소액임차인에 해당되지 안아 최우선변제권이 없다. 최우선변제권을 가지려면 증액전 전세금과 증액후 전세금의 합계가 소액임차인이 돼야 하는데 그 범위를 초과해 확정일자 순위에 따라 배당하게 되는데, 1순위로 농협중앙회가 배당 받고 나면 배당잔여금이 없기 때문이다.

이 사례에서 낙찰자는 1억8,000만원을 인수해야 한다.

그리고 4,000만원에 해당하는 금액에 대해서는 유승민이 낙찰자가 잔금을 납부한 시기부터 부당이득의 대상으로 반환할 의무가 발생하게 된다.

097. 경매와 공매가 동시에 진행될 때, 경매에서만 배당요구한 임차인?

❖ 다가구주택의 온비드공매 입찰정보 내역

캠코공매물건

[물건명/소재지] : 서울 마포구 상수동 331-19

기본정보
물건종류	부동산
처분방식	매각
물건상태	낙찰
조회수	851

기관정보
- 입찰집행기관 : 한국자산관리공사
- 담당자 : 조세정리부 / 공매1팀
- 연락처 : 1588-5321

물건정보
소재지(지번)	서울 마포구 상수동 331-19		
소재지(도로명)			
물건관리번호	2011-05061-003	재산종류	압류재산
위임기관	마포세무서		
물건용도/세부용도	단독주택	입찰방식	일반경쟁
면적	대지 152㎡, 건물 122.99㎡, 미등기건물 26.5㎡		
배분요구종기		최초공고일자	2011/07/20

감정정보
감정평가금액	753,207,500 원	감정평가일자	2011/06/30	감정평가기관	(주)정일감정평가법인
위치 및 부근현황	마포구 상수동 소재 "상수역" 남동측 인근에 위치하며, 기존주택지대로서 버스정류장 및 지하철역이 소재하여 대중교통사정은 보통함.				
이용현황	남측으로 소로개함.				
기타사항	해당사항 없음.				

임대차정보
임대차내용	이 름	보증금	차임(월세)	환산보증금	확정(설정)일	전입일
임차인	박미희	25,000,000 원	0 원	25,000,000 원	2009/09/14	2009/09/11
임차권	서순향	60,000,000 원	0 원	60,000,000 원	2010/10/18	2010/10/18
전입세대주	이강민	0 원	0 원	0 원		1995/06/30

등기사항증명서 주요 정보

순번	권리종류	권리자명	등기일	설정액(원)
1	위임기관	마포세무서		미표시
2	근저당권	북부천새마을금고	2010/05/26	412,397,610 원
3	근저당권	안미순	2010/05/27	90,000,000 원
4	가압류	여철민	2011/09/21	50,000,000 원

2011-05061-003	2011-07-20	일시불	2011/10/17 10:00	2011/10/20 11:00	전자자산처분시스템 (www.onbid.co.kr)	376,604,000 원
040 / 001		낙찰금액별 구분	2011/10/19 17:00	2011/10/21 14:00		

<입찰참다를 클릭하면 입찰서 제출 화면이 나타남>

(1) 다가구주택의 임대차정보와 등기부등본 상의 권리내역

① 다가구주택의 임대차정보

임대차정보

임대차내용	이 름	보증금	차임(월세)	환산보증금	확정(설정)일	전입일
임차인	박미희	25,000,000 원	0 원	25,000,000 원	2009/09/14	2009/09/11
임차권	서순향	60,000,000 원	0 원	60,000,000 원	2010/10/18	2010/10/18
전입세대주	이강민	0 원	0 원	0 원		1995/06/30

② 등기부상의 권리내역

순번	권리종류	권리자 및 기타사항	등기일	설정액(원)
1	소유자	이한구	1995년3월28일	
2	근저당권	북부천 새마을금고	2010년5월26일	481,000,000원(배분요구 374,368,180원)
3	근저당권	안미순	2010년5월27일	90,000,000원(배분요구 90,000,000원)
4	압류	마포세무서	2010년6월30일(법정기일 2009년12월3일)	체납세액 32,800,000원
5	임의경매개시결정	북부천 새마을금고	2011년8월19일(서부지원 2011타경13537)	청구 374,368,180원
6	가압류	여철민	2011년9월21일	50,000,000원

(2) 경매와 공매물건에서 권리분석

이 공매물건은 자산관리공사의 압류공매와 북부천새마을금고의 임의경매가 중복하여 진행 중인 물건이다.

이 물건에서 유의할 점은 전입세대원 중 이강민(전입 95.06.30.)과 박미희(전입 09.09.11)는 말소기준권리인 북부천새마을금고의 2010년 5월 26일 근저당권 보다 먼저 대항요건을 갖추고 있어서 서류상으로는 대항력이 있었고, 주민센터를 방문해서 조사해본 결과도 체납자겸 소유자인 이한구와 관련이 없었다.

그런데 이강민의 전입일자가 이한구 소유자와 같은 날짜고, 대항력 있는 임차인이 있는 데도 북부천 새마을금고의 대출이 이루어 졌다는 점에서 임차인이 아닐 것이라는 판단 하에 등기부와 등기부상에 기재된 채권자 등을 통해서 원인분석을 하게 되었고, 그 과정에서 임의경매를 신청한 북부천 새마을금고를 통해서 이강민이 체납자의 아들이고 대출시 무상거주확인서 까지 첨부하여 대출이 실행되었다는 말을 듣게 되었다.

특히 현장을 방문하여 물건을 조사 중에서 이 물건이 중개업소에 6개월 전에 6억7,000만원 매물로 나온 적이 있고 그 매물을 내 놓은 사람이 1층에 살고 있는 아들이라는 말과 2층에 살고 있는 임차인 등은 두 명으로 6,000만원과 2,500만원에 임차하여 거주하고 있다는 사실은 함께 들을 수 있었다.

이러한 정황을 분석해본 결과 이강민은 대항력 있는 임차인으로 볼 수 없었고, 박미희 임차인은 보증금이 2,500만원으로 대항력이 있어서 낙찰자가 인수해야 한다.

:: 공매와 경매가 동시에 진행되면 어떻게 하면 되나?

공매와 경매가 동시에 별다른 집행기관에서 별다른 매각절차로 진행될 수 있는데 이 경우 임차인은 경매개시결정기입등기와 공매공고등기 중에서 먼저 기입등기된 날자보다 먼저 대항요건을 갖추어야 압류효력에 대항할 수 있는 소액임차인으로 최우선변제금을 받을 수 있게 된다(대법 2003다65940 판결).

그리고 동시에 진행되는 경우에 권리신고 및 배당요구를 각각 해야 모든 배당절차에 참여가 가능하고, 어떤 집행기관의 매각절차에서도 낙찰자가 발생할 수 있으나 이들의 소유권취득은 대금을 먼저 납부한 낙찰자가 소유권을 취득하고, 그 상대방이 경매인 경우는 공매 매각으로 인한 임의경매개시결정이 기각으로 경매절차가 종결되고 임의경매개시결정기입등기는 공매절차에서 촉탁으로 말소하게 된다. 그러나 그 상대방이 공매인 경우 또한 경매절차와 같은 절차가 진행되는 데 공매절차에서는 공매가 해제된 것으로 표시되고 공매절차가 종결된다.

∷ 공매에서는 배분요구를 하지 않아 전세금을 손해 본 이강민?

이강민 임차인과 박미희 임차인은 경매절차에 배당요구했으나 공매절차에서는 배분요구를 하지 않았다. 필자가 낙찰 받고 찾아가 확인해 본결과 경매절차에서 배당요구하면 자동적으로 공매에서도 배분받게 되는 줄만 알고 있었다. 경매에서는 배당요구종기일이 지나도 연기신청해서 배당요구가 가능하지만 공매에서는 그러한 제도가 없다.

그래서 대항력 있는 박미희 임차인은 낙찰자가 인수하게 되니 손실이 없었지만, 이강민은 후순위로 배분요구를 하지 않아 6,000만원 전부 날릴 수밖에 없어서 안타까운 마음에 이사비용 지급할 때 배려를 하고 명도한 사건이다. 임차인은 배당요구하는 것을 절대로 가벼이 생각하지 말고 모르는 것이 있으면 집행기관에 항상 문의해서 정확한 정보를 가지고 접근해야 몰라서 손해 보지 않게 된다.

098 임차인이 배당표원안을 확인하지 않아 손해 본 사례?

∷ 법원이 작성한 배당표 믿어야 하나?

임차인 등과 같이 배당받을 채권을 가진 사람들은 법원에서 알아서 잘 작성해 주겠거니 하고 배당이 잘못 작성되어 본인이 손해 볼 것이라고 생각하는 사람은 많지 않다. 그런데 의외로 배당이 잘못돼 손해 보는 채권자가 많아서, 필자가 배당 이의신청 또는 배당이의소송으로 손해에서 탈출하게 만들어준 사례가 많다. 이 분들도 배당에 관심을 갖지 않았다면 똑같이 손해 볼 수밖에 없었을 것이다.

그래서 법원이 작성한 배당표를 신뢰하지 말고 색안경을 끼고 봐야 한다.

∷ 법원이 배당표를 잘못 작성해 손해 봤다면 손해배상청구?

국가기관인 법원이 경매사건의 배당표를 잘못 작성하였더라도 이해관계인이 배당기일에 출석하여 배당표에 대한 이의를 제기하지 않았다면 배당표는 확정되기에 경매담당 법관이 부당한 목적을 가지고 배당표를 작성하지 않았다면 국가를 상대로 손해배상청구를 할 수 없다(대법원 2000다16114 판결 참조).

따라서 배당기일 3일 전에 작성하게 되는 배당표원안이 제대로 작성되었는지를 확인하고 이의가 있으면 배당기일 이전에 배당에 대해 이의를 제기해야 한다. 그러면 법원이 판단해서 잘못된 배당이라면 정정해서 배당기일에 배당을 실시한다. 그러나 배당기일 당일에 가서 배당이의를 하게 되면 정정할 수 있는 시간이 부족해서 배당기일을 연기하거나 배당이의를 제기하고 본인이 직접 배당이의소송으로만 해결할 수밖에 없다. 그래서 서둘러 이의를 제기해 정정할 수 있도록 해야 한다. 배당에 이의가 있는 사람은 배당기일에 반드시 출석하여 배당표원안에 이의가 있다는 의사표시를 하여야 하는데, 만약 출석하지 않았다면 민사집행법 제153조 규정에 의해 법원이 작성한 배당표와 같이 배당을 실시하는 데에 동의한 것으로 본다.

∷ 배당표를 잘못 작성해 선순위임차인이 배당받지 못하면?

낙찰자에게 대항할 수 있는 임차인이 법원이 잘못 작성한 배당표로 인해 배당절차에서 보증금 전액을 배당받지 못했을 경우, 낙찰자가 이 임차인에 대하여 부담하여야 하는 보증금액은 올바른 배당표에 의해 임차인이 배당받을 수 있었던 금액과 원래 임차보증금의 차액을 의미한다(대법원 2000다30165 판결 참조)

예로서, 대항력 있는 임차인의 보증금액이 5천만원이었고, 법원이 배당표를 올바르게 작성하였을 경우, 배당받을 수 있었던 금액이 4천만원이었으나, 올바르게 작성하지 않아 2천만원만 배당받았다면, 낙찰자가 인수해야 하는 보증금액은 3천만 원(원래 보증금 5천만원 - 실제 배당금 2천만원)이 아닌, 1천만 원(원래 보증금 5천만 원 - 올바른 배당금액 4천만 원)이다.

그렇다면 이 임차인의 보증금은 5천만원이었고, 실제 배당금 2천만 원과 낙찰자의 인수금액 1천만원을 합치면 3천만원만 회수하는 결과가 되는데, 잔여 보증금 2천만원은 법원이 배당표를 잘못 작성함으로 인해 후순위 권리자가 대신 배당받아 갔기에 임차인은 그 자를 상대로 부당이득반환청구를 하여야 하며, 주택은 낙찰자에게 비워주어야 한다.

099 경매개시 이전에 전입하고 이후에 확정일자를 받았을 때 대응방법?

최우선변제금을 우선적으로 배당받고 배당받지 못한 보증금은 확정일자에 의한 우선순위에 따라 배당받게 된다. 경매기입등기 이후의 확정일자 우선변제금은 경매개시 전 가압류권자와는 동순위로써 안분배당하게 된다. 그리고 경매개시 이후에 가압류한 채권자도 마찬가지로 경매개시 전 가압류권자와 동순위로 안분배당하게 된다.

주 소	면 적	경매가 진행과정	1) 임차인조사내역 2) 기타청구	등기부상의 권리관계
서울시 구로구 구로동 ○○○ 번지	대지 142㎡ 건물 1층 86㎡ 2층 85㎡	감정가 190,000,000원 최저가 1차190,000,000원 유찰 2차152,000,000원 유찰 3차121,000,000원 낙찰143,540,000원	1) 임차인 ① 이순영 전입 2010.09.10. 확정 2010.09.10. 배당 2014.8.30. 전세금 6,000만원 ② 김기수 전입 2010.10.30. 확정 × 배당 2014.8.20. 전세금 5,000만원	소유자 김철수 근저당 국민은행 2010.05.05. 85,000,000원 가압류 이영민 2010.09.20. 35,000,000원 임의 국민은행 청구 78,540,000원 〈2014.03.30.〉

배당표를 작성하기 전 대법원 판례를 알아보자[대법 92다30579].

▷ 경매신청기입등기가 이루어진 다음 확정일자를 받은 경우에도 별도의 채무명의 없이 배당요구할 수 있다. 다만 선순위 담보물권자나 선순위 압류·가

압류채권자에 우선권을 주장할 수 없을 뿐 나머지 후순위 담보권자나 후순위 일반채권자에게는 우선한다.

선순위 가압류 채권자와는 동순위로 안분배당하게 된다.

여기서는 배당요구종기일까지 확정일자를 받아서 배당요구를 신청하면 된다. 그러나 최우선변제권은 확정일자 없이도 가능하나 확정일자를 받아두어야 배당잔여금이 있을 때 후순위채권자에 우선할 수 있다. 이 경매사건에서도 경매진행 후에 배당요구시 확정일자를 받아서 요구한 경우이다.

배당금이 (143,540,000원-집행비용 250만원)141,040,000원이므로 배당표를 작성해보면

1순위 : ① 이순영 2,000만원+② 김기수 2,000만원 - 1차적 최우선변제금 지급기준 : 국민은행(6,000/2,000)

2순위 : 국민은행 8,500만원

3순위 : ① 이순영 1,200만원+② 김기수 1,200만원(법 개정에 따른 소액보증금 중 일정액 증가분=3,200-2,000) - 2차적 최우선변제금지급기준 : 현행법상 (9,500/3,200)에 우선할 수 있는 담보권자 등의 우선변제권자가 없기 때문에 배당 시점을 기준으로 현행 임대차보호법상 소액임차보증금을 적용받게 된다.

그러나 배당잔여금이 없어서 ① 이순영 802만원+② 김기수 802만원만 배당 받고 후순위 가압류권자와 확정일자는 배당금이 없다.

100. 경매 들어간 사실을 모르고 입주했다면 임차인은 어떻게 탈출?

:: 경매기입등기 이후에 전입신고와 확정일자를 받은 경우

주 소	면 적	경매가 진행과정	1) 임차인조사내역 2) 기타청구	등기부상의 권리관계
서울시 영등포구 문래동 ○○○ 번지	대지 131㎡ 건물 1층 88㎡ 2층 88㎡	감정가 1억5,000만원 최저가 1차 1억5,000만원 유찰 2차 1억2,000만원 낙찰 123,200,000원	1) 임차인 ① 이기자 전입 2012.11.20. 확정 2012.11.20. 배당 2015.03.10. (전세금) 4,000만원 ② 조현중 전입 2014.08.10. 확정 2014.08.10. 배당 2015.03.20. (전세금) 3,000만원	소유자 김기철 근저당 신한생명 2012.07.25. 7,200만원 가압류 이수진 2013.04.20. 1,500만원 임의 신한생명 청구 7,100만원 〈2014.10.30.〉

이 경매사건에서는 임차인들이 경매개시 이후에 대항요건을 갖추고 있어서 소액임차인으로 최우선변제금은 받지 못한다. 그러나 진정한 임차인이 확정일자를 받았고 배당요구종기까지 배당요구했다면, 경매기입등기 전에 등기된 가압류채권자와 확정일자가 동순위로 안분 배당하게 된다.

배당금액이 (123,200,000원−집행비용 120만원)122,000,000원이므로, 배당표를 작성하면

1순위 : 이기자 2,500만원(신한생명 근저당권을 기준으로 최우선변제권 1등)을 받을 수 있다. 조현중은 경매개시 이후에 대항요건을 갖추고 있어서 최우선변제금은 받지 못하고, 확정일자에 의한 우선변제권만 갖고 있는 임차인이다.

2순위 : 신한생명 7,200만원(근저당권 우선변제금)

3순위 : 이기자 700만원(현행법상 최우선변제금)

4순위 : 이기자 800만원(확정일자부 우선변제금)

5순위 : ① 가압류 이수진 1,500만원=② 조현중 확정일자(3,000만원)이므로 동순위로 안분배당한다.

① 가압류 이수진 = 1,000만원 × $\dfrac{1,500만원}{4,500만원_{(1,500+3,000)}}$ = 3,333,333원

② 조현중 = 1,000만원 × $\dfrac{3,000만원}{4,500만원}$ = 6,666,667원

경매개시 후 전입하고 확정일자 받은 조현중 임차인이 진정한 임차인임을 전제로 한 것이어서 기타 후순위채권자들이 이에 대하여 진실여부를 확인하기 위하여 배당이의가 예상된다.

계약한 중개업소를 상대로 손해배상청구하면 된다

경매가 들어간 사실을 모르고 임대차계약서를 작성한 중개업자의 과실 책임은 80~90% 책임을 물을 수 있다. 하지만 간혹 그러한 사실을 임차인 역시 알고서 임대 시세보다 저렴한 가격으로, 또는 소액임차보증금과 월세를 지급하는 방법으로 입주했을 때에는 경매절차에서 최우선변제금도 배당받지 못하고, 부동산중개업자를 상대로 한 손해배상청구도 20~40%로 낮아질 수밖에 없다는 사실을 알고 있어야 한다.

101. 후순위 임차인이 선순위 근저당을 대위변제해서 탈출하는 방법?

후순위 임차인의 선순위 근저당권을 대위변제로 대항력 있는 임차인이 될 수 있다.

주 소	면 적	경매가 진행과정	1) 임차인조사내역 2) 기타청구	등기부상의 권리관계
서울시 영등포구 영등포동 ○○○ 번지 다가구 주택	대지 115㎡ 주택 1층 65㎡ 2층 65㎡ 3층 45㎡	감정가 200,000,000원 최저가 1차 200,000,000원 유찰 2차 180,000,000원 유찰 3차 144,000,000원 유찰 4차 115,000,000원 낙찰 138,000,000원 낙찰자 구윤성	1) 임차인 ① 김국기 전입 12.11.20. 확정 13.07.30. 배당 × 보증 1억원 ② 이현숙 전입 12.05.30. 확정 12.05.30. 배당 14.07.10. 보증 5,000만원	소유자 우선명 근저당 조흥은행 2012.10.10. 5,000만원 근저당 한미은행 2012.05.20. 7,200만원 가압류 송기자 2013.03.10. 5,000만원 임의 한미은행 청구 6,500만원 〈2014.03.05.〉

이 사건에서는 말소기준권리가 조흥은행이므로 김국기 임차인은 대항력이 없어서 소멸대상이고, 확정일자가 늦어서 배당에도 참여할 수 없다. 고민하던 중 김국기 임차인은 선순위 조흥은행만 대위변제하면 선순위로서 대항력을 행사할 수 있을 것이라는 생각을 하게 되었다(말소기준권리가 조흥은행 ⇨ 한미은행으로 변경되기 때문).

왜냐하면 선순위인 조흥은행 채권이 소액이어서 대위변제하면 1억 원 손해 볼 것을 5,000만원만(대위변제한 금액)을 손해보고 5,000만원 손해는 줄일 수 있었기 때문이다.

대위변제란 임차인이나 물상보증인 등이 변제하여 정당한 이익이 있는 자가 채무자의 채무를 대신변제해 주고, 그 대위채무에 대하여는 채권자가 채무자에 대하여 가지고 있던 권리를 채권자에 대위하여 채무자에게 행사할 수 있다.

만일 김국기가 조흥은행 채권금액 5,000만원을 대위변제하였고, 배당금액이 136,000,000원(경매비용 제외)인 경우라면 배당순위는 다음과 같이 된다.

1순위 : 이현숙 2,500만원(한미은행을 기준으로한 최우선변제금)

2순위 : 한미은행 7,200만원(우선변제금)

3순위 : 이현숙 700만원(배당 시점을 기준으로한 최우선변제금)

4순위 : 이현숙 800만원(우선변제금)

5순위 : 가압류 송기자 2,400만원으로 배당이 종결된다.

김국기가 대위변제해서 대항력 있는 임차인이 되어서 낙찰자가 전세금 1억원을 인수해야 한다. 따라서 낙찰자의 실제 취득금액은 낙찰가 1억3,800만원과 인수금액 1억원을 포함해 2억3,800만원이 된다.

102 전세권등기를 하고 퇴거했는데 왜 전세금을 떼이게 되었나?

∷ 이소령이 전세금을 떼이게 된 사연?

서울시 공무원인 이도령은 ○○다세대주택에 2012. 10. 10. ~ 2014. 10. 09. 까지 전세보증금 1억으로 임대차계약하고, 2012. 10. 10. 주택을 인도받고 주민센터에서 전입신고와 확정일자까지 부여 받았다.

○○다세대주택은 한동 전체가 10개 구분호수로 구성되어 있는데 한사람이 소유하면서 임대사업을 하고 있었다.

10개 구분호수 임차인들 모두 1순위로 대항력이 있었고 이도령 역시 마찬가지 였다. 임대인이 전체 구분호수에 선순위로 입주시키고 후순위로 OO새마을금고에서 공동저당권 6억원을 설정등기 했기 때문이다. 그러니 이도령은 경매가 진행되어도 1순위로 배당 받고 미배당금은 대항력이 있어서 낙찰자가 인수하므로 손실은 없었다.

그런데 자녀 학교 문제로 이사를 가게 되었는데 후순위공동저당권의 채권금액이 많아서 새로운 임차인이 입주를 꺼리고 집주인은 돈이 없어서 전세금을 빼줄 수 없다는 이야기만 했다. 그래서 어쩔 수 없이 주택임대차보호법 제3조의3에서 규정하고 있는 임차권등기명령을 신청해서 임차권등기를 하고 퇴거하기로 결정했다. 왜냐하면 임차권등기 이후에 퇴거하더라도 종전에 가지고 있던 대항력과 확정일자부 우선변제권이 그대로 유지되어 보호를 받을 수 있기 때문이다. 그래서 관할법원에 임차권등기명령을 신청했는데 거부당했다. 그 이유는 임대차존속기간이 종료되거나 해지 사유(경매나 공매)가 발생하지 않으면 임차권등기명령에 의한 임차권등기를 할 수 없는데, 이도령은 아직 기간이 6개월 정도 남아 있었기 때문이다. 그래서 고민하다가 집주인의 동의를 얻어 전세권등기를 하고 퇴거했다.

그런데 어느 날 OO다세대주택 전체가 OO새마을금고 근저당권에 의해서 경매가 진행된다는 사실을 듣고 이도령은 전세금 손실이 없을까 고민하다가 김선생을 찾아와 상담을 하고 놀랄 수밖에 없었다.

OO다세대주택 구분호수가 전체 일괄 매각되었고, 다른 구분호수에서는 임차인들이 1순위로 배당받는데 반해서, 이도령은 전세권등기가 늦어서 공동저당권이 1순위로 배당받고 배당잉여가 있어야만 배당받을 수 있다는 사실을 알았기 때문이다.

그래서 이도령은 전세보증금 1억원 중 1,500만원만 배당받고 8,500만원을 떼였다.

∷ 어떻게 하면 전세금을 안전하게 지킬 수 있나?

임대차존속기간이 종료되거나 해지 사유(경매나 공매)가 발생되지 않으면 임차권등기명령에 기한 임차권등기를 할 수 없다. 이 경우 부득이 하게 주소를 이전하게 된다면 대항력을 상실하게 된다.

그래서 보증금을 보장하기 위해서 전세권을 설정하거나 저당권을 설정하고 퇴거하는 사례가 있다. 이 경우 최초 대항요건에 기한 대항력과 우선변제권은 소멸되고 새로운 담보물권에 기한 우선변제권만이 발생하게 한다. 이때 전세권이나 저당권이 설정되기 전에 선순위채권이 등기되어 있다면 임차인이 전세보증금을 손해 볼 수밖에 없다.

그래서 전세금을 안전하게 지키려면 다음과 같이 해라!

첫 번째로 임대차기간이 만료되고 나서 이사를 나가게 되는 경우에는 주임법 제3조의3에 의해 관할법원에 임차권등기명령신청을 해서 임차권등기가 이루어진 사실을 확인하고 퇴거하면 종전 대항력과 우선변제권을 그대로 유지할 수 있다.

두 번째로 임대차기간이 남아 있다면 임차권등기명령을 신청할 수 없다. 이러한 상황에서 임대인의 동의를 얻어 민법 제621조에 의한 임대차등기를 하고 이사를 가면, 임차인은 최초의 대항력과 우선변제권을 그대로 유지할 수 있다.

여기서 유의할 점은 민법 제621조에 의한 임대차등기는 임대차기간이 만료

되기 전에만 할 수 있는데 반해서, 주임법 제3조의3에 의한 임차권등기명령신청은 임대차기간이 만료돼야 할 수 있다는 차이가 분명하다. 그리고 전세권등기는 전입신고가 없어도 대항력과 우선변제권이 있지만 등기 시점에서 발생하므로 종전 대항력과 우선변제권은 소멸한다. 그래서 이도령은 전세권등기를 하지 말고 민법 제621조에 의한 임대차등기를 했어야 했다.

세 번째로 임대인의 동의를 얻어 임차권을 양도하거나 전대차계약에 의해서 대항력을 유지할 수도 있다.

네 번째로 동거 가족구성원 중 일부를 남겨두고 이사를 가면 종전주택에서도 대항력이 유지되고, 이사 간 주택에서도 대항력과 우선변제권을 유지할 수 있으니 전세금을 안전하게 지킬 수 있다.

103 전세금을 손해 보지 않으려고 직접 낙찰받을 수밖에 없었던 사연!

∷ 공매에서 손해 보지 않으려고 입찰을 결심한 김 소위!

김 소위는 대학을 졸업하고 초급장교가 된지 얼마 안 된 28세의 젊은 청춘이다. 서울에서 근무하다 보니 부모님과 떨어져 살아야 했고 그래서 광진구 자양동에 있는 도시형 생활 주택 도시엔 제에이동 203호 원룸을 전세보증금 6,000만원으로 임차해서 거주하고 있었다. 그러던 중 그 주택이 공매로 매각되고 있는 사실을 KAMCO에서 연락 받고, 권리신고 및 배분요구를 했다. 그런데 공매절차가 최초 감정가를 기준으로 1차 1억2,000만원에 시작했는데, 1차에도 입찰자가 없더니, 2차 1억800만원에도 입찰자가 없어 3차 8,400만원으로 매각절차가 진행하게 되었다. 김 소위는 고민에 빠졌다. 선순위로 2012. 02. 20. 신한은행 근저당 5,400만원이 있어서 1순위로 김 소위가 소액임차인으로 최우선변제금 2,500만원 받고(신한은행 근저당을 기준), 2순위로 공매 위임관서인 성동세무서가 당해서로 385만원을, 3순위로 5,400만원을 배분받으면 남는 것이 115만원인데 공매집행비용을 계산하면 추가로 돌아올 돈은 없을 것 같았기 때문이다.

그래서 혼자서 곰곰이 생각을 하다가 이것도 기회가 될 수 있겠구나, 공매로 낙찰 받아 내 집을 마련하고 나중에 결혼할 때 팔아서 살림 집 마련에 종자돈으로 삼자고 마음을 정했다.

∷ 도시엔 제에이동 000호 원룸의 사진과 주변 현황도

김 소위가 입찰하기로 마음을 정한 데에는 주택이 지하철 2호선과 7호선 건대입구역이 위치해 있어 직장인과 대학생들이 선호하는 주택이라 지금보다 가격이 오를 수가 있어서 전세금 손해도 만해하면서 투자수익도 올릴 수 있다는 판단을 했기 때문이다.

∷ 도시엔 제에이동 000호 원룸의 입찰정보 내역

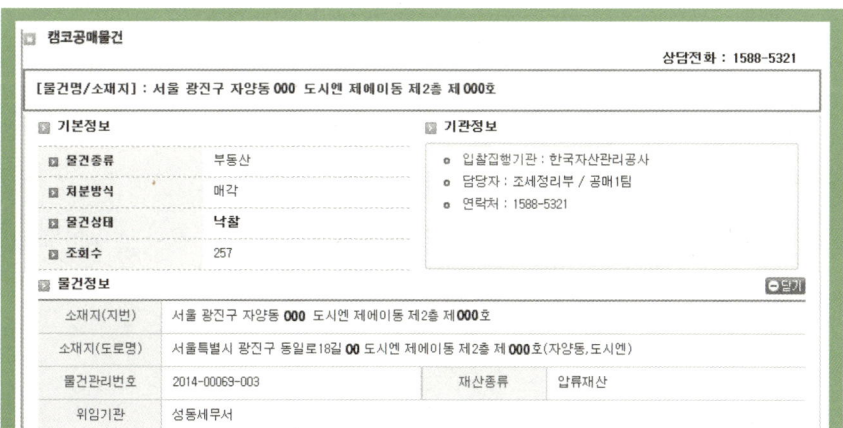

물건용도/세부용도	다가구주택/원룸시설	입찰방식	일반경쟁
면적	대 9.3389㎡ 지분(총면적 814.1㎡), 건물 12.17㎡		
배분요구종기	2014/04/28	최초공고일자	2014/03/12

감정정보

감정평가금액	120,000,000 원	감정평가일자	2014/02/24	감정평가기관	지우감정평가법인(주)	감정평가서 >
위치 및 부근현황	서울특별시 광진구 자양동 소재 지하철 2,7호선 환승역인 "건대입구역" 남서측 인근에 위치하며, 본건 까지 차량 진입이 가능함.					
이용현황	도시형(원룸형)주택으로 이용중임.					
기타사항	해당사항 없음.					

임대차정보

임대차내용	이 름	보증금	차임(월세)	환산보증금	확정(설정)일	전입일
임차인	한승주	6,000만원	0원		2014.03.27.	2014.03.27.

순번	권리종류	권리자명	등기일	설정액(원)
1	위임기관 압류	성동세무서	2013.08.10.	미표시
2	근저당	신한은행	2012.02.20.	

입찰이력정보

입찰번호	처분방식	물건관리번호	개찰일시	최저입찰가	낙찰가	낙찰율	입찰결과	입찰상세
201400069003	매각	2014-00069-003	2014/06/05 11:00	84,000,000	87,170,000	103.8%	낙찰	보기

김 소위는 아직 사회 초년생이라 자금은 부모님이 도와주었던 전세금 6,000만원과 그동안 저축해 놓은 3,000만원 정도를 가지고 있었다.

그런데 6,000만원 중 2,500만원만 배분 받고 나머지는 손실을 보게 되므로 배분 받을 2,500만원과 저축해둔 3,000만원에서 부족한 돈은 은행에서 대출 받아 잔금을 납부할 계획이다.

그래서 87,100,000원에 낙찰 받는다고 생각하면 취득 시 제비용 260만원 정도 드니 취득비용은 89,700,000원이 된다.

따라서 부족한 돈 3,500만원만 은행에서 대출 받을 것으로 계산하고 87,100,000원으로 입찰에 참여 했다.

∷ 김 소위가 단독으로 원룸을 낙찰 받다

입찰결과			
물건관리번호	2014-00069-003	조회수	258
물건명	서울 광진구 자양동 000 도시엔 제에이동 제2층 제000호		
입찰자수	유효 1명 / 무효 1명 (인터넷)		
입찰금액	87,170,000원		
개찰결과	낙찰	낙찰금액	87,170,000원
물건누적상태	유찰 3회 / 취소 0회 [입찰이력보기]		
감정가격 (최초 최저입찰가)	120,000,000원	낙찰가율 (감정가격 대비)	72.6%
최저입찰가	84,000,000원	낙찰가율 (최저입찰가 대비)	103.8%

　김 소위는 2년 이상 있다가 팔면 양도세가 비과세 되니, 현재 시세로만 팔더라도 1억2,000만원에서 취득가격 89,700,000원을 빼도 3,030만원의 시세차익을 볼 수 있다. 결국 떼인 전세금 정도만 보상받게 되지만, 손해 보지 않기 위해서는 어쩔 수 없는 선택이다. 그리고 가격만 올라준다면 이번 기회에 투자수익도 올릴 수 있다는 계산으로 낙찰 받아 잔금을 지급 후 현재 거주하고 있다.

　그런데 얼마 전 김 소위로부터 연락이 왔다. 주택가격이 1억4,000만원으로 올라서 전세금 손해 본 것을 빼고도 1,500만원 정도는 벌었다는 소식이다.

PART 5

전·월세 계약할 때 임차인이 꼭 알고 있어야 할 기본상식

104 계약 전에 임차부동산의 현황을 정확하게 분석하라

∷ 임차할 부동산에 수리나 개선이 필요한 부분이 있는 지

주택 또는 상가 등의 수리나 개선이 필요한 부분이 있다면 계약하기 전 개선을 요구한다. 합의가 이루어진 다면 그 합의내용을 계약서 특약사항란에 명기(明記)해야 다툼이 발생하지 않는다. 임대인은 계약하기 전에는 임차인의 말에 귀를 기울이지만 계약 후에는 다른 모습으로 바뀌기 마련이다.

∷ 임차할 부분을 현재 누가(소유자, 임차인) 사용하고 있는지

임차할 주택·상가·토지 등을 현재 소유자가 사용하고 있는지, 아니면 임차인이 사용하고 있는 지를 확인해야 한다.

∷ 임차할 부분 이외에 다른 임차인이 있는지

다가구주택인 경우나 상가건물에서는 다수의 임차인이 발생할 수 있으므로 전체가구 수 및 임차보증금의 합계, 공실부분이 있는 경우 추가적인 소액보증금 중 일정액(최우선변제금)의 발생요건을 분석해야 한다. 이들이 나보다 선순위채권이 될 수 있고, 이 과정에서 임차건물의 소유자가 누구인지를 확인할 수도 있다. 또 다른 임차인이 있다면 대응방법은 ➡ 다음 124번과 같이 하면 된다.

∷ 임차부동산이 영업할 업종에 규제, 제한 등을 확인

① 영업할 업종이 상가용도와 적합한 가를 건축물대장과 해당 관공서 담당 공무원을 통해 확인해야 한다.

현 상가에서 신고 및 허가관련 사항, 소방관련 시설, 전력용량 등이 가능한 가를 확인해야 하는데, 영업행위의 규제로 업종을 상향(1종에서 2종으로)해야 하는 경우와 영업 관련 규제사항을 개선해서 영업을 하게 되는 경우, 전력용량이 부족하여 증설해야 되는 경우 등엔 그 비용을 임대인과 임차인중 누가 부담할 것인지, 아니면 공동부담으로 할 것인지를 사전에 협의해서 계약하고 그 내용을 특약사항란에 명기(明記)해야 한다.

② 동일업종에 대한 영업금지규정이 있는 가

상가건물에서 동일업종이 영업할 수 없다는 규정이나 자체규약 등이 있을 때 그런 사실을 모르고 입주해서 손해를 보는 사례가 발생하고 있다. 그러므로 동일업종제한 등을 임대인 및 관리단(상가번영회 사무실등), 관리 사무실 등을 통해서 확인해야 한다.

③ 건물신축 또는 개발행위를 위해 토지 임대차에도 건물신축이나 개발행위 제한 등을 계약하기 전에 확인해야 한다.

105 임차할 부동산의 매매와 전세 시세를 확인하라

계약을 하기 전 임차할 주택이나 상가 등의 시세와 전세 시세가 적당한 지를 인근 부동산중개업소를 방문해서 확인한다. 유의할 점은 중개업소를 통해 계약을 체결하는 경우도 다른 중개업소에 대한 조사를 해야 한다.

임차부동산 시세의 몇 %가 보증금을 안전하게 지킬 수 있을까?

임차할 주택에서 임차인보다 선순위채권(등기부에 등기된 채권+다른 임차인의 우선변제권) + 본인의 임차보증금까지 포함해, 아파트·연립주택 등은 그 주택가격의 70%를, 단독·다가구주택이나 상가 또는 토지의 경우에는 그 부동산 가격의 60%를 초과하지 않아야 내 보증금을 안전하게 보호받을 수 있다. 왜냐하면 아파트 등이 경매당하면 20~30% 정도 가격이 떨어져 매각되고 간혹 임차인 보다 선순위 조세채권 등이 있을 수 있기 때문이다. 다가구주택이나 상가 등은 아파트 보다 낮게 매각되고 다른 임차인과 추후 입주하는 소액임차인의 최우선변제금, 조세채권 등을 예상한다면 60%가 안전하다.

106. 특별법으로 보호를 받을 수 있는 임차인인지 확인하는 법은?

'특별법으로 보호받는 주택 및 상가 임차인'은 임차주택이 매매·상속 등으로 인해 소유자가 바뀐 경우라도 새로운 소유자가 전 소유자(임대인)의 지위(임대차관계에 대한 권리·의무)를 당연히 승계하게 된다. 그러므로 전소유자와 계약한 임대기간은 물론이고 임대기간 종료 후에도 임차보증금을 반환받을 때까지 주택명도를 거부할 수 있는 권리를 가지게 되는데 그 이유는 특별법의 보호대상으로 대항력이 있기 때문이다.

그러나 경매나 공매로 매각되어 소유자가 변경되면 말소기준권리(등기부에 가장 먼저 등기된 채권 즉 근저당권, 가압류, 압류, 담보가등기, 집합건물 전세권, 강제경매기입등기)보다 먼저 대항요건(전입신고와 주택인도)을 갖춘 임차인은 대항력이 있어 계속 살거나 법원에 배당요구해서 배당받고 이사를 가는 것을 임차인이 자유롭게 선택할 수 있다. 하지만, 말소기준권리 보다 나중에 대항요건을 갖춘 임차인(후순위임차인)은 대항력이 없어서 소멸대상(경매로 임차권은 소멸된다)이되므로 배당요구해서 배당받고 주택을 비워주어야 하므로 임차보증금을 손해 볼 수도 있다. 그러니 자신보다 선순위채권을 확인하고 임차보증금을 안전하게 지킬 수 있는 범위 내에서만 임대차계약을 해야 한다.

107. 등기부를 열람해서 부동산 소유자와 계약해야 하는 이유는?

임대차계약은 누구와 해야 완벽히 그 권리를 보호받을 수 있을까?

집합건물은 등기부와 등기권리증, 건축물대장을 함께 확인하는 습관이 중요하다. 아무리 뛰어난 자라해도 이 3가지 모두를 위조하기란 어렵기 때문이다. 그리고 단독 및 다가구주택과 같이 토지등기부와 건물등기부가 다르게 되어 있는 주택은 토지와 건물등기부를 모두 확인하는 것을 잊지 말자.

계약을 할 수 없는 사람과 계약한 것은 무효가 된다.

그러므로 계약에서 가장 중요한 것이 올바른 계약당사자와 계약하는 것이다. 간혹 소유자가 아닌 사람과 계약을 해서 보증금을 떼이는 경우가 있으니 주의해야 한다. 그래서 계약 전 등기부를 열람해 등기부상 소유자가 누구인지를 확인하고, 본인 확인을 위해 주민등록초본, 신분증 등으로 임대인의 신원을 확인한 후에도 이상이 없을 때 등기부상 소유자와 계약을 하면 된다.

108 전·월세 계약에서 대리인과 계약하는 경우 대처법?!

　계약당사자는 주택이나 상가 소유자와 하는 것이 맞지만, 계약을 대리할 수 있는 지위에 있는 자와도 가능하다.

　소유자로부터 계약에 관한 모든 권리를 위임받은 경우 소유자를 대리해서 계약서를 작성할 수 있는 데 이 경우 소유자와 계약한 것과 똑같은 법적효력을 갖게 된다. 이렇게 대리인이 계약한다면, 계약서에 위임용인감증명서와 인감도장이 날인된 위임장을 첨부하고 대리인이 계약을 하였다는 내용과 계약금에서 잔금까지 임대인의 통장으로 계좌이체한다. 그리고 반드시 잔금지불하기 전에 본인이 참석해서 계약서에 자필서명하기로 한다는 내용을 특약사항란에 명기한 후 이 내용을 임대인과 전화로 확인하는 것까지 잊지 말아야 한다.

> **김선생의 한마디**
>
> **위임장이 있어도 인감증명서를 누가 발급했는지 확인해라**
> 인감증명서는 본인이 발급한 것이냐, 대리인이 발급한 것이냐, …
> 효력은 같아 보이나 훗날 다툼이 생겨서 소송이 진행된다면 본인이 발급한 것은 부인하기가 어렵고, 부인한다고 해도 법원에서 정당성을 인정받기가 어렵기 때문이다.

109 임차인은 가등기된 주택이나 상가에서 누구랑 계약해야?

다음은 홍길동 소유자 ⇨ 이도령 가등기 순서이고, 매매예약을 원인으로 하는 소유권이전청구권보전가등기의 경우

【갑　구】(소유권에 관한 사항) – 건물등기부(토지등기부 내역도 같음)

순위번호	등기목적	접　수	등기원인	권리자 및 기타사항
1	소유권보존	2010년.2월10일 제15307호		소유자 이순신 ○○○○○○-1****** 서울시 강서구 화곡동 ○○○
2	소유권이전	2011년.2월10일 제15307호	2011.2월10일 매매	소유자 홍길동 ○○○○○○-1****** 주소 서울시 서초구 방배동 ○○○
3	소유권이전청 구권가등기	2012년 05월20일 제25341호	2012년 05월20일 매매예약	가등기권자 이도령 ○○○○○○-1****** 주소 서울시 강남구 논현동 ○○○

그 가등기가 진정한 이상 가등기권자를 소유자로 보아 임대인으로 계약서를

작성해야 한다. 그 이유는 현소유자인 홍길동과 계약했을때 이도령이 본등기를 하게 되면 홍길동과의 임대차는 무효가 되기 때문이다. 그러나 가등기가 담보가등기라면 가등기권자가 아니라 설정자(홍길동)에게 있으므로 소유자(홍길동)와 계약을 해야 한다.

가등기권자가 담보가등기인 경도 많고, 가등기권자가 매매예약가등기인 경우에도 채무면탈의 방법으로 많이 사용하고 있어 그 진정성이 인정되지 못하는 경우도 많다. 일반인은 누가 소유자인가를 구분하기 어려우므로 소유자와 가등기권자를 공동임대인으로 임대차를 체결하면 누가 소유권을 가진다고 한들 문제가 되지 않을 것이다.

위 경우에는 담보가등권자 이므로 공동임대인을 거부하면 담보가등기권자로 채권채무관계가 기재된 가등기설정계약서와 채권자 확인(선순위채권액을 계산할 때 포함 시켜) 등의 절차를 거쳐서 소유자와 계약을 체결하면 된다.

참고로 판례에서는 담보가등기권자는 설정 이후에도 채권액을 변경하는 계약을 체결할 수 있지만 변경 전에 이해관계인에게 대항할 수 없어서 추후 가등기담보액의 증액으로 인해 발생된 채권은 임차인 보다 후순위로 판단하고 있다(대법 2011다28090).

110 가처분이 있다면 임차인은 전세금을 떼인다?

∷ 소유권말소청구소송에 따른 가처분이 있는 경우 계약은?

홍길동 소유자 ⇨ **이도령 가처분**(홍길동 소유권말소 청구소송에 따른) ⇨ **홍길동과 계약한 춘향이는** 가처분권자가 본안소송에서 승소하면 홍길동 소유권은 말소되고 이도령이 소유자가 된다. 이렇게 임대인 소유권이 무효가 되면 전세보증금을 날릴 수밖에 없다.

∷ 근저당권설정등기 청구소송에 따른 가처분이 있는 경우 계약은?

홍길동 소유권 ⇨ **이도령 가처분**(근저당권설정등기 청구소송에 따른) ⇨ **홍길동과 계약한 춘향이는** 가처분권자가 본안소송에서 승소하면 근저당권이 춘향이보다 선순위로 근저당권이 발생하게 되고 그 근저당권에 의해 경매가 진행되면 후순위로 전세금의 손실이 예상된다.

주택이나 상가가 신탁등기 되어 있다면 계약은 누구와 하나?

　신탁등기된 주택이나 상가는 위탁자에게 소유권이 있고, 신탁회사는 위탁자와 신탁계약을 통해 부동산을 수탁을 받아 일정기간 동안 채권자(우선수익자)를 위하여 수탁부동산의 담보가치가 유지·보전되도록 관리하다가 위탁자가 채무를 상환하면 수탁부동산을 위탁자에게 환원하게 되는 것이다. 그러므로 주택이나 상가에서 위탁자 또는 수탁자 누구와 계약을 체결해도 적법하여 주임법 및 상임법의 보호를 받을 수 있다는 것이 대법원 판례이다.

【갑　구】(소유권에 관한 사항) – 건물등기부(토지등기부 내역도 같음)				
순위번호	등기목적	접　수	등기원인	권리자 및 기타사항
1	소유권보존	2010년.2월10일 제15307호		소유자 이순신 ○○○○○○-1****** 서울시 강서구 화곡동 ○○○
2	소유권이전	2011.2월10일 제15307호	2011년.2월10일 매매	소유자 홍길동 ○○○○○○-1****** 주소 서울시 서초구 방배동 ○○○
3	소유권이전	2012년 05월20일 제25341호	2012년 05월20일 신탁	수탁자 ○○신탁주식회사 ****-***** 주소 서울시 강남구 ○○동 ○○○ 신탁 신탁원부 제2114호

　문제는 위탁자와 수탁자 간의 작성한 신탁계약서원부에 수탁자와 우선수익자의 동의를 거쳐 작성하기로 약정하고 동의를 거치지 않은 것에 대해 수탁자와 위탁자에 대항할 수 없도록 신탁원부에 다음과 같이 규정하고 있다. <u>신탁등기된 부동산에 임대차계약서를 체결하는 경우는 위탁자 보다 수탁자와 계약</u>

서를 체결하고 보증금은 수탁자의 법인보관 계좌에서 보관하게 하는 것이 안전한데, 이러한 경우에도 임차보증금을 우선수익자(위탁자의 대출은행)의 대출금으로 상환하는 경우도 있으니 유의해야 한다(법인보관계좌에 보관하는 조건으로 계약하면 된다).

신탁회사 앞으로 신탁등기가 되어있는 상태에서는 신탁계약상 신탁회사의 동의 없는 위탁자의 처분(매매, 임대차 등)이 허용되지 않는 경우가 적지 않은데, 수원지방법원 2009. 12. 22. 선고 2009가단18799 손해배상사건(2심 : 서울고등법원 2010. 7. 14.선고 2010나8039호)도 신탁회사 동의 없이 위탁자와 임의로 임대차계약을 하고 그 임차보증금을 다른 곳에 유용한 뒤, 케이비신탁에게 지급하지 않은 상태에서 2007. 4.경 부도가 났다. 케이비신탁은 원고의 임차권을 인정할 수 없다며 원고에게 퇴거를 통보하였고, 아파트에서 명도 당하게 된 임차인(원고)이 공동중개인들에게 손해배상책임을 청구한 사건이다.

112 건물과 토지소유자가 다를 때 임차인이 계약하는 방법?

단독·다가구주택이나 상가와 같이 건물과 토지가 독립된 일반적인 부동산에서 건물 소유자와 토지 소유자가 다르다면 임차인은 건물을 사용하는 것이다. 그러므로 건물소유자와 계약을 하면 주임법상 대항력과 우선변제권이 인정되지만, 토지는 제3자 소유이기 때문에 건물소유자에게만 임차인의 권리를 주장할 수밖에 없는 문제점이 있다. 그러면 임차보증금을 손해는 사례가 발생하게 되니 이런 주택에 입주를 하려면 건물만 가지고 전세금이 확신 없이는 입주하지 말아야 한다.

✎ 핵심체크 포인트

건물소유자와 토지소유자가 다른 주택을 임차하게 되면

홍길동이 건물소유자
이도령 토지소유자

건물소유자인 홍길동과 전세계약서를 작성하면 토지소유자인 이도령에게는 전세보증금반환을 청구할 수 없고, 건물 매각대금 범위 내에서만 보장되므로 전세금을 떼일 수 있다.

113 아파트 등의 집합건물에서 대지권미등기인 경우 대처 방법?

집합건물등기부의 두 번째 표제부에 대지권의 표시가 없으면, 대지권은 있는데 대지지분정리가 안되어 미등기인지, 대지권정리가 된 상태인데 대지권이 없는 경우인지를 토지등기부를 확인해 판단해야 한다. 실제 대지권이 없는 경우라면 임차인은 대지권이 없는 집합건물 소유자와 계약을 한 것으로 손해를 볼 수밖에 없으니 주의해야 한다.

〈서울시 강남구 논현동 ○○ 삼성래미안아파트 제101동 제15층 제○○○호〉

【표 제 부】(1동의 건물의 표시) ---- 〈내용생략〉

표시번호	접 수	소재지번, 건물명칭 및 번호	건물내역	등기원인 및 기타사항

【표 제 부】(전유부분의 건물의 표시) --- 〈대지권의 표시가 없음〉

표시번호	접 수	건물번호	건물내역	등기원인 및 기타사항
1	2010년 2월 1일	제15층 제○○호	철크콘크리트조 84.98㎡	도면편철장 제12책232장

114 집합건물에서 토지별도등기가 있다면 어떻게?

집합건물등기부의 두 번째 표제부에 다음과 같이 대지권의 표시가 되어 있으나 토지별도등기가 있다면,

〈서울시 강남구 논현동 ○○ 삼성래미안아파트 제101동 제15층 제○○○호〉

【표 제 부】(1동의 건물의 표시) ―― 〈내용생략〉

표시번호	접 수	소재지번, 건물명칭 및 번호	건물내역	등기원인 및 기타사항

【표 제 부】(전유부분의 건물의 표시) ――〈대지권의 표시에 토지별도등기가 있음〉

표시번호	접 수	건물번호	건물내역	등기원인 및 기타사항
1	2010년 2월 1일	제15층 제○○호	철크콘크리트조 84.98㎡	도면편철장 제12책232장

(대지권의 표시)

표시번호	대지권의 종류	대지권의 비율	등기원인 및 기타사항
1	1. 소유권대지권	34541.95분의 46.35	2009년 10월 10일 대지권 2010년 2월 1일 별도등기있음 1토지(을1번 근저당권설정등기) 2010년 2월 1일

임차인은 대지권에서 대항력과 우선변제권을 주장할 수가 없게 될 수도 있다. 그러니 집합건물에서 토지별도등기 내용[1토지(을1번 근저당권설정등기)]을 토지등기부에서 다음과 같이 확인해야 한다.

【을 구】(소유권 이외의 권리에 관한 사항)				
순위번호	등기목적	접 수	등기원인	권리자 및 기타 사항
1	근저당설정	2009년 12월 10일 제85308호	2009년 12월 10일 설정계약	채권최고액 150,000,000원 채무자 이순신 ~~서울시 강서구 화곡동~~ 근저당권자 국민은행 ~~서울시 강서구 화곡동~~ ㅇㅇㅇ

집합건물에서 대지권이 표시되어 있으니 집합건물과 대지권이 모두 임대인의 소유처럼 보이지만 훗날 토지별도등기권자인 국민은행이 경매절차로 제3자가 낙찰 받게 된다면 대지권이 없는 대지권미등기가 된다. 그러므로 토지별도등기가 있다면 토지등기부를 확인해 그 진위를 판단하고 계약서를 작성해야 한다.

115. 주택 및 상가 등이 공동소유자로 등기되어 있다면?

공동소유주택이나 공동소유상가건물에서 적법한 관리행위(사용·수익)는 민법 제265조에 따라 과반으로 결정(과반은 51% 이상의 지분비율)하게 된다. 과반수 이상의 지분권자 또는 과반수 이상의 동의를 얻어 임대차계약을 작성하면 그 임차인은 주임법상 보호대상이 되므로 계약한 지분권자와 동의한 자는 물론이고, 동의하지 않은 다른 지분권자까지 대항력과 우선변제권을 주장할 수 있다.

【갑　구】(소유권에 관한 사항)

순위번호	등기목적	접　수	등기원인	권리자 및 기타 사항
1	소유권보존	2010년.2월10일 제15307호		소유자 이순신 3521-1****** 서울시 강서구 화곡동 ○○○
2	소유권이전	2011년.2월10일 제15307호	2011년.2월10일 협의분할 상속	공유자 지분 7분의 3 홍숙자 39212-2****** 　서울시 강서구 화곡동 ○○○ 지분 7분의 2 김철민 65212-1****** 　서울시 강서구 화곡동 ○○○ 지분 7분의 2 김철수 67212-1****** 　서울시 강남구 논현동 ○○○

그러나 과반수 미만의 지분권자와 임대차계약을 했다면 그들 당사자 간에만 효력이 미치게 되므로, 동의하지 않은 다른 지분권에는 효력이 미치지 않는다.

그리고 주임법상 대항력과 우선변제권이 없는 일반채권자의 지위에 놓이게 되므로 반드시 과반수 이상의 지분권자나 과반수 이상의 동의를 얻어 계약을 해야 한다.

116 주택에서 건물과 대지 비율이 다르게 공동소유하고 있다면?

건물과 대지비율이 다르게 공동소유하고 있다면 어떻게 해야 하나?

건물을 갑이 4/5, 을이 1/5지분씩 공동소유

대지 갑 1/5, 을 4/5지분씩 공동소유

갑과 계약을 하면 공유물의 과반수 지분권자와 임대차계약을 체결한 것이 되므로 주임법상 대항력과 우선변제권의 권리를 가지게 된다. 그래서 동의하지 않은 을지분에 대해서도 대항력과 우선변제권을 주장할 수 있는데, 문제는 을의 책임한도가 건물 지분만 효력이 미치고 토지에 대해서는 청구가 불가하게 된다. 이 때문에 임차인은 건물 전체에 대해서는 대항력과 우선변제권이 토지에 대해서는 갑의 지분에 대해서만 우선변제권이 발생하게 된다.

그러나 을과 계약을 체결했다면 소수지분권자와 임대차계약한 것이 되므로 주임법상 보호를 받을 수 없다. 을의 건물지분 1/5과 을의 대지지분 4/5에 대해서만 청구가 가능한 일반채권자의 지위에 놓이게 되므로 이 또한 전세금의 손실이 예상된다.

이러한 사례에서 전세금을 안전하게 보장받기 위해서는 갑과 을 모두를 임대인으로 계약하는 것이다.

117 등기부의 갑구와 을구에 담보물권과 채권 등이 있다면?

첫 번째 선순위로 근저당권, 전세권, 담보가등기, 조세 등의 압류가 있는 경우

이들 권리들은 주택이나 상가건물이 경매로 매각되면 말소기준이 된다. 이들 권리보다 후순위로 전입신고(사업자등록)와 확정일자를 갖춘 임차권은 소멸 대상이 되고, 단지 배당요구종기 시까지 배당요구를 해야만 배당에 참여할 권리를 가지게 된다. 그런데 소액임차인이면 최우선변제금을 먼저 배당받고, 나머지 보증금은 이들 권리보다 확정일자가 늦어서 후순위로 배당받게 되므로 보증금의 손실이 예상된다. 그러나 특별법의 보호대상이 아닌 토지임차인은 대항력과 우선변제권이 없는 일반채권자의 지위에 놓여 토지가 경매되면 배당요구종기 이전에 채권가압류해서 배당요구해야 배당참여가 가능하다. 결국 순위가 늦어서 보증금을 손해 볼 수밖에 없다.

두 번째 선순위로 일반채권(가압류, 압류)이 등기되어 있는 경우

이들 권리 역시 경매에서 말소기준이 되므로 후순위 임차인은 소멸되고, 단지 배당요구종기 시까지 배당요구를 해야만 배당에 참여할 권리를 가지게 된다. 그런데 소액임차인이면 최우선변제금을 먼저 배당받고, 나머지 보증금은 이들 권리보다 확정일자가 늦어서 동순위로 안분배당 받게 되어 보증금의 손

실이 예상된다.

이런 상황에서는 ➡ 다음『124 임차할 부동산에 임차인 보다 선순위채권이 있을 때 계약방법은?』과 같이 대응해야 한다.

118 등기부에 소유권을 제한하는 가처분, 가등기 등이 있을 때 대처법은?

가처분, 예고등기, 가등기, 경매기입등기(임의경매와 강제경매) 등의 소유권제한 사항 등이 있는 경우, 잘못하면 가처분, 예고등기 등으로 임대인이 소유권을 잃게 될 수도 있고, 경매가 진행된다면 임차인은 후순위가 되므로 임차보증금을 배당받지 못하고 소멸될 수 있다. 이런 등기가 있다면 계약을 하기 전에 잔금지불 이전에 해결하는 조건으로 협의하고, 그 협의내용을 특약사항란에『등기부상 소유권을 제한하는 가처분 등의 권리는 임차인이 잔금지불 전까지 말소하기로 하고, 만일 임대인의 귀책사유로 말소되지 못하면 임차인은 위 계약내용 제7조에 의해 계약을 해제하고 손해배상을 청구할 수 있다.』고 명기한 후 그 내용을 확인하고 잔금을 지급해야 한다.

119 건물과 대지에서 말소기준이 다를 때 임차인의 대항력은?

등기부에서 건물의 말소기준권리와 대지에서 말소기준권리가 다른 경우 임차인의 대항력은 건물의 말소기준을 가지고 한다. 이런 이유는 임차인은 건물을 사용·수익하는 것을 목적으로 해서 건물에서는 대항력과 우선변제권의 권리를 함께 가지게 되지만, 대지에서는 대항력은 없고 우선변제권만 갖게 되기 때문이다. 그래서 주택에서 토지만 사거나 경매로 낙찰 받으면 임차인은 인수하지 않아도 된다.

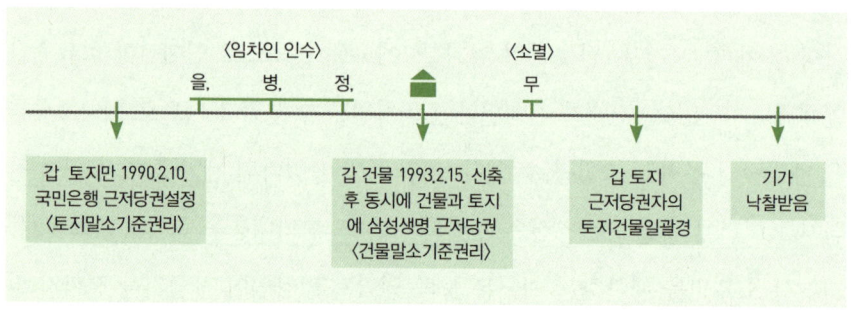

120 단시일 내에 소유자가 자주 변경, 경매개시 가능성 여부를 확인하려면?

　단시일 내에 소유자 또는 권리자 등이 자주 변경되는 경우와 복잡하게 얽혀 있는 것은 일단 의심을 하고 분석해야 한다. 임차인이 분쟁의 중심에 놓여 임차보증금을 잃게 될 수도 있다.

　경매가 임박한 주택, 또는 경매가 개시된 주택을 모르고 계약하는 임차인이 종종 발생하고 있다.

　등기부만 확인하면 경매가 임박한 주택 등을 확인할 수 있고, 경매가 등기부에 등기되어 있어서 알 수 있다. 그러나 확인하지 않고 계약서를 작성하는 중개업자나 임차인이 있어서 보증금 손실이 발생하니 임대차계약을 전에 등기부 확인은 필수다. 계약 시만 확인하지 말고 잔금지급하기 전에 또 한 번 확인해야 한다.

121 건축물관리대장과 토지대장을 확인하는 방법은?

　건축물대장(토지대장)과 등기부등본 등을 확인하여 임대인이 공부상 소유자와 일치하는 가와 대장과 등기부상의 표시부분에서 다른 내용이 있는 가를 확인해야 한다.

　건축물대장과 등기부에 등기된 내용이 다를 때, 소유권에 관한 사항은 등기부가 우선하지만, 등기부의 표제부에 기재되는 지번·구조·용도·면적 등은 대장이 우선한다. 그래서 임차인은 전입신고를 할때 대장과 일치한 주소로 해야 한다. 여기서 유의할 점은 단독주택(다가구주택)에서는 번지(주소)만 일치하면 되지만, 집합건물(아파트, 다세대, 연립 등)은 번지, 동, 호수까지 일치해야 주임법상 대항력과 우선변제권이 발생하고 그렇지 못한 경우 보호를 받을 수 없게 된다.

122. 건축물대장에 위반건축물이 표시되어 있는지 확인하라

건물대장에 위반건축물이 있는 가를 확인하는 것이 중요하다. 위반건축물이라도 임대차보호법이 적용되지 않거나 매매가 불가능한 것이 아니므로, 계약서를 작성할 때 건축물대장을 확인하고 위반건축물로 표시되어 있으면 중개대상물확인설명서에 위반건축물로 체크하고 그 위반사항을 기재해서 계약서를 작성하면 된다.

특약사항란에 『① 본 건물은 위반건축물로 건축물대장(건물번호 ○○○○-○○○○)에 기재되어 있으므로 해당구청 건축과 위반건축물담당자에게 확인받아 그 위반내역을 기재한다. ② 임대인의 책임으로 해당 불법 부분에 대해서 중도금 이전까지 시정조치하고 건축물대장에서 위반건축물 표시를 말소하기로 한다.

또는 ② 위반건축물을 확인한 결과 경미한 관계로 시정조치 없이 있는 상태에서 임대차계약을 하기로 한다.』

123 현황에 표시된 구분호수와 건축현황도가 일치하는 가를 확인하라

다세대주택, 연립주택, 단지 내 상가, 상가점포 등의 집합건물에서 호수표시가 잘못되는 경우가 종종 발생하고 있다. 그런 이유는 건축주가 좌우측을 착각해 현황상 표시내용을 건축물대장상의 내용과 다르게 표시한 것이다. 계약서를 작성할 때 공인중개사의 실수로 현관에 기재된 대로 계약서를 작성하게 되는 사례(공인중개사의 과실 책임이 상당히 높아진다), 계약서는 제대로 작성했지만 임차인이 잘못 전입신고한 사례(공인중개사의 책임은 없고 임차인이 손해를 보게 된다)가 발생하면 임차인은 대항력과 우선변제권이 없으므로 임차보증금을 손해 볼 수밖에 없다.

그래서 계약하기 전 건축물대장과 건축물현황도 중 평면도 및 단위세대별 평면도를 확인하고 그와 일치된 주소로 계약서를 작성 주택을 인도받아 전입신고와 확정일자를 받아 놔야 한다.

124. 임차할 부동산에 임차인보다 선순위채권이 있을 때 계약법은?

첫 번째 등기부에 선순위 채권이 있는 상태에서 계약하려면

임차할 아파트나 다가구주택, 토지 등에 선순위담보물권(금융기관 근저당권+전세권+담보가등기)이 있는 경우 채권금액을 확인하고, 있는 상태에서 계약하기로, 또는 감액하기로 합의 했다면 계약서 특약사항란에『아파트 또는 다가구주택에 2006. 1. 1. 설정된 국민은행의 융자금 1억원(채권최고액 1억2천만원)이 있는 상태로 계약하기로 한다. 또는 1억중 5천만원을 보증금 잔금으로 상환하고 감액등기(채권최고액 6천만원)하기로 한다.』로 명기하면 된다.

두 번째로 주택에 다른 선순위 임차인이 있는 상태에서 계약하려면

계약서 특약사항란에『위 주택에는 임차할 부분(201호)을 제외하고 현재 임차인이 5인이며 임차보증금의 합계 2억9천만원(임차내역: 지하 1층에 1호 5천만원과 2호 2,000만원, 1층에 101호 7,000만원과 102호 3,000만원, 2층에 202호 4,000만원)의 선순위 임차권이 있는 상태에서 계약하기로 한다.』로 명기하면 된다.

세 번째로 선순위채권을 말소하는 조건으로 계약하려면

선순위채권 즉 근저당권, 전세권, 담보가등기, 가압류, 압류 등을 말소하는 조건으로 계약하는 경우는 계약서 특약사항란에『 임대인은 다가구주택에

2011. 1. 1. 설정된 신한은행의 융자금 2억원(채권최고액 2억4천만원)과 2011년 2월 10일 가압류등기(3,000만원), 2012년 2월 10일 압류등기를 잔금지불 이전까지 말소하기로 한다.』로 명기하면 된다.

125 계약 후 추가적인 권리가 발생 시 계약해제 등에 관한 조항 삽입은?

계약 후에 임차인이 주택을 인도받기 전까지 임대인의 귀책사유로 위 주택에 대한 추가적인 권리(근저당권, 임차권, 가압류, 가처분 등)가 발생하면 임차인이 잔금지불 전까지 임대인 책임 하에 말소시켜야 한다. 만일 말소시키지 못하면 임차인은 위 계약내용 제6조에 의해 계약을 해제하고 손해배상을 청구할 수 있다는 내용을 특약사항란에 명기하면 된다.

126  임차할 주택부분과 임차보증금 지불방법, 주택인도 시기 합의 방법은?

임차할 주택이나 상가, 토지 등의 위치와 면적을 확인하고, 임차보증금을 계약금, 중도금, 잔금 등으로 지불하는 시기와 주택인도 시기를 합의해서 정하고, 계약서에 보증금 지불내용과 주택인도 시기를 기재하면 된다.

127 등기부에 나타나지 않는 조세 등이 있는지 확인?

조세채권 등은 경매물건에서 압류 여부와 상관없이 조세채권의 법정기일(신고일, 고지서발송일)이 기준이 되므로 법정기일 보다 임차인의 확정일자가 후순위거나 같을 때는 배당순위에서 조세채권이 우선하게 된다. 특히 당해세인 경우는 항상 저당권부 채권의 성립시기를 불문하고 우선하므로 등기부에 압류되어 있거나 압류되지 않은 조세채권 등이 있을 수 있으니 조세채권 등의 체납

여부 등도 확인해 보아야 한다. 그러므로 계약서작성 시 임대인에게 체납사실을 확인하기 위해 잔금지불 전까지 국세완납증명서와 지방세완납증명서를 첨부하고 체납사실이 있는 경우 잔금지불 전까지 해결하는 내용으로 특약사항란에 명기해 놔야 한다.

128 계약해제 시 해약금과 위약금에 관한 약정을 해야 하는 이유

첫 번째 해약금약정은 상대방이 계약이행에 착수하기 전 해약을 원하는 계약 당사자가 해약금을 지불하고 임의로 계약을 해약할 수 있는데, 민법 제565조에는 다른 약정이 없는 한 계약금을 해약금으로 보고 있다.

부동산 임대계약서 계약내용 『제5조 [계약의 해제] 임차인이 임대인에게 중도금(중도금 약정이 없을 때는 잔금)을 지불하기 전까지 임대인은 계약금의 배액을 상환하고, 임차인은 계약금을 포기하고 본 계약을 해제할 수 있다 』.

두 번째 위약금약정 또는 위약벌약정(채무불이행과 손해배상)은 이러한 위약금약정은 손해배상예정과 위약벌을 모두 포함하는 개념으로, 민법은 위약금을 손해배상예정으로 추정하고 있어서, 계약할 때 손해배상을 예정해두었다면 채무불이행에 따라 계약을 해제한 경우 채권자는 손해의 발생과 그 금액을 별도로 입증할 필요 없이 당연히 예정된 손해배상액을 청구할 수 있다.

부동산 임대차계약서 계약내용 『제6조 [채무불이행과 손해배상] 임대인 또는 임차인이 본 계약에 관해 불이행이 있을 경우 그 상대방은 불이행자에 대하여 서면으로 최고하고 계약을 해제 할 수 있다. 이때 계약 당사자는 계약해제에 따른 손해배상을 상대방에게 청구할 수 있으며, 손해배상에 대한별도 약정이 없는 한 계약금상당금액을 손해배상금(위약금)으로 본다.』

그러나 계약해제에 따라 손해가 커질 수 있는 계약이라면 **계약금을 20~30% 정도로 높여 해약금으로 지불하고 계약을 해제 할 수 없게 하거나 손해배상예정액**(위약금과 손해배상을 포괄)**을 계약금에 한정하지 말고 금 000원으로 높은 금액으로** 정하는 방법이 있다. 계약 당사자 간에 합의해서 **계약서 특약사항란에『본 계약에서 정한 의무를 위반하였을 경우에는 위약금으로 금 000원을 지불키로 한다.』**와 같이 명기하면 되지만, 위약금이 과다하다고 판단되면 민법 제398조 제2항에 따라 법원의 감액청구소송으로 감액될 수 있다. 그러므로 계약이 이행되지 못해 많은 손해가 발생할 것이 염려 된다면 위약금보다 강한 위약벌의 약정도 고려해볼 만하다.

129 계약해지와 계약의 종료, 계약기간 연장 약정은?

계약의 해지는 계속적 채권관계에서 계약의 효력을 장래에 대해 소멸케 하는 일방적 행위이다(550조). 임대차 등 계속적 계약관계에 있어서 그 효력을 장래에 향하여 소멸시키는 것으로 계약당사자의 일방적 의사표시로 장래에 향하여 계약관계의 효력이 발생한다. 그런 이유로 계약해지 이전의 계약관계는 그 효력을 그대로 유지되고 장래의 해지 시점부터 계약관계가 소멸되는 것으로, 계약의 존속을 전제로 인도한 주택 등이나 기타 보증금 등은 상호 동시이행으로 원상회복해야 한다. 이러한 해지권도 당사자의 약정에 의한 약정해지권과 법률의 규정에 의한 법정해지권이 있다.

약정해지권은 계약당시 약정한 해지 사유가 발생할 때 그 상대방이 계약을 해지하는 방법인데 반해 법정해지는 법률상 일정한 요건에 이르면 계약을 해지할 수 있는 것이다. ① 차임을 2기 이상 연체시 최고 없이 계약을 해지할 수 있는 것과, ② 임대인의 동의 없이 임차권을 양도나 전대, 용도를 변경한 경우 등이 있다.

관리비 및 공과금 체납 여부와 해결방법에 대한 합의

임대인은 관리비와 제세·공과금을 임차인이 잔금지불 전까지 정산해서 납부해야한다는 내용을 특약사항란에 명기하기로 합의를 하면 된다.

131. 장기수선충담금 납부에 관한 합의

장기수선충당금은 임대차기간 중에 임차인이 부담하고 계약종료 후 임차인이 퇴거 시에는 임대인이 임차인에게 반환하기로 한다는 내용을 특약사항란에 명기하기로 합의한다.

장기수선충당금과 선수관리비에 대해 알고 가자

관리주체는 장기수선계획에 의하여 공동주택의 주요시설의 교체 및 보수에 필요한 장기수선충당금을 당해 주택의 소유자로부터 징수하여 적립하여야 하고(주택법 제51조, 장기수선충당금의 적립), 주택법 시행령 제 58조 제2항에 따라 관리주체가 관리비와 별도로 징수 하고 있으나 이렇게 되면 더 많은 관리인력이 필요하고 그로 인해서 관리비도 증가하게 되므로 자체 규약 또는 관행으로 세입자가 일반관리비와 같이 납부한후 임대차 종료 시에 소유자에게 청구하여 받아 가는 게 관행이 되어 있다.

전세권설정등기 또는 임대차등기에 관한 합의

　임대인은 잔금지불 시에 전세권 설정등기 또는 임대차등기(민법제621조)에 협조해야하며 등기비용은 임차인이 부담한다는 내용을 특약사항란에 명기하기로 합의한다.

133 부동문자로 된 계약내용에 대한 별도 합의가 필요한 이유

계약서에 부동문자로 인쇄된 내용에 대해 합의한 바 없다고 다음 판례와 같이 상대방이 주장하면 다툼이 발생할 수 있다. 그러니 계약서 특약사항란에 『① 본 계약은 위 부동문자로 된 계약내용에 합의하고, 아파트는 계약 시의 현 시설상태로 임차인에게 인도한다』로 명기해야 한다.

처분문서의 내용이 부동문자로 인쇄되어 있는 경우 그 내용의 의미를 판단하는 방법

인쇄된 예문에 지나지 아니하여 그 기재를 합의의 내용이라고 볼 수 없는 경우도 있으므로 처분문서라 하여 곧바로 당사자의 합의의 내용이라고 단정할 수는 없고 구체적 사안에 따라 당사자의 의사를 고려하여 그 계약 내용의 의미를 파악하고 그것이 예문에 불과한 것인지의 여부를 판단해야 한다(대법 97다36231 판결).

PART 6

주택과 상가에서 올바른 전·월세 계약서 작성하기

134 아파트 전세계약 전에 확인하고, 계약에 합의

서울시 마포구 아현동 300번지 대림아파트 102동 1205호에 대한 전세계약서다. 아파트의 소유자 이한국이 직접 거주하다 임대하는 것으로 이 아파트를 임차하고자 하는 사람은 정민기이다.

먼저 아파트의 임대차(전세)계약 전에 확인하고 계약에 관해서 합의한 내용이다.

(1) 임차할 아파트를 방문, 주변 현황과 아파트 수선내용에 합의

(2) 현재 누가 사용하고, 그 주택에 다른 임차인이 있는지

현재 임차할 아파트(또는 연립주택, 집합건물상가)를 소유자 사용하고 있고, 임차부분 이외에 또 다른 임차인은 없었다.

(3) 아파트 매매 시세와 전세 시세를 확인하고 계약해라

임차인이 인근 중개업소에서 매매와 전세 시세를 확인하니 매매가는 5억이고 전세가는 2억 정도였다. 그래서 임대인이 선순위채권으로 국민은행 융자금을 2억원 중에서 1억원은 보증금 잔금으로 상환하고 1억원만 남기고 계약하자는데 동의했다. 왜냐하면 국민은행 1억원과 전세금 2억원을 포함해도 아파트

시세의 60%인 3억원이기 때문이다.

(4) 주택인도(이사)시기와 임대기간에 대한 합의

주택인도와 그 시기에 관한 합의 내용은 다음 (10)번과 같이 하면 된다.

(5) 임차부동산의 건물과 토지등기부등본을 열람해 봐라.
① 아파트등기부등본 열람

등기부등본(말소사항 포함) – 집합건물
서울시 마포구 아현동 300번지 대림아파트 제102동 제12층 1205호

【표 제 부】(1동의 건물의 표시) --- 〈내용생략〉				
표시번호	접 수	소재지번, 건물명칭 및 번호	건물내역	등기원인 및 기타사항

【표 제 부】(전유부분의 건물의 표시)				
표시번호	접 수	건물번호	건물내역	등기원인 및 기타사항
1	1995년 3월 1일	제12층 제1205호	철크콘크리트조 84.98㎡	도면편철장 제12책232장

(대지권의 표시)			
표시번호	대지권의 종류	대지권의 비율	등기원인 및 기타사항
1	1. 소유권대지권	34541.95분의 45.80	1994년 10월 10일 대지권 1995년 3월 1일

【갑　구】(소유권에 관한 사항)				
순위번호	등기목적	접 수	등기원인	권리자 및 기타사항
1	소유권보존	1995년 3월 1일 제12530호		소유자 김시민 ○○○○○-1****** 서울시 용산구 이촌동 ○○○
2	소유권이전	2012년 2월 10일 제8398호	2012년 2월 10일 매매	소유자 이한국 ○○○○○-1****** 주소 서울시 마포구 아현동 ○○○
3	가압류	2013년 5월 10일 제36456호	2012년 5월 6일 서울중앙지법 가압류결 정(2007가단 14321호)	청구금액 3,000만원 채권자 우선명 서울시 동대문구 장안동 ○○○
4	압류	2014년 2월 10일 제2841호	2013년 2월 9일 압류(징세과1781)	권리자 국 처분청 마포세무서

【을 구】(소유권 이외의 권리에 관한 사항)				
순위번호	등기목적	접 수	등기원인	권리자 및 기타사항
1	근저당권 설정	2012년 2월 10일 8399호	2012년 2월 10일 설정계약	채권최고액 2억 4,000만원 채무자 이한국 근저당권자 국민은행 110111-2365321 서울시 중구 남대문로2가 9-1 (영동지점)

② 누구와 임대차계약을 해야 완벽하게 보호받을 수 있을까?

계약은 등기부상 소유자를 임대인으로 계약해야 한다.

등기부를 열람해서 등기부상 소유자가 이한국임을 확인하고, 본인 확인을 위해서 주민등록초본, 신분증 등으로 임대인의 신원을 확인했다.

③ 아파트에 대지권미등기 또는 토지별도등기가 있는 가 확인

아파트등기부를 확인해 보니 대지권이 표시(대지권의 비율 34541.95분의 45.80)되어 있고, 토지별도등기도(표제부 우측 등기원인 및 기타사항에 기재되나 표시되지 않음) 없음을 확인했다.

④ 등기부의 을구와 갑구에 등기된 채권을 확인하고 처리 방법은 ➡ 다음 (8)와 같이 하면 된다.

⑤ 등기부에 소유권을 제한하는 권리 등이 있는 가를 확인

가처분, 예고등기, 경매기입등기 등의 소유권제한 사항 등이 없다.

(7) 건축물대장을 확인해서 등기부내역과 일치여부 확인

등기부등본과, 건축물대장을 확인해 봤는데 다른 내용이 없어 등기부등본상의 주소로 계약서를 작성하기로 했다.

(8) 아파트에 임차인 보다 선순위 채권이 있으면 이렇게 해라

① 선순위 채권이 있는 상태에서 계약하는 조건

임대인은 아파트에 2012. 2. 10. 설정된 국민은행의 융자금 2억원(채권최고액 2억4천만원)중 1억원은 보증금 잔금으로 상환하고, 1억원은 남기고, 등기부에서 채권최고액을 1억2,000만원(채권원금 1억원)으로 감액등기하기로 한다.』로 계약서 특약사항란에 명기하기로 했다.

② 선순위채권을 말소하는 조건으로 계약하는 조건

임대인은 아파트에 등기된 2013년 5월 10일 가압류(3,000만원, 채권자 우선명), 2014년 2월 10일 압류(권리자 마포세무서)를 잔금지불 이전까지 말소하기로 한다.

(9) 계약 후에 추가적인 권리가 발생 시 계약해제 및 손해배상

계약 후에 임차인이 주택을 인도받기 전까지 임대인의 귀책사유로 위 주택에 추가적인 권리(근저당권, 임차권, 가압류, 가처분 등)가 발생하면 임차인이 잔금지불 전까지 임대인 책임 하에 말소시켜야 한다. 만일 말소시키지 못하면 임차인은 위 계약내용 제6조에 의해 계약을 해제하고 손해배상을 청구할 수 있다는 내용을 계약서 특약사항란에 명기.

(10) 임차할 주택부분과 임차보증금 지불방법과 주택인도 합의

서울시 마포구 아현동 300번지 대림아파트 102동 1205호의 33평 아파트 전부를 임차보증금 2억원에 전세하기로 하는 계약서를 2014년 3월 1일 작성과 동시에 계약금 10%(2,000만원)를 지불하기로 하고, 중도금 없이 잔금 지불하는 조건으로 잔금 1억8천만원은 2014년 03월 30일에 지불하고 동시에 주택을 인도하기로 합의(이 내용을 계약내용 제1조와 2조에 기재하면 된다)한다.

(11) 등기부에 나타나지 않는 조세나 공과금채권 등이 있는 가!

계약서작성 시 임대인에게 체납사실을 확인하기 위해 잔금지불 전까지 국세완납증명서와 지방세완납증명서를 첨부하기로 하고 체납사실이 있는 경우 잔금지불 전까지 해결하기로 한다는 내용으로 특약사항란에 명기하기로 한다(임차인보다 선순위가 될 수 있어서).

(12) 해약금과 위약금에 대한 약정에 대한 합의

해약금약정과 위약금약정은 인쇄된 계약서 양식에서 계약내용 제5조 [계약의 해제]와 제6조 [채무불이행과 손해배상]에 따르기로 합의한다.

(13) 계약해지와 계약의 종료, 계약기간 연장에 관한 약정에 합의

부동문자로 인쇄된 계약서 양식에서 ① 계약해지에 대한 약정은 계약내용 제3조[용도변경 및 전대등]과 제7조[계약의 해지]로 하고, ② 계약기간의 종료에 대한 약정은 제8조 [계약의 종료], ③ 계약기간 연장에 대한 약정은 계약내용 제4조에 따르기로 합의함.

(14) 관리비 및 공과금 체납 여부와 해결방법에 대한 합의

임대인은 관리비와 제세공과금을 임차인이 잔금지불 전까지 정산해서 납부해야한다는 내용을 특약사항란에 명기하기로 합의.

(15) 장기수선충담금 납부에 관한 협의

장기수선충당금은 임대차기간 중에 임차인이 부담하고 계약종료 후 임차인이 퇴거 시에는 임대인이 임차인에게 반환하기로 한다는 내용을 특약사항란

에 명기하기로 합의

(16) 전세권설정등기 또는 임대차등기에 협조한다

임대인은 잔금지불 시에 전세권 설정등기 또는 임대차등기(민법제621조)에 협조해야하며 등기비용은 임차인이 부담한다는 내용.

(17) 부동문자로 된 계약내용에 대한 합의

계약서에 부동문자로 인쇄되어 있는 내용에 대해서 합의한 바 없다고 상대방이 주장하면 다툼이 발생할 수 있다. 그러니 계약서 특약사항란에『① 본 계약은 위 부동문자로 된 계약내용에 합의하고, 아파트는 계약 시의 현 시설상태로 임차인에게 인도한다.』로 명기해야 한다.

135. 아파트 임대차(전세)계약서 작성하는 방법

앞의 내용과 같이 합의된 내용을 증빙자료로 인쇄되어 있는 계약서 양식[[네이버 까페 '김동희부사모'에서 확인]]을 활용해 작성하고, 새주소는 인터넷창 '**새주소안내시스템**(www.juso.go.kr)'에서 구주소를 입력해 새주소를 찾아 계약하면 된다.

아파트 임대차(전세) 계약서

임대인과 임차인 쌍방은 아래 표시 부동산에 관하여 다음과 같이 임대차계약을 체결한다.

1. 부동산의 표시

소재지	서울시 마포구 아현동 300번지 대림아파트 제102동 제12층 제1205호				
토지	지목	대		면적	45.80㎡
건물	구조	철근콘크리트조	용도 아파트	면적	84.98㎡
임대할부분	전 체			면적	

2. 계약내용
제1조 [목적] 위 부동산의 임대차에 있어 임대인과 임차인은 보증금을 다음과 같이 지불키로 한다.

보 증 금	금 이억 원정 (₩200,000,000)
계 약 금	금 이천만 원정은 계약시 지불하고 영수함. 영수자 홍 길 동 (인)
중 도 금	금 〈없음〉 원정은 년 월 일에 지불한다.
잔 금	금 일억팔천만 원정은 2014년 03월 30일에 지불한다.
차 임	

제2조 [주택인도 및 존속기간] 임대인은 위 부동산을 임대차 목적대로 사용·수익할 수 있는 상태로 2014년 03월 30일까지 임차인에게 인도하며, 임대차기간은 인도일로부터 2016년 03월 29일(24개월)까지로 한다.
제3조 [용도변경 및 전대등] 임차인은 임대인의 동의없이 위 부동산의 용도나 구조 등을 변경하거나 전대, 임차권양도 또는 담보제공을 하지 못하며 임대차 목적 이외의 용도에 사용할 수 없다.
제4조 [기간연장] ① 임대인과 임차인 간에 합의에 의한 재계약으로 종전 계약내용 또는 계약내용을 변경해서 연장할 수 있다. ② 임대인은 임대차기간 끝나기 6월 전부터 1월 전까지, 임차인은 1월 전까지, 계약해지 의사시니나 계약조건의 변경을 통지하지 않으면 묵시적으로 갱신돼 전 임대차와 동일한 조건으로 자동 갱신된다.
제5조 [계약의 해제] 임차인이 임대인에게 중도금(중도금이 없을 때는 잔금)을 지불하기 전까지는 임대인은 계약금의 배액을 상환하고, 임차인은 계약금을 포기하고 이 계약을 해제할 수 있다.

제6조 [채무불이행과 손해배상] 임대인 또는 임차인이 본 계약에 관해 불이행이 있을 경우 그 상대방은 불이행자에 대하여 서면으로 최고하고 계약을 해제 할 수 있다. 이때 계약 당사자는 계약해제에 따른 손해배상을 상대방에게 청구할 수 있으며, 손해배상에 대한별도 약정이 없는 한 계약금상당액을 손해배상금(위약금)으로 본다.

제7조 [계약의 해지] 임대인은 임차인이 2기의 차임액에 달하도록 차임을 연체하거나 제3조를 위반한 경우 최고 없이 즉시 계약을 해지할 수 있다.

제8조 [계약의 종료] 임대차계약이 종료된 경우에 임차인은 위 부동산을 원상으로 회복하여 임대인에게 반환하고, 이와 동시에 임대인은 보증금을 임차인에게 반환한다. 다만 연체임대료 또는 손해배상금액이 있을 때는 이 금액을 공제하고 그 잔액을 반환하기로 한다.

제9조 [중개수수료] 중개수수료는 거래가액의 0%인 0000원(☐부가세포함, ☐불포함)으로 임대인과 임차인이 각각 부담하며, 중개업자의 고의나 과실 없이 거래당사자 사정으로 본 계약이 무효·취소 또는 해약되어도 중개수수료는 각각 지급한다.

제10조 [중개대상물 확인·설명서 교부등] 중개업자는 중개대상물 확인·설명서를 작성하고 업무보증관계서류(공제증서등) 사본을 첨부하여 거래당사자에게 각각 교부한다.

[특약사항]
① 본 계약은 계약당사자가 위 부동문자로 된 계약내용에 합의하고, 아파트는 계약 시의 현 시설상태로 임차인에게 인도하기로 한다. 다만 파손된 씽크대와 노후화된 보일러는 임차인이 입주하기 전까지 새것으로 교체해야 한다.
② 임대인은 아파트에 2012. 2. 10. 설정된 국민은행의 융자금 2억원(채권최고액 2억4천만원) 중에서 1억원은 보증금 잔금으로 상환하고, 등기부에서 채권최고액을 1억2천만원(채권원금 1억원)으로 감액등기하기로 한다.
③ 임대인은 아파트에 등기된 2013년 5월 10일 가압류(3,000만원, 채권자 우선명), 2014년 2월 10일 압류(권리자 마포세무서)를 잔금지불 이전까지 말소하여야 한다.
④ 계약 이후에 임차인이 주택을 인도받기 전까지 임대인의 귀책사유로 위 아파트에 ②항 이외에 추가적인 권리(근저당권, 임차권, 가압류, 가처분 등)가 발생하면 임차인이 잔금지불 전까지 임대인 책임 하에 말소해야 한다. 만일 말소하지 못하면 임차인은 위 계약내용 제6조에 의해 계약을 해제하고 손해배상을 청구할 수 있다.
⑤ 임대인이 체납한 세금을 확인하기 위해서 잔금지불 전까지 국세완납증명서와 지방세완납증명서를 첨부하기로 하고 체납사실이 있는 경우 잔금지불 전까지 해결해야 한다.
⑥ 잔금지불하기 전까지 관리비와 제세·공과금은 임대인(또는 종전 임차인)이 정산납부해야 한다.
⑦ 장기수선충당금은 임대차기간 중에 임차인이 부담하고 계약종료 후 임차인이 퇴거 시에는 임대인이 임차인에게 반환 한다.
⑧ 임대인은 잔금지불 시에 전세권 설정등기 또는 임대차등기(민법제621조)에 협조해야하며 등기 비용은 임차인이 부담한다.
⑨ 잔금납부 방법 및 시기 또는 주택인도 시기에 대해서 추후 변동 시 당사 간의 협의로 변경할 수 있다.
⑩ 계약해제로 인한 해약금과 위약금은 위 계약내용 제5조와 제6조에 따른다.

위 계약조건을 확실히 하고 훗일에 증하기 위하여 본 계약서를 작성하고 각 1통씩 보관한다.
2014년 03월 01일

임대인	주 소	서울시 마포구 아현동 300번지 대림아파트 제102동 제12층 제1205호				
	주민등록번호	550701-1246536	전화	010-2213-1234	성명	이한국 (인)
	대리인	주민등록번호		전화	성명	(인)
임차인	주 소	서울시 용산구 보문동 200번지 쌍용아파트 제101동 제10층 제1004호				
	주민등록번호	650817-1274355	전화	010-2133-7789	성명	정민기 (인)
	대리인	주민등록번호		전화	성명	(인)
중개업자	사무소소재지	서울시 마포구 아현동 280번지 1층 105호				
	등록번호	9254-40000		사무소명칭		소망 공인중개사사무소
	전화번호	02-834-0015		대표자성명		김철수 (인)

잠깐만! 특약사항은 계약당사자 간의 사정에 따라 다르게 작성해야 되므로 이 계약서 특약사항란에서는 일반적인 내용으로 작성했으니 계약당사자 간의 사정에 따라 선택하거나 변경해서 이용하면 된다.

136 계약서 작성할 때, 작성 후에 꼭 지켜야할 사항

(1) 계약서의 부동산 표시란 기재법

계약서에 필수적으로 부동산의 표시에 소재지, 지목, 구조, 용도, 면적 등의 내용 등은 건축물대장 또는 토지대장 등에 표시된 내용을 보고 기재하면 된다. 유의할 점은 등기부와 건축물대장을 열람해서 표시내용이 일치하는가를 확인하고 일치하면 그대로 기재하고, 다르다면 그 진위를 확인한(등기부의 내용에 오류가 있음을 확인하고) 후 건축물대장상의 표시내용으로 기재해야 계약서작성에서 하자가 발생하는 것을 막을 수 있다.

(2) 전세금지불에 관한 계약내용 기재

전세금지불에 관한 내용을 기재 시 보증금, 계약금, 중도금, 잔금 등의 표시는 한글 또는 한문 등으로 위 계약서내용 처럼 기재하여 쉽게 정정하지 못하도록 우측 괄호( )안에 쉽게 이해할 수 있도록 아라비아 숫자로 표기하면 된다.

금액을 정정방법은 예) 금액란에 일억오천만원(₩150,000,000) 같이 두 줄을 그어 계약쌍방이 도장날인해서 무효화하고, 우측 또는 윗측 공간에 다음과 같이 ⇨ 일억사천만원(₩140,000,000)으로 정정해서 기재하면 된다.

(3) 특약사항 기재방법

특약사항은 계약 후 분쟁이 발생할 수 있는 내용 등을 예방하고자 계약당시에 특별한 사항이 있는 경우 계약당사자가 요구하는 사항, 중개업자 책임의 대상내용 등을 기재하는 공간이다.

계약서작성 전 조사한 내용(주택의 현황조사 등)과 등기부 등의 열람으로 알게 된 하자내용 등이 있다면 임차인 및 중개업자는 임대인에게 그 개선을 요구할 수 있다. 그리고 합의에 도달하게 되면 분쟁을 방지하기 위해 임대인과 합의한 내용을 계약서의 특약사항란에 꼼꼼하게 기재하여 그 개선으로 하자를 없애고 안전하게 입주하고자 하는 목적으로 작성한다.

그리고 놓치지 말아야할 내용이 있는데 계약서에 부동문자로 인쇄되어 있는 내용에 대해서 합의한 바 없다고 할 수 있으니, 계약서 특약사항란에 『① 본 계약은 위 부동문자로 된 계약내용에 합의하고, ~ 』로 명기해둬야 한다.

(4) 작성된 계약서에 임대인, 임차인, 중개업자의 서명날인

계약서가 작성되면 마지막으로 부동산중개업자의 중개대상물건에 대해 설명을 듣고, 계약서가 합의된 내용대로 작성 되었는가 등을 꼼꼼히 확인한다. 이상이 없는 경우 임대인, 임차인, 중개업자 등이 ① 계약서, ② 중개대상물 확

인·설명서 등에 서명날인하고, ③ 업무보증관계서류(공제증서 등), 대리인이 계약한 경우 대리인의 위임장과 위임용 인감증명서를 첨부해 각 1부씩 나누어 가지면 계약이 성립하게 된다.

(5) 계약서가 작성되었다면 계약금계약을 해야 한다

계약금계약은 계약서를 작성하고 나서 계약금을 지급하는 계약을 말한다. 따라서 계약금을 지급했다면 계약금 지불내역란 오른쪽에 서명 날인하고 다음과 같이 계약금 영수증을 작성해 교부 받으면 된다.

영 수 증

임차인 정 민 기 귀하

금 액 : 이천만 원정 (₩20,000,000)
부동산의 표시 : 서울시 마포구 아현동 300번지 대림아파트 제102동 제12층 제1205호
상기 금액은 위 임대부동산에 대한 계약금(또는 중도금, 잔금)으로 정히 영수하고 이에 대한 증표로서 영수증을 발행한다.
입금은 임대인 계좌(국민은행 112-05-2244-1 예금주 이한국)로 이체함.

발행일 : 2014년 03월 01일
발행인(임대인) : 이 한 국 (인) (전화 : 010-2213-1234)
주소 : 서울시 마포구 아현동 300번지 대림아파트 제102동 제12층 제1205호

---

(6) 잔금 지불하기 전에 확인할 내용

잔금 날 잔금지불 시 등기부를 열람해서 특약사항란에 명기한 2013년 5월 10일 가압류와 2014년 2월 10일 압류가 말소되었는지, 추가로 등기된 내용이 있는지를 확인한다.

그리고 특약으로 약속했던 사항들이 제대로 이행되었는지를 확인하는데, 특약사항 1번에 기재된 아파트 수선내용이 교체 및 보수문제와 세금체납 사실

을 확인하기 위해 세금완납증명서 확인, 관리비와 제세공과금 납부 등을 확인하고, 이상이 없다면 잔금을 지불한다. 그리고 특약으로 약속했던 대로 그 잔금중 1억원은 국민은행 융자금을 상환하고 등기부에는 1억2,000만원으로 감액등기하면서 전세권 또는 임차권등기를 하면 된다.

(7) 계약완료 이후에 임차인이 꼭 지켜야할 사항

① 잔금을 지불함과 동시에 아파트를 인도받게 되는데 이때 아파트내부 이용사항을 임대인으로부터 설명을 듣고 현관 및 방문 열쇠와 주차카드 등을 인수하고 이삿짐을 옮기는 순서로 진행하고 현관이 번호키로 되어 있는 경우 비밀번호를 변경해야 한다.

② 중개수수료를 지급한다(중개수수료율은 000쪽 157번 참조).

③ 이사를 하고 나서 신속하게 관할 주민센터를 방문해 전입신고를 하고 계약서에 확정일자를 부여 받는 것도 잊어서는 안 된다. 주택인도를 갖추고 전입신고를 하면 다음날 오전 0시에 대항력이 발생하게 되는데 대항력이 발생하기 전까지 근저당권 설정되거나 또는 아파트 소유자가 바뀌게 되면 대항력을 상실할 수 있기 때문이다.

137. 아파트에 임차인이 거주하고 대리인이 임대차계약을 하는 방법은?

다음은 경기도 안양시 만안구 박달동 100번지 우성아파트 제101동 제7층 제705호에 대한 임대차(월세)계약서작성방법에 대해서 살펴보자. 아파트 소유자는 박소영이고, 이 아파트를 임차하고자하는 사람은 김정희이다. 그리고 현재 다른 임차인이 거주하고 있으며, 소유자가 바빠서 대리인 박기만이 계약서 작성에 관한 모든 행위를 위임받아서 계약하는 사례이다.

아파트 임대차(월세) 계약서

임대인과 임차인 쌍방은 아래 표시 부동산에 관하여 다음과 같이 임대차계약을 체결한다.
1. 부동산의 표시

소재지	경기도 안양시 만안구 박달동 100번지 우성아파트 제101동 제7층 제705호					
토 지	지목	대			면적	52,576㎡
건 물	구조	철근콘크리트조	용도	주거용	면적	142.92㎡
임대할부분	전체				면적	

2. 계약내용
제1조 [목적] 위 부동산의 임대차에 있어 임대인과 임차인은 보증금을 다음과 같이 지불키로 한다.

보 증 금	금 오천 원정 (₩50,000,000)
계 약 금	금 오백만 원정은 계약시 지불하고 영수함. 영수자 대리인 박 기 만 (인)
중 도 금	금 〈없음〉 원정은 년 월 일에 지불한다.
잔 금	금 사천오백만 원정은 2015년 03월 30일에 지불한다.
차 임	월세 60만원과 부가세 6만원으로 총 66만원을 매월 30일(후불)에 지불하기로 한다

제2조 [주택인도 및 존속기간] 임대인은 위 부동산을 임대차 목적대로 사용·수익할 수 있는 상태로 2015년 03월 30일까지 임차인에게 인도하며, 임대차기간은 인도일로부터 2017년 03월 29일(24개월)까지로 한다.

　　　　：　　：　　：

제10조 [중개대상물 확인·설명서 교부등]은 〈내용 생략〉
차와 동일한 조건으로 자동 갱신된다.

[특약사항]
① 본 계약은 계약당사자가 위 부동문자로 된 계약내용에 합의하고, 아파트는 계약 시의 현 시설상태로 임차인에게 인도하기로 한다. 다만 파손된 씽크대와 노후화된 보일러는 임차 인이 입주하기 전까지 새것으로 교체해야 한다.
② 아파트에 2012. 1. 1. 설정된 국민은행의 융자금 1억원(채권최고액 1억2천만원)은 있는 상태에서 계약하기로 한다.
③ 월차임 66만원(부가세포함)은 매월 30일 임대인의 계좌(국민은행 112-04-3568-13 예금주 박소영)에 후불로 입금한다.
④ 임대인이 체납한 세금을 확인하기 위해서 잔금지불 전까지 국세완납증명서와 지방세완납증명서 을 첨부하기로 하고 체납사실이 있는 경우 잔금지불 전까지 해결해야 한다.
⑤ 장기수선충당금은 임대차기간 중에 임차인이 부담하고 계약종료후 임차인이 퇴거 시에는 임대인 임차인에게 반환해야 한다.
⑥ 잔금지불하기 전까지 관리비와 제세공과금은 현 임차인과 임대인의 책임 하에 정산납부 한다.
⑦ 현 임차인은 임대인 책임 하에 명도해서 잔금납부와 동시에 임차인에게 위 아파트를 인도한다.
⑧ 위 계약은 임대인의 대리인 박기만과 계약하는 것으로, 대리인임을 증명하는 위임용인감증명서와 인감도장이 날인된 위임장을 첨부하고, 계약금에서 잔금까지 임대인의 계좌로 계좌이체(국민은행 112-04-3568-13 예금주 박소영하고 잔금지불하기 전에 반드시 본인이 참석해서 계약서에 자필서명해야 한다.
⑨ 계약 이후에 임차인이 주택을 인도받기 전까지 임대인의 귀책사유로 위 아파트에 ②항 이외에 추가적인 권리(근저당권, 임차권, 가압류, 가처분 등)가 발생하면 임차인이 잔금지불 전까지 임대인 책임 하에 말소해야 한다. 만일 말소하지 못하면 임차인은 <u>위 계약내용 제6조에 의해</u> 계약을 해제하고 손해배상을 청구할 수 있다.
〈해약금과 위약금 약정이 부동문자로 되어 있어서 합의한 사항이 아니라는 다툼이 발생할 것을 염려 ⑨항에 '<u>위 계약내용 제6조에 의해</u>' 문구를 넣었지만, 명확하기를 희망한다면 ⑩항을 첨가하면 된다〉
⑩ 계약해제로 인한 해약금과 위약금은 위 계약내용 제5조와 제6조에 따르기로 한다.

위 계약조건을 확실히 하고 훗일에 증하기 위하여 본 계약서를 작성하고 각 1통씩 보관한다.

2015년 03월 01일

임대인	주 소	경기도 안양시 만안구 박달동 380번지					
	주민등록번호	650801-2246536	전화	010-2222-1234	성명	박소영 (인)	
	대리인	주민등록번호	650302-1278942	전화	010-235-4455	성명	박기만 (인)
임차인	주 소	경기도 안양시 동안구 평촌동 200번지 삼성연립 제3층 제302호					
	주민등록번호	750817-1274355	전화	010-3333-7789	성명	김정희 (인)	
	대리인	주민등록번호		전화		성명	(인)
중개업자	사무소소재지	경기도 안양시 만안구 박달동 382번지 1층 101호					
	등록번호	9254-20000		사무소명칭	신세대 공인중개사사무소		
	전화번호	031-584-1234		대표자성명	우선명 (인)		

위 계약은 임대인의 대리인이 계약하는 것으로, 적법한 대리권이 있는지 여부를 확인하기 위해 위임용 인감증명서(본인이 직접 발급받은 것으로만)와 인감도장

이 날인된 위임장을 첨부한다. 첨부된 위임장에서 대리인이 위임할 수 있는 권리와 대리인 본인임을 확인하기 위해 신분증을 확인해야 한다(신분증을 복사해서 계약서에 첨부). 그리고 적법한 대리인이 계약서를 작성했더라도 유선으로 본인의 임대의사를 확인하고, 계약금에서 잔금까지 임대인의 통장으로 계좌이체한 후 잔금지불하기 전에 반드시 본인이 참석해 계약서에 자필 서명하겠다는 내용을 특약사항란에 명기해 둔다.

138 대리인이 전세계약을 할 때 위임장 작성과 영수증을 교부하는 방법

앞의 전세계약서는 대리인이 작성한 경우로 다음과 같이 임대인의 위임장과 대리인이 작성하여 교부한 영수증을 첨부했으니 참고하기 바란다.

:: 임대인의 위임장 작성방법

위 임 장

임대대상물 : 경기도 안양시 만안구 박달동 100번지 우성아파트 제101동 제7층 제705호
소 유 자 : 박소영 (주민등록번호 650801-2246536)
주   소 : 경기도 안양시 만안구 박달동 380번지
연 락 처 : 010-2222-1234

위 대상물에 대하여 아래와 같이 대리인에게 임대차 계약에 관련한 사항을 위임한다.

1. 대 리 인
 - 성   명 : 박 기 만 (주민등록번호 650302-1278942)
 - 주   소 : 경기도 안양시 만안구 박달동 380번지
 - 전   화 : 010-235-4455

2. 대리 위임할 사항
 - 상기 임대 대상물의 임대차에 대하여 계약을 포함하는 일체의 행위(계약서 작성과 계약금, 중도금 및 잔금수령에 관한 모든 행위)를 대리인에게 위임한다.
 다만 계약금과 중도금 및 잔금은 임대인의 계좌(국민은행 112-04-3568-13 예금주 박소영)로 입금해야 한다.

첨 부 : 인감증명서 1부   2015년 03월 01일
                  위임인(소유자) : 박소영   (인) (인감도장으로 날인)

대리인이 작성하여 교부한 영수증

영 수 증

임차인 김 정 희 귀하
금 액 : 오백만 원정 (₩5,000,000)
부동산의 표시 : 경기도 안양시 만안구 박달동 100번지 우성아파트 제101동 제7층 제705호
상기 금액은 위 임대부동산에 대한 계약금(또는 중도금, 잔금)으로 정히 영수하고 이에 대한 증표로서 영수증을 발행한다.
입금은 임대인 계좌(국민은행 112-04-3568-13 예금주 박소영)로 이체함.

발행일 : 2015년 03월 01일
발행인(임대인) : 임대인의 대리인 박 기 만 (인) (전화: 010-235-4455)
주소 : 경기도 안양시 만안구 박달동 380번지

139 다가구주택 임대차(월세) 계약서를 작성하는 방법은?

경기도 성남시 수정구 신흥동 1203번지에 있는 다가구주택의 1층 101호에 입주하기 위해 주택소유자 김종수와 새로운 임차인 박성민이 협의해서 임대차(월세)계약서를 작성한 것이다. 현재 임차할 부분에 다른 임차인이 거주하고 있고, 임대인이 회사업무로 바빠서 부인 이수미가 대리인으로 계약하는 방법이다.

다가구주택 임대차(월세) 계약서

임대인과 임차인 쌍방은 아래 표시 부동산에 관하여 다음과 같이 임대차계약을 체결한다.
1. 부동산의 표시

소재지	경기도 성남시 수정구 신흥동 1203번지					
토 지	지목	대			면적	148㎡
건 물	구조	연와조	용도	다가구주택	면적	239.41㎡
임대할부분	전체 건물면적중 2층 전체(방 3개)				면적	95.48㎡

2. 계약내용
제1조 [목적] 위 부동산의 임대차에 있어 임대인과 임차인은 보증금을 다음과 같이 지불키로 한다.

보 증 금	금 오천 원정 (₩50,000,000)
계 약 금	금 오백만 원정은 계약시 지불하고 영수함. 영수자 대리인 이 수 미 (인)
중 도 금	금 〈없음〉 원정은 년 월 일에 지불한다.
잔 금	금 사천오백만 원정은 2013년 11월 04일에 지불한다.
차 임	월세 40만원과 부가세 4만원으로 총 44만원을 매월 4일(후불)에 지불하기로 한다.

제2조 [주택인도 및 존속기간] 임대인은 위 부동산을 임대차 목적대로 사용·수익할 수 있는 상태로 2014년 11월 04일까지 임차인에게 인도하며, 임대차기간은 인도일로부터 2016년 11월 03일(24개월)까지로 한다.
      :   :   :
제10조[중개대상물 확인·설명서 교부등]은 〈내용 생략〉

[특약사항]
〈계약당사자간 합의한 내용 등을 특약사항란 기재해야 하나 특약사항란이 부족해서 별지1 다가구주택 임대차 약정서를 별도 작성해서 본 계약서에 첨부하기로 한다.〉

위 계약조건을 확실히 하고 훗일에 증하기 위하여 본 계약서를 작성하고 각 1통씩 보관한다.
2014년 10월 05일

임대인	주 소	경기도 성남시 수정구 산성동 583번지					
	주민등록번호	530701-1246536	전화	010-5515-1234	성명	김 종 수	(인)
	대 리 인	주민등록번호	551102-1257936	전화	010-222-1234	성명	이 수 미 (인)

임차인	주 소	경기도 성남시 중원구 상대원동 삼성연립주택 제2층 제202호					
	주민등록번호	650445-1274355	전화	010-3333-7789	성명	박 성 민	(인)
	대 리 인	주민등록번호		전화		성명	(인)

중개업자	사무소소재지	경기도 성남시 수정구 신흥동 1105번지 제1층 105호		
	등 록 번 호	6234-50000	사무소명칭	수정 공인중개사사무소
	전 화 번 호	02-734-0055	대표자성명	이 중 민 (인)

【별 지1】

다가구주택 임대차 약정서

임대인 : 김 종 수 (주민등록번호 530701-1246536)
임차인 : 박 성 민 (주민등록번호 650445-1274355)

제목 : 신흥동 1203번지 다가구주택 계약에 관한 합의 사항
상기 임대인과 임차인은 다음과 같은 계약내용에 합의한다.

– 다 음 –

① 본 계약은 위 부동문자로 된 계약내용에 합의하고, 위 주택은 계약 시의 현 시설상태로 임차인에게 인도하기로 한다. 다만 파손된 씽크대와 노후화된 보일러는 임차 인이 입주하기 전까지 새것으로 교체해야 한다.
② 위 주택에 2013. 2. 10. 건물과 대지에 공동담보로 설정된 기업은행의 융자금 1억5천만원(채권최고액 1억8천만원)을 임차인의 보증금 5천만원으로 상환후 건물과 대지에서 1억2천만원(채권원금 1억원)으로 감액등기 한다.
③ 위 주택에는 임차할 부분(2층 전체)을 제외하고 현재 임차인은 3인이며, 임차보증금의 합계 2억 6천만원(임차내역: 지층에 보증금 4천만원, 1층에 101호 보증금 4천만원과 102호 보증금 3천 만원)의 선순위임차권이 있는 상태에서 계약하기로 한다. 만일 이 내용과 다를 때 임차인은 위 계약내용 제6조에 의해 계약을 해제하고 손해배상을 청구할 수 있다.
④ 월차임 44만원(부가세포함)은 매월 4일 후불로 임대인의 계좌(국민은행 112-04-3411-13 예금주 김종수)에 후불로 입금한다.

⑤ 계약 이후에 임차인이 주택을 인도받기 전까지 임대인의 귀책사유로 위 주택에 ②항과 ③항 이외에 추가적인 권리(근저당권, 임차권, 가압류, 가처분 등)가 발생하면 임차인이 잔금지불 전까지 임대인 책임 하에 말소해야 한다. 만일 말소하지 못하면 임차인은 위 계약내용 제6조에 의해 계약을 해제하고 손해배상을 청구할 수 있다.
⑥ 임대인이 체납한 세금을 확인하기 위해서 잔금지불 전까지 국세완납증명서와 지방세완납증명서를 첨부하고, 체납사실이 있는 경우 잔금지불 전까지 해결해야 한다.
⑦ 장기수선충당금은 임대차기간 중에 임차인이 부담하고 계약종료 후 임차인이 퇴거 시에는 임대인이 임차인에게 반환 한다.
⑧ 잔금지불하기 전까지 관리비와 제세공과금은 임대인의 책임 하에 정산납부 한다.
⑨ 위 계약은 임대인의 대리인 이수미와 계약하는 것으로, 대리인임을 증명하는 위임용 인감증명서와 인감도장이 날인된 위임장을 첨부하고, 계약금에서 잔금까지 임대인의 계좌로 계좌이체(국민은행112-04-3411-13 예금주 김종수)하고 잔금지불하기 전에 반드시 본인이 참석해서 계약서에 자필서명해야 한다.

2014. 10. 05.

임 대 인 : 대리인 이 수 미   (인)
임 차 인 : 박 성 민   (인)
중개업자 : 이 중 민   (인)

그리고 임대인의 위임장과 대리인이 작성해서 교부한 영수증은 ➡『138 대리인이 전세계약을 할때 위임장 작성과 영수증을 교부하는 방법은?』을 참고해서 작성하면 된다.

140. 상가와 오피스텔에서 임대인과 임차인이 꼭 알고 있어야할 내용은?

상가건물이나 오피스텔 등과 같이 업무용으로 사용하는 건물은 분양 시 분양가격에서 건물분의 부가세가 10% 부과되고 있고, 그 영향은 분양 이후에도 미치게 된다. 그리고 상가건물과 오피스텔 등은 상업용도 또는 업무용도로 사용하게 되므로 주임법이 적용되는 것이 아니라 상임법을 적용 받는 것이 원칙이다.

이중에서 업무용 오피스텔은 상가와 다르게 적용되고 있다.
상가는 환산보증금이 상임법의 적용범위 내에 있으면 업무용 또는 상업용 건물로 인정돼 상임법만 적용받게 된다. 오피스텔은 용도가 업무용으로 건축되었는데도 불구하고 실제 사용 용도에 따라서 용도를 주거용(본인이 전입신고 또는 임차인이 전입신고)으로 사용하면 건물분 부가세가 면제되고, 주택임대차보호법의 적용대상으로 양도세가 비과세 혜택(1주택자가 2년 보유) 또는 1년 미만은 40%, 1년 이상 보유하다가 팔면 일반세율(6~38%), 업무용으로 사용하면 건물분(대지권 비과세)의 부가세 10% 부과되고 상임법의 적용대상으로 양도소득세가 1년 미만은 50%, 2년 미만은 40%, 2년 이상 보유 후 매도하면 일반세율(6~38%)을 적용 받게 된다. 하지만, 주택 수에 포함되지 않아 보유하고 있는 다른 주택에 대해 비과세혜택을 볼 수 있는 장·단점이 모두 따르기 때문에 임대인의 사정에 따라 용도를 주거용 또는 업무용으로 정해서 임대해야 한다.

용도가 주거용이냐, 업무용이냐의 기준점은 매수 시점을 기준으로 하는 것이 아니라 매도 시점에 어떠한 용도로 사용하고 있느냐에 따라 달라진다. 주거용으로 사용하다가 업무용으로 파는 것이 유리하다고 판단되면 업무용으로 만들어 매도하면 되고, 반대로 매수 시점에 업무용으로 사용하다 주거용으로 변경하는 경우도 주거용도(소유자가 전입신고 또는 임차인이 전입신고)로 사용하다 매도하면 주거용으로 양도세 혜택을 볼 수 있다. 유의할 점은 업무용으로 사용 기간은 주거용의 보유기간 혜택에서 제외되고 주거용도로 사용한 기간만 가지고 비과세 여부를 판단하게 된다.

141 오피스텔 임대차(월세)계약서 작성하는 방법은?

경기도 안양시 동안구 관양동 550번지 르레상스 오피스텔 제12층 제1202호에 대한 임대차 계약서작성 방법이다.

이 오피스텔은 중개업소의 소개로 소유자 주소연과 임차하고자 하는 이소령이 직접 중개업소를 방문해서 계약서를 작성하는 방법이다.

오피스텔 소유자 주소연은 다주택자로 주거용이 아닌 업무용으로만 사용하는 것으로 임대조건을 내세워 이소령 임차인이 전입신고를 하지 않는 조건으로 보증금 2,000만원에 월세 60만원으로 임대차계약서를 작성하기로 합의 했다.

오피스텔 임대차(월세) 계약서

임대인과 임차인 쌍방은 아래 표시 부동산에 관하여 다음과 같이 임대차계약을 체결한다.
1. 부동산의 표시

소재지	경기도 안양시 동안구 관양동 550번지 르레상스 오피스텔 제12층 제1202호					
토지	지목	대	대지권	소유권의 대지권	면 적	25.04㎡
건물	구조	철근콘크리트조	용 도	업무용	전용면적	27.84㎡

2. 계약내용
제1조 [목적] 위 부동산의 임대차에 있어 임대인과 임차인은 보증금을 다음과 같이 지불키로 한다.

보증금	금 이천 원정 (₩20,000,000)
계약금	금 이백만 원정은 계약시 지불하고 영수함. 영수자 주 소 연 (인)
중도금	금 〈없음〉 원정은 년 월 일에 지불한다.
잔 금	금 일천팔백만 원정은 2014년 02월 15일에 지불한다.
차 임	월세 60만원과 부가세 6만원으로 총 66만원을 매월 15일(후불)에 지불하기로 한다

제2조 [오피스텔인도 및 존속기간] 임대인은 위 부동산을 임대차 목적대로 사용·수익할 수 있는 상태로 2014년 02월 15일까지 임차인에게 인도하며, 임대차기간은 인도일로부터 2015년 02월 14일(12개월)까지로 한다.

제10조[중개대상물 확인·설명서 교부등]은 〈내용 생략〉

[특약사항]
① 본 계약은 위 부동문자로 된 계약내용에 합의하고, 위 오피스텔은 계약 시의 현 시설상태로 임차인에게 인도하기로 한다.
② 위 계약은 임대인이 업무용 용도로만 임대하는 조건으로 임차인과 합의했고 그에 따라 임차인은 임차기간동안 전입신고를 하지 않는다는 계약조건으로 임대차계약서를 작성했다.
③ 위 계약은 임대인이 오피스텔에 2012. 05. 10. 설정된 하나은행의 융자금 7천만원(채권최고액 8천4백만원)은 있는 상태에서 계약하기로 한다.
④ 임차인은 월차임 66만원(부가세포함)은 매월 15일 임대인의 계좌(국민은행 112-04-3568-13 예금주 주소연)에 후불로 입금한다.
⑤ 임대인이 체납한 세금을 확인하기 위해서 잔금지불 전까지 국세완납증명서와 지방세완납증명서를 첨부하고 체납사실이 있는 경우 잔금지불 전까지 해결해야 한다.
⑥ 장기수선충당금은 임대차기간 중에 임차인이 부담하고 계약종료 후 임차인이 퇴거 시에는 임대인이 임차인에게 반환해야 한다.
⑦ 현 임차인은 임대인 책임 하에 명도해서 잔금지불과 동시에 임차인에게 인도해야 한다.
⑧ 관리비와 제세·공과금은 매도인 책임 하에 현 임차인이 잔금지불 전까지 정산해서 납부해야 한다.
⑨ 계약 이후에 임대인의 귀책사유로 위 오피스텔에 ③항 이외에 추가적인 권리(근저당권, 임차권, 가압류, 가처분 등)가 발생하면 임차인이 잔금지불 전까지 임대인 책임하에 말소해야 한다. 만일 말소하지 못하면 임차인은 위 계약내용 제6조에 의해 계약을 해제하고 손해배상을 청구할 수 있다.

위 계약조건을 확실히 하고 훗일에 증하기 위하여 본 계약서를 작성하고 각 1통씩 보관한다.
2014년 01월 10일

임대인	주 소	경기도 안양시 동안구 비산동 220				
	주민등록번호	750201-2345945	전화	010-0044-1234	성명	주소연 (인)
	대리인	주민등록번호		전화		성명
임차인	주 소	경기도 안양시 동안구 관양동 110, 삼성연립 제3층 301호				
	주민등록번호	850510-2047345	전화	010-2002-1234	성명	이소령 (인)
	대리인	주민등록번호		전화		성명 (인)
중개업자	사무소소재지	경기도 동안구 관양동 200번지 1층 101호				
	등록번호	8254-50000		사무소명칭	인덕원 공인중개사사무소	
	전화번호	02-545-8949		대표자성명	구자성진 (인)	

오피스텔을 업무용으로 계약할 때 임대인과 임차인이 유의할 사항은 ① 임대인 주소연이 업무용으로 계약하면 주택 수에 포함되지 않아서 기존 주택 수가 1주택자로 비과세 혜택을 받을 수 있다. 하지만, ② 임차인은 별도로 사업자등록과 건물인도(대항요건)를 갖추고 있지 않으면 상임법의 보호대상이 아니

므로 오피스텔에 근저당권이 설정되거나 경매가 진행되면 대항력과 우선변제권이 없는 임차인이 될 수 있다는 점에 유의해야 한다.

 집합건물 상가 임대차(월세) 계약서 작성법은?

서울특별시 송파구 가락동 79-5 제2층 제202호 집합상가건물을 사무실로 사용하기 위해 상가건물 소유자 이수만과 새로운 임차인 정동민이 협의해 임대차(월세)계약서를 작성한 것이다. 현재 임차할 부분에 다른 임차인이 거주하고 있고 임대인이 직접 참여해서 임대차(월세)계약서를 작성하는 방법으로 이 상가임차인은 상가건물임대차로 보호를 받을 수 있는 임차인이다.

🏠 상가 임대차(월세) 계약서

임대인과 임차인 쌍방은 아래 표시 부동산에 관하여 다음과 같이 임대차계약을 체결한다.
1. 부동산의 표시

소재지	서울특별시 송파구 가락동 79-5 제2층 제202호					
토지	지목	대			면 적	12,86㎡
건물	구조	철근콘크리트조	용도	근린생활시설	전용면적	69.05㎡
임대할부분	전체				면 적	

2. 계약내용
제1조 [목적] 위 부동산의 임대차에 있어 임대인과 임차인은 보증금을 다음과 같이 지불키로 한다.

보 증 금	금 사천 원정 (₩40,000,000)
계 약 금	금 사백만 원정은 계약시 지불하고 영수함. 영수자 이 수 만 (인)
중 도 금	금 〈없음〉 원정은 년 월 일에 지불한다.
잔 금	금 삼천육백만 원정은 2014년 01월 31일에 지불한다.
차 임	월세 70만원과 부가세 7만원으로 총 77만원을 매월 4일(후불)에 지불하기로 한다

제2조 [상가인도 및 존속기간] 임대인은 위 부동산을 임대차 목적대로 사용·수익할 수 있는 상태로 2014년 01월 31일 까지 임차인에게 인도하며, 임대차기간은 인도일로부터 2015년 01월 30일(12개월)까지로 한다.
　　　　:   :   :
제10조[중개대상물 확인·설명서 교부등]은 〈내용 생략〉

[특약사항]
① 본 계약은 위 부동문자로 된 계약내용에 합의하고, 위 상가는 계약 시의 현 시설상태로 임차인에게 인도하기로 한다. 다만 임대인은 임차인이 입주 전까지 1종 근린시설을 2종으로 상향하고 그 비용은 임차인과 공동으로 부담 한다.
② 위 상가는 2006. 2. 1. 등기부에 설정된 우리은행의 융자금 7천만원(채권최고액 8천4백만원)은 있는 상태에서 계약 한다.
③ 위 상가는 계약 시 영업할 업종제한이나 동일업종에 대한 영업금지규정이 있는 지를 확인하지 않고, 계약후 확인하기로 했으므로 이러한 영업제한 있어서 임차인이 영업을 할 수 없다면 아무 조건 없이 계약을 해제할 수 있다. 이때 임대인은 위약금 없이 계약금을 반환하기로 한다.
④ 월차임 77만원(부가세포함)은 매월 31일 후불로 임대인의 계좌(국민은행 112-04-3411-13 예금주 이수만)에 입금 한다.
⑤ 계약 이후에 임대인의 귀책사유로 위 주택에 추가적인 권리(근저당권, 임차권, 가압류, 가처분 등)가 발생하면 임차인이 잔금지불 전까지 임대인 책임하에 말소해야 한다. 만일 말소하지 못하면 임차인은 위 계약내용 제6조에 의해 계약을 해제하고 손해배상을 청구할 수 있다.
⑥ 임대인이 체납한 세금을 확인하기 위해서 잔금지불 전까지 국세완납증명서와 지방세완납증명서를 첨부하고 체납사실이 있는 경우 잔금지불 전까지 해결해야 한다.
⑦ 장기수선충당금은 임대차 기간중에 임차인이 부담하고 계약종료후 임차인이 퇴거 시에는 임대인이 임차인에게 반환해야 한다.
⑧ 잔금지불하기 전까지 관리비와 제세공과금은 임대인의 책임 하에 정산납부 한다.
⑨ 잔금납부 방법 및 건물인도 시기에 대해서 추후 변동이 예상되는 경우 계약당사자 간의 협의를 통해서 변경하기로 한다.
⑩ 임대인은 상가권리금을 인정하지 않고, 임차인이 영업상 필요에 의해서 설치한 부대시설 등은 계약기간이 종료되면 위 계약내용 제8조에 따라 임대 시의 상태로 원상회복해야 한다.

위 계약조건을 확실히 하고 훗일에 증거기 위하여 본 계약서를 작성하고 각 1통씩 보관한다.
2014년 01월 05일

〈 임대인, 임차인, 중개업자란은 지면상 생략했음 〉

143 상가건물 임대차(월세)계약서 작성법은?

이번 사례는 서울시 종로구 창신동 100번지 제1층 제102호 상가건물에서 영업을 하기 위해 상가건물 소유자 이한국과 새로운 임차인 박민국이 협의해서 임대차(월세)계약서를 작성하는 방법이다. 현재 임차할 부분에 다른 임차인이 거주하고 있고 임대인이 직접 참여해서 임대차(월세)계약서를 작성하는 방법이다.

그런데 상가 임차인은 환산보증금이 상임법의 적용기준을 초과해서 상임법의 보호대상에서 제외되는 임차인이며, 상가 임차인이 권리 및 시설비용을 지불하고 계약하는 것으로, 상가 임대차(월세)계약서와 상가 권리(시설)양수도 계약서를 함께 작성해 보자.

상가 임대차(월세) 계약서

임대인과 임차인 쌍방은 아래 표시 부동산에 관하여 다음과 같이 임대차계약을 체결한다.
1. 부동산의 표시

소재지	서울특별시 종로구 창신동 100번지					
토 지	지목	대			면 적	479㎡
건 물	구조	철근콘크리트조	용도	근린생활시설	전용면적	1351.56㎡
임대할부분	전체 건물면적중 1층 우측 일부(현황 102호로 표기됨)				면 적	132.30㎡

2. 계약내용
제1조 [목적] 위 부동산의 임대차에 있어 임대인과 임차인은 보증금을 다음과 같이 지불키로 한다.

보증금	금 일억 원정 (₩100,000,000)
계약금	금 일천만 원정은 계약시 지불하고 영수함. 영수자 이한국 (인)
중도금	금 (없음) 원정은 년 월 일에 지불한다.

잔 금	금 구천만 원정은 2014년 10월 30일에 지불한다.
차 임	월세 250만원과 부가세 25만원으로 총 275만원을 매월 30일(후불)에 지불하기로 한다.

제2조 [상가인도 및 존속기간] 임대인은 위 부동산을 임대차 목적대로 사용·수익할 수 있는 상태로 2014년 10월 30일까지 임차인에게 인도하며, 임대차기간은 인도일로부터 2015년 10월 29일(12개월)까지로 한다.
　：　：　：
제10조[중개대상물 확인·설명서 교부등]은 〈내용 생략〉

[특약사항]
① 본 계약은 위 부동문자로 된 계약내용에 합의하고, 위 상가는 계약시의 현 시설상태로 임차인에게 인도해야 한다.
② 위 상가는 건물과 대지에 2011. 1. 10. 공동담보로 설정한 하나은행의 융자금 4억원(채권최고액 4억원)이 있는 상태에서 계약하기로 한다.
③ 위 상가의 임차인수는 현재 9명(입주할 점포 102호 포함)이며 보증금의 합계는 5억9천만원이다. 만일 이 내용과 다를 때는 임차인은 위 계약내용 제6조에 의해 계약을 해제하고 손해 배상을 청구할 수 있다.
④ 위 상가는 계약 시 영업할 업종제한이나 동일업종에 대한 영업금지규정이 있는지를 확인하지 않고, 계약후 확인하기로 했으므로 이러한 영업제한 있어서 임차인이 영업을 할 수 없다면은 아무 조건 없이 계약을 해제할 수 있다. 이때 임대인은 위약금 없이 계약금을 반환해야 한다.
⑤ 월차임 275만원(부가세포함)은 매월 30일 후불로 임대인의 계좌(국민은행 112-04-3411-13 예금주 이수만)에 후불로 입금한다.
⑥ 계약 이후 임대인의 귀책사유로 위 주택에 추가적인 권리(근저당권, 임차권, 가압류, 가처분 등)가 발생하면 임차인이 잔금지불 전까지 임대인 책임하에 말소해야 한다. 만일 말소하지 못하면 임차인은 위 계약내용 제6조에 의해 계약을 해제하고 손해배상을 청구할 수 있다.
⑦ 임대인이 체납한 세금을 확인하기 위해서 잔금지불 전까지 국세완납증명서와 지방세완납증명서를 첨부하고 체납사실이 있는 경우 잔금지불 전까지 해결해야 한다.
⑧ 장기수선충당금은 임대차 기간중에 임차인이 부담하고 계약종료후 임차인이 퇴거 시에는 임대인이 임차인에게 반환해야 한다.
⑨ 잔금지불하기 전까지 관리비와 제세공과금은 임대인의 책임하에 정산납부 한다.
⑩ 임대인은 잔금지불 시에 전세권 설정등기에 협조해야 하며 등기비용은 임차인이 부담한다.
⑪ 임대인은 상가권리금을 인정하지 않고, 임차인이 영업상 필요에 의해서 설치한 부대시설 등은 계약기간이 종료되면 위 계약내용 제8조에 따라 임대시의 상태로 원상회복해야 한다.

위 계약조건을 확실히 하고 훗일에 증하기 위하여 본 계약서를 작성하고 각 1통씩 보관한다.
2014년 10월 01일

〈 임대인, 임차인, 중개업자란은 지면상 생략했음 〉

144 상가 권리(시설)양수도 계약서를 작성하는 방법은?

영업을 목적으로 권리금이 있는 상가점포를 얻고자 할때 상가임대차(월세)계약을 하기 전에 기존 임차인(양도인)과 새로운 임차인(양수인)이 권리(시설)양수도 계약을 하고, 곧 바로 임대인(건물주)과 계약서(앞에서 142 상가건물 임대차(월세) 계약서)를 작성하면 된다. 이때 유의할 점은 신속히 임대인과 계약을 하는 것인데 간혹 계약이 해제되거나 무효가 되는 사례가 발생하니 임대인과의 본 계약을 신속히 체결해야 계약이 해제될(깨지는 것) 가능성이 낮아지게 되는 것이다. 그러나 잔금지불은 이와 반대로 임대인과 체결한 임대차(월세) 계약서의 잔금부터 지불하고 다음에 권리(시설)양수도계약의 잔금을 지불하면서 시설의 일체를 양수받는 순서로 진행하면 된다.

먼저 권리계약의 잔금을 먼저 지불하고 나면 기존 임차인이 본 계약서의 잔금 지불과정에서 문제가 발생해도 해결에 적극적이지 않고, 임차인의 시설 등을 건네받는 과정에서 소극적으로 돌변하는 경우가 발생하니 앞에서 설명한 순서로 영업할 상가를 인수 받아야 한다.

권리(시설) 양수·양도 계약서

본 부동산 권리에 대하여 양도인과 양수인은 다음과 같이 합의하고 권리 양수·양도계약을 체결한다.
1. 부동산의 표시

소재지	서울특별시 종로구 창신동 100번지		
상 호	서울식당	면 적	132.30㎡ (1층 102호)
업 종	일반음식점	허가(신고)번호	○○○○-○○○○

2. 계약내용
제1조 [목적] 위 부동산의 권리양도인과 양수인은 다음과 같이 합의하고 계약을 체결한다.

총 권 리 금	금 칠천만 원정 (₩70,000,000)
계 약 금	금 일천만 원정은 계약시 지불하고 영수함. 영수자 이유석 (인)
중 도 금	금 (없음) 원정은 년 월 일에 지불한다.
잔 금	금 육천삼백만 원정은 2014년 10월 30일에 지불한다.
양도범위	전체 건물면적중 1층 우측 일부(현황 102호로 표기됨)에서 시설일체 및 영업권

제2조 [임차물의 양도] 양도인은 위 부동산을 권리 행사를 할 수 있는 상태로 하여 임대차계약 개시 전일까지 양수인에게 인도하며, 양도인은 임차권의 행사를 방해하는 제반사항을 제거하고, 잔금수령과 동시에 양수인이 즉시 영업 할 수 있도록 모든 시설 및 영업권을 포함 인도하여 주어야 한다. 다만, 약정을 달리한 경우에는 그러하지 아니한다.
제3조 [수익 및 조세의 귀속] 위 부동산에 관하여 발생한 수익의 귀속과 조세공과금 등의 부담은 위 부동산의 인도일을 기준으로 하여 그 이전까지는 양도인에게 그 이후의 것은 양수인에게 각각 귀속한다. 단, 지방세의 납부의무 및 납부책임은 지방세법의 규정에 따른다.
제4조 [계약의 해제] ① 양수인이 중도금(중도금약정이 없을 때는 잔금)을 지불하기 전까지 양도인은 계약금의 배액을 배상하고, 양수인은 계약금을 포기하고 본 계약을 해제할 수 있다.
② 양도인 또는 양수인이 본 계약상의 내용에 대하여 불이행이 있을 경우 그 상대방은 불이행한자에 대하여 서면으로 최고하고 계약을 해제할 수 있다. 그리고 그 계약당사자는 계약해제에 따른 위약금을 각각 상대방에게 청구할 수 있으며, 계약금을 위약금의 기준으로 본다.
제5조 [용역수수료] 중개업자는 계약 당사자 간 채무불이행에 대해서 책임을 지지 않는다. 또한, 용역 수수료는 본 계약의 체결과 동시에 양수인이 양수대금의 ( )%, 양도인이 양도대금의 ( )%를 지불하며, 중개업자의 고의나 과실없이 계약당사자간의 사정으로 본 계약이 해제되어도 용역 수수료를 지급한다. 단, 본 계약 제4조3항의 사안으로 인하여 계약이 해제되는 경우에는 용역 수수료를 지불하지 아니한다.

3. 양도·양수할 대상 물건의 임대차 계약내용

소유자 인적사항	성 명	이한국	전화번호	010-8815-1234
	주 소	서울시 영등포구 문래동 100.		
임대차 관 계	임차보증금	금 일억 원(₩100,000,000)	월 차 임	금 이백오십만원(₩2,500,000)
	계 약 기 간	2013년 10월 30일부터 2014년 10월 29일(24개월)		

[특약 사항]
① 양도인은 영업에 관련된 권리와 점포내 시설일체를 양수인에게 양도하는 계약이다.
　　인수받을 영업장의 시설, 비품, 집기, 전화가입권, 고객회원명단과 거래처명단 등은, 계약당시 상태로 양수인에게 인도하며 이에 대한 상세한 목록은 계약당시에 확인해서 특약사항 별지에 기재해서 본 계약서에 첨부 한다. 비품목록에 기재되어 있지 않은 사항이라도 영업에 필요한 비품 등은 양수인에게 귀속한다. 양도인이 대여한 물품 등은 계약당시의 대여조건 대로 양수인에게 승계한다.
　　특히 가맹점으로 본사소유물품이 있다면 양수인이 권리를 승계하는데 지장이 없도록 해야 한다.
② 양도인은 영업시설을 양도하고 향후 5년간 주변 5킬로미터 범위 내에서 동일업종 및 유사업종을 영업하지 못한다. 이에 위반하는 경우 지불한 권리시설금의 3배를 배상해야 한다.

③ 양수인이 동일업종으로 영업을 하는 경우, 양도인은 사업승계절차시 행정절차에 협력과 필요한 서류 등을 제공해야 한다. 다만 양수인이 현업종의 영업승계가 불가능할 경우 본 계약은 무효로 하고 지불한 금전은 반환한다(계약실무에서는 권리계약서를 작성후 해당관공서에서 승계에 대한 확인 절차를 거쳐 이상이 없으면 임대인과 본 계약을 한다).
④ 양도인이 동일업종이 아닌 타 업종으로 전환하기 위해서 양도받는 경우, 그 영업할 업종(관공서 등의 규제)이나 동일업종(동일상가에서 동일업종 규제로 상가관리단의 규약으로 정함)을 할 수 없는 경우 등의 규제가 있는 지를 계약하기 전에 확인해야 한다. 다만, 계약후에 확인하는 조건으로 권리양수도 계약을 체결한 경우, 확인해서 업종제한(시군구청의 담당자에게 확인)이나 동일 업종제한[관리단(상가번영회 사무실등), 관리 사무실 등에서 확인] 등으로 영업을 할 수 없는 경우에는 본 계약은 무효로 하고 지불한 금전은 반환한다.
⑤ 양수인이 잔금지불 전까지 영업과 관련된 행정처벌, 기타 공법상의 제한 등으로 권리양수에 지장을 받아 계약이행이 어려운 경우 본 계약을 무효로 하고 지불한 금전은 반환해야 한다.
⑥ 본 계약은 임대인의 사전 동의가 없이 이루어진 계약으로 양도인은 잔금지불 전까지 소유자와 위 3의 '양도·양수할 대상 물건의 임대차 계약내용'(소유자의 요구에 따라 변경될 수 있음)을 기준으로 소유자와 양수인 간에 임대차계약이 체결되도록 최대한 노력하며, 임대차계약이 정상적으로 이루어지지 못할 경우 본 권리양·수도 계약은 무효로 하고 양도인이 수령한 금전은 양수인에게 즉시 반환해야 한다.

위 계약조건을 확실히 하고 훗일에 증하기 위하여 본 계약서를 작성하고 각 1통씩 보관한다.
2014년 10월 01일

양도인	주 소	경기도 이천시 창전동 984-10번지				
	주민등록번호	630201-1247515	전화번호	010-3333-1234	성명	이유석 (인)
양수인	주 소	서울시 동대문구 장안도 211, 2층 201호				
	주민등록번호	650445-1274355	전화번호	010-3333-7789	성명	박민국 (인)
중개업자	사무소소재지	서울특별시 종로구 창신동 100-2번지 1층				
	등록번호	6234-60000		사무소명칭		종로 공인중개사사무소
	전화번호	02-544-8289		대표자성명		우정국 (인)

 전세권의 존속기간 만료, 전세보증금의 증액으로 갱신하는 법은?

전세권의 존속기간 만료, 전세보증금의 증액으로 갱신하는 방법은 다음과 같다.

(1) 후순위채권자가 없는 경우

전세권의 부기등기형식으로 존속기간의 연장 또는 전세보증금의 증액으로 변경등기하면 된다. (예, 전세권이 순위번호 5번이면 ⇨ 5-1번으로 부기등기)

(2) 후순위채권자가 있는 경우

① 후순위채권자의 동의가 있는 경우에는 부기등기형식으로 순위번호 5-1번으로 하게 되고, 이 경우 후순위채권자보다 대항력과 우선변제권을 주장할 수 있으나 실무에서 동의가 이루어지는 경우는 드물고 없다고 보는 것이 맞다.

② 후순위채권자의 동의가 없는 경우에는 부기등기를 할 수 없고 주등기를 해야 하는데, 이 경우 후순위채권자 다음 순위로 주등기를 하게 된다. 예를 들면 5번 전세권 ⇨ 6번 근저당권 ⇨ 주등기로 7번 전세권존속기간만 변경 또는 존속기간과 전세보증금을 증액변경하게 된다.

첫 번째로 전세권존속기간만 변경하는 경우에는 7번으로 주등기로 변경등기 시에 5번에서 존속기간을 말소하고 나서 7번에서 주등기로 존속기간을 변경하여 전세권을 설정하게 된다. 이 경우 선순위전세권은 담보물권으로서 후순위저당권보다는 우선변제를 받을 수 있으나 대항력을 주장할 수는 없다.

두 번째로 존속기간과 전세보증금을 증액 변경하는 경우 7번으로 주등기로 변경등기 시에 5번에서 존속기간과 전세금을 말소하고 나서 7번에서 주등기로 존속기간과 증액된 전세보증금 으로 변경하여 전세권을 설정등기하게 되는데, 이 경우 선순위전세권은 종전 전세보증금에 대해서 담보물권으로서 후순위저당권보다는 우선변제를 받을 수 있으나 대항력과 증액된 전세보증금에 대해서는 우선변제권을 주장하지 못하고 후순위가 된다는 점을 유의하면 된다.

146. 아파트 소유자가 변경 또는 보증금 증액 시 재계약서 작성법은?

임대차계약기간 중 보증금을 올려달라고 할 수는 없겠지만 계약기간 만료 후 임차인이 계약기간을 연장하고자 할 때 임대인이 보증금을 올려달라고 할 수 있다. 그래서 앞의 135 아파트 임대차(전세)계약으로 살다가 계약기간 만료로 임차보증금을 2억에서 2억5,000만원으로 증액하는 경우라면 증액계약서는 다음과 같이 작성하면 된다.

아파트 임대차(전세) 계약서

임대인과 임차인 쌍방은 아래 표시 부동산에 관하여 다음과 같이 임대차계약을 체결한다.
1. 부동산의 표시

소재지	서울시 마포구 아현동 300번지 대림아파트 제102동 제12층 제1205호					
토 지	지목	대			면 적	45.80㎡
건 물	구조	철근콘크리트조	용도	아파트	면 적	84.98㎡
임대할부분	전 체				면 적	

2. 계약내용
제1조 [목적] 위 부동산의 임대차에 있어 임대인과 임차인은 보증금을 다음과 같이 지불키로 한다.

보 증 금	금 이억오천만 원정 (₩250,000,000)
종전 보증금	금 이억 원정 (종전임대차기간 2014. 03. 30.~2016. 03. 29.)
증액 보증금	금 오천만 원정은 2016년 03월 30일에 일시불로 지불한다.
차 임	

제2조 [주택인도 및 존속기간] 임대인은 위 부동산을 임대차 목적대로 사용·수익할 수 있는 상태로 2016년 03월 30일까지 임차인에게 인도하며, 임대차기간은 인도일로부터 2018년 03월 29일(24개월)까지로 한다.
:   :   :
제10조 [중개대상물 확인·설명서 교부등]은 〈내용 생략〉

[특약사항]
① 위 계약은 2014년 3월 1일 전세보증금 2억(임대기간 2014년 3월30일~2016년3월29일)으로 작성된 종전 계약기간이 만료로, 임차인이 계약갱신을 요청하고 임대인은 전세보증금 5,000만원을 증액하는 조건으로 갱신을 하고자 해서 각 당사자가 2억5,000만원으로 계약서를 다시 작성한 것임.
② 위 계약은 전세금 2억5,000만원 인데 종전 계약에서 지불한 2억을 제외하고 추가로 2016년 3월 30일 5,000만원을 일시금으로 지불함과 동시에 계약서를 다시 작성했다.
③ 임차인이 아파트 등기부를 확인해 보니 종전 계약에서 잔금지불 시(2014. 03. 30.) 말소한 상태로 추가로 등기된 채권이 없음을 확인했다.
④ 전세권 또는 임차권등기가 되어 있었다면 이들 권리도 등기부에서 계약기간을 연장하기로 한다.

위 계약조건을 확실히 하고 훗일에 증하기 위하여 본 계약서를 작성하고 각 1통씩 보관한다.
2016년 03월 30일

〈 임대인, 임차인, 중개업자란은 지면상 생략했음 〉

유의할 점은 증액하기 전에 등기부를 확인해서 최초임대차 시점과 같은지를 확인하고 이상이 없다면 증액계약서를 앞에서와 같이 작성한다. 새로 증액한 임대차계약서에도 주민센터 등에서 확정일자를 받아 최초계약서와 함께 보관해야만 최초계약서의 대항력과 우선변제권(2억)이 유지되고, 새로 증액한 계약서의 대항력과 우선변제권(5,000만원)을 그대로 유지할 수 있다. 훗날 임차주택이 경매당해도 두 개의 임차권을 가지고 배당요구하면 우선해서 변제 받을 수 있게 된다.

147 미등기아파트에 입주할 임차인이 주의해야 할 것은?

미등기아파트에 입주할 임차인은 다음과 같은 내용을 알고 계약해야 한다.

첫째, 소유권을 정확하게 판단해야 한다.

① 분양계약서 원본을 확인해야 한다.
② 재건축에서 조합원 아파트는 토지등기부 열람이 가능하다.

재개발과 재건축에서 조합원 아파트는 건축물은 멸실되었지만 토지는 남아 있어서 토지등기부를 확인하면 조합원분양권자의 소유권을 확인할 수 있지만, 조합원이 아닌 청약에 의해서 분양받은 일반 분양권자는 토지등기부에서 확인 할 수 없고 ③번과 같이 하면 된다.

③ 조합원분양권자와 일반분양권자 모두 분양계약서 원본과 소유자가 일치하는지를 조합 등에 문의해서 실제 소유자가 맞는 경우 미등기아파트 소유자(분양권자)와 계약을 하면 된다.

둘째, 분양대금의 미납금, 연체금 등을 확인

조합원분양권자나 일반분양권자 모두 계약금, 중도금, 잔금 중 어느 정도까지 납부하였다면, 미납금액에 대한 추가 부담할 금액과 미납금액에 대한 연체된 이자 및 기타 비용 등을 조합 등에 문의하여 정확하게 분석하고, 미등기아파트 소유자(분양권자)와 계약하면 된다.

셋째, 은행 대출금과 연체금을 확인

신규로 분양받은 아파트(일반분양권)에 대해 대출해준 은행에서 대출금액 및 이자 등을 확인해야 하며, 조합원분양권(조합원입주권)인 경우 이주비(무상이주비) 및 추가대출금(유상이주비), 연체이자 등에 대해 대출 은행에 대해서 확인하고 이상이 없는 경우 계약하면 된다.

넷째, 토지등기부에서 소유자와 등기된 채권을 확인하라!

건물은 미등기로 등기부를 확인할 수 없지만, 토지에 대한 소유권은 토지등기부로 확인할 수 있다. 아파트의 대지권이 다른 사람의 소유로 소유권이 변경되어 임대인에게 대지권이 없다면 훗날 아파트가 보존등기되고 나서도 대지권 미등기가 된다. 대지권이 토지등기부에 등기된 경우에도 토지별도등기된 채권이 있는 경우에는 추후 토지별도등기채권자에 기한 경매가 진행되면 대지권은 새로운 낙찰자의 소유가 되니 대지권이 원래부터 없었던 것과 같이 될 수 있다.

이렇게 아파트가 지어지기 전에 등기된 채권(이 채권은 아파트가 보존등기 시 말소가 안 되면 표제부에 토지별도등기로 표시될 채권임)은 물론 조합원들의 무상이주비와 유상이주비 등으로 설정된 근저당권도 확인할 수 있다.

다섯째 세금 체납과 관리비 및 공과금 체납여부, 해결방법의 합의

임대인이 체납한 세금을 확인하기 위해서 잔금지불 전까지 국세완납증명서와 지방세완납증명서를 첨부하기로 하고 체납사실이 있는 경우 잔금지불 전까지 해결하기로 한다는 내용과 관리비와 제세·공과금은 임대인이 잔금지불 전

까지 정산해서 납부해야 한다는 내용을 특약사항란에 명기해야 한다. 왜냐하면 이 들 세금은 법정기일이 임차인보다 빠르게 되므로 선순위가 될 수 있기 때문이다.

미등기아파트임대차(전세) 계약서 작성하는 방법은?

아파트는 보존등기가 되기 전에도 임시사용승인을 받아 사용하게 되는 경우가 많다. 그래서 이번엔 임시사용승인이 나온 미등기아파트에서 임대차계약 체결 시 유의사항과 계약서 작성방법에 대해 알아보도록 하자. 앞의 147번에서 설명한 유의사항을 참고해서 하자가 없을 경우만 미등기아파트소유자와 임대차계약을 체결해야 보증금 손실을 보지 않는다.

미등기아파트 임대차(전세) 계약서

임대인과 임차인 쌍방은 아래 표시 부동산에 관하여 다음과 같이 임대차계약을 체결한다.
1. 부동산의 표시

소재지	서울시 영등포구 문래동 312번지 삼성아파트 제105동 제8층 제804호				
토 지	지목	대		면 적	45.80㎡
건 물	구조	철근콘크리트조	용도 아파트	면 적	84.98㎡
임대할부분	전 체			면 적	

2. 계약내용
제1조 [목적] 위 부동산의 임대차에 있어 임대인과 임차인은 보증금을 다음과 같이 지불키로 한다.

보 증 금	금 이억 원정 (₩200,000,000)
계 약 금	금 이천만 원정은 계약시 지불하고 영수함. 영수자 이 정 수 (인)
중 도 금	금 〈없음〉 원정은 년 월 일에 지불한다.
잔 금	금 일억팔천만 원정은 2015년 10월 30일에 지불한다.
차 임	

제2조 [주택인도 및 존속기간] 임대인은 위 부동산을 임대차 목적대로 사용·수익할 수 있는 상태로 2015년 10월 30일까지 임차인에게 인도하며, 임대차기간은 인도일로부터 2017년 10월 29일(24개월)까지로 한다.
     :
제10조[중개대상물 확인·설명서 교부등]은 〈내용 생략〉

[특약사항]
① 본 계약은 미등기아파트로 임시사용승인을 받아 임대하는 것으로 토지등기부와 분양계약서 원본, 조합, 미등기아파트에 대출한 금융기관 등을 통해서 소유자가 이순신임을 확인하고, 본인 확인을 위해서 분양계약서, 주민등록초본, 신분증 등으로 임대인의 신원을 확인했다.
그리고 아파트는 계약 시의 현 시설상태로 임차인에게 인도한다.
② 임대인은 토지와 분양권을 포괄담보로 하여 2013. 1. 1. 대출받고 토지만에 설정된 신한은행의 융자금 2억원(채권최고액 2억4천만원)중 1억원을 보증금 잔금으로 변제하고 감액등기(채권최고액 1억2천만원)하기로 하고, 계약 이후에 임차인이 아파트를 인도받기 전까지 추가적으로 어떠한 권리도 설정하지 않기로 한다.
③ 임대인이 체납한 세금을 확인하기 위해서 잔금지불 전까지 국세완납증명서와 지방세완납 증명서를 첨부하기로 하고 체납사실이 있는 경우 잔금을 지불하기 전까지 해결해야 한다.
④ 장기수선충당금은 임대차기간 중에 임차인이 부담하고 계약종료후 임차인이 퇴거 시에는 임대인이 임차인에게 반환해야 한다.
⑤ 잔금지불하기 전까지 관리비와 제세·공과금은 임대인이 정산납부해야 한다.
⑥ 계약해제에 따른 해약금은 위 계약내용 제5조로 하고, 위약금은 위 계약내용 제6조에 따른다.

위 계약조건을 확실히 하고 훗일에 증하기 위하여 본 계약서를 작성하고 각 1통씩 보관한다.
2015년 09월 25일

〈 임대인, 임차인, 중개업자란은 지면상 생략했음 〉

149. 대지권미등기 아파트에서 임대차계약서 작성법은?

집합건물등기부의 두 번째 표제부에 대지권의 표시가 없으면, 대지권은 있는데 대지지분 정리가 안 되어 미등기인지, 대지권정리가 된 상태인데 대지권이 없는 경우인 지를 토지등기부를 확인해서 판단하게 된다. 실제로 대지권이 없는 경우라면 임차인은 대지권이 없는 집합건물소유자와 계약서를 작성하게 되는데 이렇게 집합건물소유자와 계약을 하게 되면 건물의 소유자에게만 대항력과 우선변제권을 주장할 수 있고, 대지는 제3자의 소유이므로 대항력과 우선변제권을 주장할 수 가 없어 전세금의 손실이 예상되므로 유의해야 한다.

아파트 임대차(전세) 계약서

임대인과 임차인 쌍방은 아래 표시 부동산에 관하여 다음과 같이 임대차계약을 체결한다
1. 부동산의 표시

소재지	서울시 강남구 논현동 100, 삼성래미안아파트 제101동 제15층 제1501호				
토 지	지목	대		면 적	45.80㎡
건 물	구조	철근콘크리트조	용도	아파트	면 적	84.98㎡
임대할부분	전 체			면 적	

2. 계약내용
제1조 [목적] 위 부동산의 임대차에 있어 임대인과 임차인은 보증금을 다음과 같이 지불키로 한다.

보증금	금 이억 원정 (₩200,000,000)
계약금	금 이천만 원정은 계약시 지불하고 영수함.　영수자 홍길동 (인)
중도금	금 〈없음〉 원정은　년 월 일에 지불한다.

잔 금	금 일억팔천만 원정은 2015년 03월 30일에 지불한다.
차 임	

제2조 [주택인도 및 존속기간] 임대인은 위 부동산을 임대차 목적대로 사용·수익할 수 있는 상태로 2015년 03월 30일까지 임차인에게 인도하며, 임대차기간은 인도일로부터 2017년 05월 29일(24개월)까지로 한다.
: : :
제10조 [중개대상물 확인·설명서 교부등]은 〈내용 생략〉

[특약사항]
① 본 계약은 위 부동문자로 된 계약내용에 합의하고, 계약 시의 현 시설상태로 아파트를 임차인에게 인도 한다.
② 본 아파트는 대지권이 미등기상태로 분양계약서와 조합사무실, 그리고 토지등기부를 확인해 본 결과 환지절차지연으로 대지권등기가 되어 있지 않은 상태이나 분양대지권은 45.80㎡이다. 최초 수분양권자가 분양대금을 완납하였으므로 환지정리가 완료되면 대지권이 당연히 등기된다는 것을 확인하고 계약을 체결한다.
③ 계약 이후에 임대인의 귀책사유로 위 아파트에 추가적인 권리(근저당권, 임차권, 가압류, 가처분 등)가 발생하면 임차인이 잔금지불 전까지 임대인 책임하에 말소해야 한다. 만일 말소하지 못하면 임차인은 위 계약내용 제6조에 의해 계약을 해제하고 손해배상을 청구할 수 있다.
④ 임대인이 체납한 세금을 확인하기 위해서 잔금지불 전까지 국세완납증명서와 지방세완납 증명서를 첨부하고 체납사실이 있는 경우 잔금을 지불하기 전까지 해결한다.
⑤ 장기수선충당금은 임대차기간 중에 임차인이 부담하고 계약종료후 임차인이 퇴거 시에는 임대인이 임차인에게 반환해야 한다.
⑥ 잔금지불하기 전까지 관리비와 제세공과금은 임대인이 정산 납부해야 한다.

위 계약조건을 확실히 하고 훗일에 증하기 위하여 본 계약서를 작성하고 각 1통씩 보관한다.
2015년 03월 01일

〈 임대인, 임차인, 중개업자란은 지면상 생략했음 〉

150. 공동소유 다가구주택 임대차계약(전세)서 작성 방법은?

김미선(3/7), 이한국(2/7), 이정민(2/7)이 공동소유하고 있는 다가구주택에서 김미선(3/7)과 이한국(2/7)을 공동임대인으로 다음과 같이 임대차계약서를 작성하면, 과반수 지분권자와 계약한 것으로 주임법상 보호를 받을 수 있어서 대항력과 우선변제권이 있다.

다가구주택 임대차(전세) 계약서

임대인과 임차인 쌍방은 아래 표시 부동산에 관하여 다음과 같이 임대차계약을 체결한다.

1. 부동산의 표시

소재지	서울시 종로구 창신동 100번지					
토지	지목	대			면적	186㎡
건물	구조	연와조	용도	다가구주택	면적	329.41㎡
임대할부분	전체 건물면적중 2층 좌측 방3개(현황 201호로 표시)				면적	70.48㎡

2. 계약내용
제1조 [목적] 위 부동산의 임대차에 있어 임대인과 임차인은 보증금을 다음과 같이 지불키로 한다.

보증금	금 팔천 원정 (₩80,000,000)
계약금	금 팔백만 원정은 계약시 지불하고 영수함. 영수자 김 미 선 (인)
중도금	금 〈없음〉 원정은 년 월 일에 지불한다.
잔금	금 칠천이백만 원정은 2015년 02월 25일에 지불한다.
차임	

제2조 [주택인도 및 존속기간] 임대인은 위 부동산을 임대차 목적대로 사용·수익할 수 있는 상태로 2015년 02월 25일까지 임차인에게 인도하며, 임대차기간은 인도일로부터 2017년 02월 24일(24개월)까지로 한다.
  :   :   :
제10조[중개대상물 확인·설명서 교부등]은 〈내용 생략〉

[특약사항]
① 본 계약은 위 부동문자로 된 계약내용에 합의하고, 위 주택은 계약 시의 현 시설상태로 임차인에게 인도 한다. 다만 임대인들은 임차인이 입주 전까지 도배와 장판을 새로 해서 임대하는 조건이다.
② 위 주택은 김미선(3/7), 이한국(2/7), 이정민(2/7)의 공동소유하고 있으나 임대차계약은 민법 제265조 규정에 따라 공유물의 관리행위는 공유자의 과반수 지분권자 또는 과반수의 동의로 결정되는 바, 김미선(3/7), 이한국(2/7)을 공동임대인으로 해서 민법 제265조 규정에 따라 적법하게 임대차계약을 체결하기로 한다.
③ 위 주택에 2011. 1. 10. 설정된 하나은행의 융자금 1억원(채권최고액 1억2천만원)은 있는 상태에서 계약한다.
④ 위 주택의 임차인 수는 현재 5인이며 보증금의 합계는 2억9천만원이다. 만일 이 내용과 다를 때는 임차인은 위 계약내용 제6조에 의해 계약을 해제하고 손해 배상을 청구할 수 있다.
⑤ 계약 이후에 임대인의 귀책사유로 위 주택에 추가적인 권리(근저당권, 임차권, 가압류, 가처분 등)가 발생하면 임차인이 잔금지불 전까지 임대인 책임하에 말소해야 한다. 만일 말소하지 못하면 임차인은 위 계약내용 제6조에 의해 계약을 해제하고 손해배상을 청구할 수 있다.
⑥ 임대인이 체납한 세금을 확인하기 위해서 잔금지불 전까지 국세완납증명서와 지방세완납증명서를 첨부하고 체납사실이 있는 경우 잔금지불 전까지 해결해야 한다.
⑦ 장기수선충당금은 임대차기간중에 임차인이 부담하고 계약종료후 임차인이 퇴거 시에는 임대인이 임차인에게 반환해야 한다.
⑧ 잔금 지불하기 전까지 관리비와 제세·공과금은 임대인의 책임 하에 정산납부 한다.
⑨ 임차보증금은 김미선과 이한국의 계좌로 각 지분비율에 해당하는 금액을 이체하기로 한다.

위 계약조건을 확실히 하고 훗일에 증하기 위하여 본 계약서를 작성하고 각 1통씩 보관한다.
2015년 02월 01일

임대인 I	주 소	서울시 강서구 화곡동 104번지					
	주민등록번호	390701-2246536	전화	010-2222-1234	성명	김미선	(인)
	대 리 인	주민등록번호		전화		성명	(인)

임대인 II	주 소	서울시 강서구 화곡동 104번지					
	주민등록번호	650103-1247955	전화	010-4545-7789	성명	이한국	(인)
	대 리 인	주민등록번호		전화		성명	(인)

임 차 인	주 소	서울시 종로구 창신동 512번지 한양연립주택 제2층 제201호					
	주민등록번호	440405-1274355	전화	010-5555-7789	성명	구봉서	(인)
	대 리 인	주민등록번호		전화		성명	(인)

중개업자	사무소소재지	서울시 종로구 창신동 105번지 제1층 110호		
	등 록 번 호	6234-50000	사무소명칭	종로 공인중개사사무소
	전 화 번 호	02-584-0032	대표자성명	김대중 (인)

PART 7

계약 후 전세금을
안전하게 지키는 비법?

151 계약서를 써야만 계약의 효력이 발생할까?

계약은 당사자 간의 의사표시만 일치하면 성립하게 되므로, 다른 형식이나 절차가 필요 없고, 계약서를 작성하지 않았어도, 계약금이 지급되지 않았어도 계약의 효력이 발생한다.

계약은 구두로 해도 적법하게 성립되어 계약당사자 간에 그 효력이 미치지만, 구두로만 계약을 하게 된다면 계약이 파기되거나 계약내용을 부인하는 경우 그 증명을 위해 많은 어려움을 겪게 되므로, 계약을 할 때 계약내용을 계약서로 작성해서 증빙자료로 보관하고 있어야 다음 판례와 같이 『계약의 성립을 위한 의사표시의 객관적 합치 여부를 판단함에 있어, 처분문서인 계약서가 있는 경우에는 특별한 사정이 없는 한 계약서에 기재된 대로 의사표시의 존재 및 내용을 인정하여야 한다(대법 2008다96291, 96307 판결).』 분쟁의 소지도 없애고 완전한 계약이행의 목적을 달성할 수 있다.

152. 계약을 하고 24시간 안에는 언제든지 깰 수 있나?

Q : 오늘 집을 보고 전세계약서는 작성하지 않았지만 계약하기로 합의해서 계약금만 지급한 상태입니다.

그런데 갑자기 집주인이 계약을 안 하겠다고... 말을 바꾸네요~

계약서를 작성하지 않은 상태라 어떻게 해야 하는지 모르겠어서 당황스럽습니다. 집주인 말로는 계약서를 작성하더라도 24시간 내에는 언제든지 계약 파기가 가능하다고 하는데 어떻게 하면 되나요?

A : 24시간 내에 언제든지 계약을 깰 수 있다는 오해는 공산품 등에 있어서 계약을 해지할 수 있는 규정과 혼동해서 생긴 일이 아닌가 생각되지만, 부동산에서는 계약하고 나서는 임의 해제할 수 없고 계약금을 해약금으로 지급해야만 계약을 해제할 수 있습니다. 민법상 계약체결은 당사자 간의 의사의 합치에 의해서 결정된 사항으로 봐서 그렇습니다.

계약은 청약과 승낙으로 이루어집니다.

청약은 아파트를 7,000만원에 전세로 내 놓았군요. 들어가고 싶으니 계약을 원합니다.

승낙은 네, 7,000만원에 내 놓았습니다. 계약합시다. 계약은 보증금의 10%인 700만원을 계약금으로 하고 계약하기로 하죠.

계약서는 쓰지 않았지만, 계약하기로 합의하고 돈을 주고받았기 때문에 이는 계약이 성립된 것으로 임대인은 계약금의 배액을, 임차인은 계약금을 해약금으로 지급해야만 계약을 해제할 수 가 있는 것이지, 계약당사자 일방이 24시간 이내에 아무 조건 없이 계약 파기 가능하다는 말은 잘못된 상식에 불과합니다. 따라서 임차인은 집주인에게 계약금 700만원의 2배 1,400만원을 요구할 수 있습니다. 지급하지 않는다면 약식재판인 지급명령제도를 활용해서 청구하면 됩니다.

153. 계약서 작성 후 계약금을 입금하기 전에는 언제나 계약을 깰 수 있나?

부동산중개실무에서는 계약서를 작성(주계약)하고 서명날인 했더라도 요물계약이라 계약금계약이 성립되어야, 즉 계약금이 입금되어야 그 효력이 발생하는 것으로 보고, 계약금을 입금하지 않았다면 계약의사가 없는 것으로 판단해서 처음부터 없었던 것으로 처리하고 있다.

그러나 법원은 계약만 하고 계약금을 지급하지 아니한 경우도 계약의 효력이 발생해서 계약을 해제할 수 없다고 판결하고 있어 중개실무가 잘못된 것이다.

∷ 대법원 2007다73611의 판결로본 올바른 판단

"계약이 일단 성립한 후에는 당사자의 일방이 이를 마음대로 해제할 수 없는 것이 원칙이고, 다만 주된 계약(계약서 작성, 계약서가 없어도 계약에 합의했다면)과 더불어 계약금계약을 한 경우에는 임의 해제를 할 수 있기는 하나, 계약금계약은 금전 기타 유가물의 교부를 요건으로 하므로 단지 계약금을 지급하기로 약정만 한 단계에서는 아직 계약금으로서의 효력, 즉 위 민법 규정에 의해 계약해제를 할 수 있는 권리는 발생하지 않는다. 따라서 계약금 전부를 나중에 지급하기로 약정한 경우, 교부자가 계약금의 전부를 약정대로 지급하지 않으면 상대방은 계약금 지급의무의 이행을 청구하거나 채무불이행을 이유로 계약금약정을 해제할 수 있고, 나아가 위 약정이 없었더라면 주계약을 체결하지 않았을 것이라는 사정이 인정된다면 주계약도 해제할 수도 있을 것이나, 교부자가 계약금의 전부를 지급하지 아니하는 한 계약금계약은 성립하지 아니하므로 당사자가 임의로 주계약을 해제할 수는 없다 할 것이다."

154. 계약금 일부만 받은 경우 그 금액을 해약금으로 계약을 해제할 수 있나?

부동산중개실무에서는 계약금의 일부만을 지급한 경우 그 계약금 일부만을 해약금으로 지급하고 계약을 해제하는 경우가 대부분이다.

이같이 일부 계약금만으로 계약을 해약하거나 계약위반에 따른 손해배상금으로 합의가 이루어지면 다행이지만, 분쟁이 발생하면 소송으로 다툴 수밖에 없다. 계약금의 일부만 지급한 경우 계약금계약이 성립하지 못해 그 금액을 해약금으로 지급하고 스스로 계약을 해제할 수 없다. 그래서 계약을 불이행하게 되면 손해배상책임이 따르게 되는데 계약금전액을 기준으로 할 것인지, 지급한 금액으로 할 것인지를 가지고 다툼이 많았다.

그런데 최근 대법원이 민법 565조에 따른 해제(해약)를 위해서는 계약금이 전부 지급되어야만 하고, 일부 지급된 상태에서는 민법565조에 기한 계약해제는 불가하다는 판단을 분명히 하였고, 손해배상을 다툴 때도 그 기준점은 지급된 금액을 가지고 판단할 것이 아니라 계약금 전부를 가지고 판단해야 한다고 판결했다.

(1) 대법원 2015. 4. 23.선고 2014다231378 손해배상

1. 원심 판단

① 원고는 2013. 3. 25. 피고로부터 서울 서초구 00동 100 현대00아파트 00동 000호를 매매대금 11억원에 매수하기로 매매계약을 체결하고, 계약금 1억1,000만원 중 1,000만원은 계약 당일에 지급하고, 나머지 1억원은 다음 날인 2013. 3. 26. 피고의 은행계좌로 송금하기로 약정했다.

② 피고는 다음 날인 2013. 3. 26. 이 사건 매매계약 체결을 중개하였던 공인중개사에게 매매계약을 해제하겠다고 통보하고 피고의 은행계좌를 해지하여 폐쇄했다.

③ 원고는 2013. 3. 27. 피고가 나머지 계약금 1억원의 수령을 거절한다는 이유로 서울동부지방법원 2013년 금제115호로 1억원을 공탁했다.

④ 피고는 2013. 3. 27. 원고를 피공탁자로 서울중앙지방법원 2013년 금제6375호로 2,000만원을 공탁하고, 같은 날 원고에게 '매도인은 여러 가지 사정상 매수인으로부터 수령한 계약금 1,000만원의 배액인 2,000만원을 매수인에게 공탁하고 계약을 해지한다는 내용의 해약통고서를 보냈고, 원고에게 도달했다.

⑤ 원고는 2013. 4. 24. 피고에게 '잔금일인 2013. 4. 29.까지 잔금을 지참하여 공인중개사 사무소를 방문할 예정이니 소유권이전등기에 필요한 서류를 교부해 달라'는 취지의 통고서를 보냈고, 피고에게 도달했다.

⑥ 원고는 2013. 4. 29. 잔금을 지참하고 공인중개사 사무소를 방문하였으나, 피고는 나오지 않았다.

⑦ 원고는 2013. 6. 3. 피고에게 '피고가 2013. 4. 29. 잔금 기일에 참석하지 않아 현재 이행지체 상태에 빠졌는바, 2013. 6. 7. 오전 10시까지 소유권이전등기에 필요한 서류를 교부하지 않으면 별도의 해제통고 없이 당해 최고서를 통하여 계약해제의 의사표시를 갈음한다.'는 내용의 통고서를 보냈고, 2013. 6.

4. 위 통고서가 피고에게 도달했다.

⑧ 원심은 위 사실을 기초로, ⑴ 피고가 2013. 3. 26. 은행계좌를 폐쇄하고, 2013. 3. 29. 원고에게 이 사건 매매계약을 해제한다는 내용의 통고서를 보냄으로써 매매계약상의 소유권이전의무를 이행하지 아니할 의사를 명백하게 표시하였으므로, 매매계약은 피고의 이행거절을 이유로 한 원고의 2013. 6. 3.자 계약해제의 의사표시에 의하여 2013. 6. 7. 적법하게 해제되었다고 본 다음, ⑵ 피고는 해제에 따른 원상회복으로서 원고에게 지급받은 1,000만원을 반환할 의무가 있고, 채무불이행에 따른 손해배상으로서 이 사건 매매계약 제6조에서 정한 위약금 1억1,000만원을 지급할 의무가 있으나 판시와 같은 사정을 감안하면 위 금원은 부당히 과다하므로 그 액수를 70%로 감액한 7,700만 원을 지급할 의무가 있다고 판단했다.

2. 대법원 판단

① 피고는, 원고가 2013. 6. 7. 공탁금 1억원을 회수한 이상 계약금지급의무를 이행하지 않게 된 것이므로, 원고가 계약금지급의무를 이행한 것을 전제로 하여 이루어진 원심의 판단은 잘못이라 주장한다.

- 그러나 원심은 피고의 이행거절을 이유로 매매계약이 해제되었다고 판단한 것으로, 이러한 원심의 판단은 원고가 계약금을 전부 지급하였음을 전제로 한 것이 아니므로, 원고가 계약금 중 1억원을 공탁하였다가 회수한 사실이 매매계약의 해제 여부 나아가 판결 결과에 아무런 영향을 미치지 아니한다(그리고 기록에 의하면 원고는 피고가 은행계좌를 폐쇄하여 계약금의 수령을 거절하자 1억원을 법원에 공탁하였다가 이 사건 매매계약이 적법히 해제된 2013. 6. 7. 원상회복의 일환으로 위 공탁금을 회수한 사실이 인정될 뿐이다). 따라서 이 부분 상고이유 주장은 이유 없다.

② 피고는, 매매계약은 이미 원고의 계약금 지급의무 불이행으로 특약사항 제4조에 의해 당연히 해제되었으므로 피고의 이행거절이 문제 될 여지가 없는데 이와 달리 본 원심의 판단은 잘못이라 주장한다.

- 기록에 의하면, 매매계약의 특약사항 제4조가 '만일 2013. 3. 26.까지 계약금 중 1억원이 입금되지 않을 경우, 별도 약속이 없는 한 최고 없이 이 계약은 해제된다.'고 규정하고 있고, 원고가 2013. 3. 27.에서야 나머지 계약금 1억원을 공탁한 사실은 인정된다. 그러나 원고가 2013. 3. 26.까지 피고에게 1억원을 지급하지 못한 것은 피고가 1억원을 수령하지 않으려고 은행계좌를 폐쇄했기 때문이므로, 원고가 2013. 3. 26.까지 피고에게 1억원을 지급하지 못한 데에 원고의 귀책사유가 없다. 따라서 이 부분 상고이유 주장은 이유 없다.

③ 피고는, 원고가 계약금을 전부 지급하기 전까지는 이 사건 매매계약의 구속력이 약하므로 계약금 일부로서 지급받은 1,000만원의 배액을 상환하면 얼마든지 이 사건 매매계약을 해제할 수 있는데도, 이와 달리 판단한 원심판결에는 계약금 일부만 지급된 경우에 계약의 해제에 관한 법리를 오해한 잘못이 있다고 주장한다.

- 그러나 앞서 본 바와 같이 원고가 계약금 1억1,000만원을 전부 지급하였다고 봄이 타당하므로 피고는 위 계약금의 배액을 상환해야 이 사건 매매계약을 해제할 수 있다. 이와 다른 전제에 선 이 부분 상고이유 주장은 이유 없다고 판단했다.

④ 설령 원고가 계약금 1억1,000만원 중 일부인 1,000만원만을 지급한 것이라고 하더라도, 대법원 2008. 3. 13. 선고 2007다73611 판결(앞의 153번 참조)의 이유로 이 부분 상고이유 주장은 이유 없다.

결국 대법원은, 실무상 많은 논란이 된 계약해제 이전에 약정된 계약금 중 일부만이 수수된 사안이 아니라, 계약해제 이전에 매수인인 원고가 공탁절차를 통하여 약정계약금 모두를 매도인에게 지급한 이후에 계약해제 된 사안이라고 이 사건 사실관계를 판단하였다.

따라서 이 사안 자체의 해결차원에서는 여기에서 더 이상의 법리판단 없이 매도인의 상고를 기각했다.

(2) 서울고등법원 2006나34260 판결

2005년 성남 분당의 아파트 1채를 대금 5억5천만원에 매각하기로 계약하고, 계약서에는 계약금 5천5백만원, 중도금 2억원, 잔금 3억원으로 기재하고 계약금중 일부인 350만원을 지급한 사례에서 "법원의 계약금판단의 기준은 피고(매도인)가 이 사건 매매계약을 유지하지 않으려는 의도로 약정계약금의 수령을 거부하는 등 약정계약금을 지급하지 못하게 된 원인이 피고에게 있음이 명백한 이상, 원피고 사이에 매매계약 해제권유보약정의 기준으로 정한 계약금은 피고가 실제 지급받은 350만원이 아니라 약정계약금인 5,500만원으로 보아야 한다."는 취지로 판시했다."

(3) 이러한 상황에서 해결방법은 어떻게?

계약금이 교부되지 않았다면 또는 계약금의 일부만 교부되었다면(다음 사례) 계약금계약이 성립되지 않아서 계약당사자가 임의로 계약을 깰 수 없으니 <u>그 상대방은 두 가지 중에 하나를 선택</u>, 하나는 계약이행을 청구하고 협의가 안 되면 소송으로 계약이행을 완료하는 방법, 다른 방법은 채무불이행을 이유로 계약을 해제하는 경우로 이때도 계약불이행에 따른 위약금 조항을 명시해 두었다면 그 금액을 손해배상액으로 청구할 수 있지만, 위약금 조항이 없다면 계약을 이행하지 않아서 실제로 손해 본 금액에 대해서만 청구가 가능하다는 사실이다.

그러나 <u>채무불이행당사자가 스스로 계약을 해약되는 경우</u>, 손해배상청구소송으로 가면 지급해야 되는 금액은 계약서에 명시된 금액을 한도로 정하게 되니 현명한 대처가 필요하다. 상대방과 협의해서 지급된 일부금액만을 해약금으로 지급하고 해약하는 방법이다. 협의가 안 되면 소송이 진행되고 그 과정에서는 지급된 일부만을 손해배상액으로 인정되지 않고 계약금상당액으로 배상하게 될 수도 있기 때문이다.

155 계약당사자는 언제든지 해약금을 지급하고 계약을 깰 수 있다?

　계약이행의 착수 이전에는 계약당사자 스스로 계약금을 해약금으로 지급하고 계약을 해제할 수 있다(해제권을 배제하는 특약이 있을 때는 예외적으로 불가, 대법원 2005다4115 판결). 계약이행의 착수가 있고서는 해약금을 지급하고 계약을 깰 수 없다. 여기서 계약이행의 착수는 계약후 중도금의 일부 또는 전부를 지급한 경우, 잔금의 일부만 지급한 경우, 잔금 날 매수인이 잔금지급, 매도인의 부동산인도와 소유권이전등기 등을 말한다.

156. 채무불이행으로 계약을 해제 시 청구할 수 있는 손해배상금은?

해약금 조항은 계약이행에 착수하기 이전에 해약을 원하는 계약 당사자가 일정한 금액의 손해를 부담하고 임의로 계약을 해제할 수 있는 조항이므로, 계약위반에 따른 손해배상을 미리 정하는 위약금과는 엄연히 다른 문제다. 그런데 해약금조항만 있는 경우도 계약을 위반하면 계약금 상당의 손해를 당연히 보게 된다고 오해를 하고 있는 경우가 많다. 상대방이 채무불이행으로 계약을 해제 시 청구할 수 있는 손해배상금은 두 사례로 나누어 볼 수 있다.

첫 번째로 계약서에 위약금약정이 없는 사례이다.

계약이 성립되고 나서 계약이행에 착수되기 전에 당사자 일방의 채무불이행으로 계약의 목적을 달성할 수 없는 경우 그 상대방이 상당한 기간을 정하여 그 이행을 최고하고 그 기간 내에 이행하지 아니한 때에는 계약을 해제할 수 있다. 계약이 해제되면 그 계약은 처음부터 없었던 것과 같이 소급적으로 무효가 되어 계약이 체결되기 전의 상태로 원상회복시킬 의무를 갖게 돼 임대인은 임차인으로부터 받은 계약금을 반환해야 한다(대법 95다54693).

다만, 임대인은 채무불이행으로 계약을 이행하지 못하게 한 임차인에 대해 계약해제로 인한 실제 손해만을 배상을 청구할 수는 있다.

문제는 실제로 입은 손해를 임대인이 증명해야 하고, 뚜렷한 손해가 없거나,

손해액을 구체적으로 입증하기 하지 못하면 손해배상금 청구가 제한적일 수밖에 없다.

따라서 해약금 약정만 있고 위약금약정이 없으면 임차인이 먼저 계약을 해제하겠다는 의사표시를 하지 말고, 임대인이 임차인에게 계약을 해제할 때까지 기다려야 한다.

이와 반대로 임대인의 경우 먼저 계약을 해제하겠다는 의사표시를 임차인에게 하지 말고, 계약이행을 내용증명 등으로 통보해서 이행지체에 빠뜨려야 한다. 그래서 스스로 계약금을 해약금으로 지급하고 계약을 포기하도록 해야 한다.

임대인이 계약을 이행하지 않는 경우도 마찬 가지로 이와 같은 방법으로 하면 된다.

그러는 과정에서 계약해제권이 없는 채무불이행자는 계약금을 손해배상금으로 지급하고서라도 계약해제에 합의해줄 것을 요청할 가능성이 높게 된다.

두 번째로 계약서에 위약금약정이 명시해 두었다면 이 위약금약정은 손해배상액의 예정으로 추정되며 당사자는 별도의 손해액 입증을 할 필요 없이 당연히 예정된 손해배상액을 청구할 수 있다. 다만 위약금이 과다하다고 판단되면 민법 제398조 제2항에 따라 법원의 감액청구소송으로 감액될 수도 있다는 사실도 함께 이해하고 있어야 한다.

157. 전세금 보호를 위해 임차인이 알아야할 9가지 특별 노하우?

01 선순위채권 과다 여부를 확인하고 계약해라!

임차할 주택에서 임차인보다 선순위채권으로 ① 등기부에 등기된 채권 + ② 다가구주택에서 다른 임차인의 우선변제권 + ③ 조세채권(국세완납증명서와 지방세완납증명서를 통해 확인)과 본인의 임차보증금까지 포함해, 아파트·연립주택 등은 그 주택가격의 70%를, 단독·다가구주택이나 상가 또는 토지의 경우에는 그 부동산 가격의 60%를 초과하지 않아야 내 보증금을 안전하게 보호받을 수 있다. 왜냐하면 아파트 등이 경매당하면 20~30% 정도 가격이 떨어져 매각되고 있기 때문이다.

02 선순위채권이 많을 때 이렇게 대처하면 된다

① 선순위채권 즉 근저당권, 전세권, 담보가등기, 가압류, 압류 등을 잔금지불 이전까지 말소하는 조건으로 계약서 특약사항란에 명기하고 계약하면 된다.

② 잔불지불 전까지 말소되지 않았다면 계약은 없던 거로 하고 손해배상 책임을 상대방에 청구할 수 있다. 이때 대비를 위해 위약금조항이 필요하다.

③ <u>선순위채권이 많은 상태에서 입주를 희망한다면</u> 반전세 또는 월세를 선택해라! 반전세로 해서 선순위채권을 포함해 아파트 등은 70%, 단독주택 등

은 60% 이내로 하거나 월세로 해서 보증금을 최우선변제금 범위 즉 9,500만 원 이하(서울 기준)로 하면 된다.

03 소유자를 확인하고 계약해야 전세금을 보호 받을 수 있다

집합건물은 등기부와 등기권리증, 건축물대장을 함께 확인하는 습관이 중요하다. 아무리 뛰어난 자라해도 이 3가지 모두를 위조하기란 어렵다. 그리고 단독 및 다가구주택과 같이 토지등기부와 건물등기부가 다르게 되어 있는 주택은 토지와 건물등기부를 모두 확인하는 것을 잊지 말아야 한다. 대리인이 계약할 때에는 적법한 대리권한을 확인하고 계약하고 잔금지급하기 전에 본인이 참석해서 서명날인하도록 해야 안전하다. 계약을 할 수 없는 사람과 계약을 하면 계약이 무효가 되므로 손해를 볼 수밖에 없다.

04 계약금, 중도금, 잔금지급은 이렇게 하면 된다

① **계약서 작성 후 계약금을 지급하게 되는데** 본인과 계약 또는 대리인계약 모두 현금이나 수표로 지급하지 말고 임대인계좌로 직접 계좌 이체하는 것이 증빙자료가 분명하고 훗날 다툼이 발생해도 안전하게 지킬 수 있다.

② **중도금이나 잔금을 지급하기 전에** 이중계약이나 권리변동 여부를 재차 파악하기 위해 등기부등본을 재확인하는 것이 필수다. 간혹 임대인이 개인사정에 따라서 중도금을 많이 요구하거나(70% 이상), 입주하기 전에 잔금 지급을 요청하는 경우 문제가 발생할 수 있으므로 주의해야 한다.

05 잔금지급 후 주택인도 즉시 전입신고와 확정일자를 받아야

주임법상 대항요건과 확정일자를 갖추면 대항력과 우선변제권이 발생하여 전세보증금을 안전하게 보장 받을 수 있다.

<u>잔금납부 하루 전에 전입신고와 확정일자를 미리 받아두면 그 이후 즉 잔금일에 근저당권이나 소유자가 변경되는 것을 예방할 수 있다.</u> 물론 이러한 경우도 대항력과 우선변제권은 먼저 발생되는 것이 아니라 잔금을 납부하고 주택을 인도 받은 다음날 오전 0시가 된다.

하지만, 전입신고가 이루어진 주택에 추가 근저당권 설정을 방지할 수 있고, 추후 경매절차에서 이런 사실을 확인하기란 쉽지 않아서 보증금을 안전하게 지킬 수 있다.

06 전세권등기와 주임법상 대항요건을 함께 갖추고 있으면

전세권은 등기 시점으로 대항력과 우선변제권을 갖게 되므로 전세보증금을 안전하게 지킬 수 있다.

그런데 전세권은 대항력을 포기하고 배당요구 시 미배당금이 발생해도 소멸되므로 주임법상 대항요건을 함께 갖추고 있으면 전세권은 소멸해도 주임법상의 대항력은 미배당금이 해소 될 때까지 소멸되지 않고 매수인에 대항력을 가지게 된다. 따라서 전세권등기를 했더라도 자만하지 말고 대항요건을 함께 갖추고 있어야 한다.

07 임대차권등기와 임차권등기 하는 것 잊지 말자!

① 계약기간 중에 이사를 가게 된다면 임차권등기명령을 신청할 수 없으니 임대인의 동의를 얻어 민법 제621조에 기한 임대차등기를 하고 이사 가면 종전 대항력과 우선변제권을 그대로 유지할 수 있다.

② 계약기간이 종료되면 주임법 제3조의3에 따라 임차인이 단독으로 관할

법원에 임차권등기명령을 신청해서 임차권등기를 하고, 이사를 가게 되면 먼저 대항요건과 확정일자를 갖춘 시점에서 대항력과 우선변제권을 그대로 유지할 수 있다.

08 전세금보증보험에 가입해서 보장받는 방법을 선택해라!

전세 대란 속에서 전세금을 떼이는 것이 걱정이 된다면 전세금 보장보험에 가입하는 것이 좋은 대안이 될 수 있다.

① 서울보증보험(www.sgic.co.kr)의 '전세금보장신용보험'은 주택 임차인이 임대인으로부터 받아야 하는 임차보증금을 보호받기 위한 상품으로, 임대인의 주택이 경매로 넘어가거나 임대차계약이 해지된 후 30일이 지나도 보증금을 반환 받지 못할 경우 보험금이 지급된다. 1년 이상 임대차계약을 한 임차인은 계약 후 5개월 이내 서울보증보험에 신청하면 심사를 거쳐 가입할 수 있다. 주택 임차면적 관계없이 전세보증금 전액이 보증 가능하며, 보험료는 연 0.232%(아파트)다. 아파트 외 기타 주택은 조금 더 높은 연 0.263%의 보증료율이 적용된다. 다만 보증대상이 되려면 해당 주택의 보증금과 선순위 설정 최고액이 주택 추정 시가의 100% 이내야 한다. 따라서 전세보증금이 집값보다 높은 경우 등은 보증이 제한되므로 계약하기 전에 서울보증보험과 상담 후 계약하면 된다.

② 대한주택보증(www.khgc.co.kr)의 '전세보증금반환보증'은 보증료율 연 0.197%의 상대적으로 저렴한 보증료율로 전세금 전액을 보장해준다. 이를테면 전세보증금이 2억원인 아파트에 임차하는 경우라면 연 39만4000원을 내면 전세 계약기간 종료 후 전세금 떼일 걱정을 하지 않아도 된다. 다만 수도권은 전세보증금 4억원 이하, 그 외 지역은 3억원 이하인 주택이 보증대상이 되며,

주택감정가액의 90% 이내에서 주택종류, 시행·시공사, 연대보증인 입보에 따라 차등 적용해 주고 있다. 따라서 주임법상 대항요건과 계약서에 확정일자까지 갖추고 나서도 걱정이 된다면 안전하게 보험하나 더 들어 두는 것도 현명한 선택이 될 수 있다.

09 전세보증금의 증액으로 갱신하게 된다면 어떻게 해야 하나?

등기부를 확인해서 등기된 선순위채권을 확인하고 이상이 없는 경우만, 증액계약서를 작성하고 그 계약서에도 확정일자를 다시 받는 것 또한 잊지 말아야 한다. 훗날 임차주택이 경매되면 최초임대차계약서와 증액한임대차계약서를 가지고 함께 배당요구하는 것 역시 잊지 말아야 한다.

158. 부동산 계약할 때 중개수수료 계산방법은?

<서울시 부동산중개수수료 2015. 04. 14. 개정>

■ 주택(주택의 부속토지, 주택분양권 포함)의 중개수수료 요율

거래 내용	거래금액	상한요율	한도액	중개수수료 요율 결정	거래금액 산정
매매·교환	5천만원 미만	1천분의 6	25만원	중개수수료는 거래금액 × 상한요율 이내에서 결정 (단, 이 때 계산된 금액은 한도액을 초과할 수 없음)	매매:매매가격 교환:교환대상 중 가격이 큰 중개대상 물 가격
	5천만원이상 ~ 2억원미만	1천분의 5	80만원		
	2억원이상 ~ 6억원미만	1천분의 4	없 음		
	6억원이상 ~ 9억원미만	1천분의 5	없 음		
	9억원이상	1천분의 ( ) 이내에서 협의		상한요율 1천분의 9 이내에서 개업공인중개사가 정한 좌측의 상한요율 이하에서 중개의뢰인과 개업공인중개사가 협의하여 결정함.	
임대차 등	5천만원미만	1천분의 5	20만원	중개수수료는 거래금액 × 상한요율 이내에서 결정 (단, 이 때 계산된 금액은 한도액을 초과할 수 없음)	전세:전세금 월세: 보증금 + (월 차임×100). 단, 이 때 계산된 금액이 5천만원 미만일 경우: 보증금+(월 차임액 × 70)
	5천만원이상 ~1억원미만	1천분의 4	30만원		
	1억원이상 ~ 3억원미만	1천분의 3	없 음		
	3억원이상 ~ 6억원미만	1천분의 4	없 음		
	6억원이상	1천분의 ( ) 이내에서 협의		상한요율 1천분의 8 이내에서 개업공인중개사가 정한 좌측의 상한요율 이하에서 중개의뢰인과 개업공인중개사가 협의하여 결정함.	

※ 분양권의 거래금액 계산 : [거래당시까지 불입한 금액(융자포함)+프리미엄] × 상한요율

■ 오피스텔 중개수수료 요율

적용대상	구 분	상한요율	중개수수료 요율 결정
전용면적 85m²이하, 전용입식부엌, 전용수세식 화장실, 목욕시설 등을 모두 갖춘 경우	매매·교환	1천분의 5	『주택』과 같음
	임대차 등	1천분의 4	
위 외의 경우	매매·교환 임대차	1천분의 ( ) 이내에서 협의	상한요율 1천분의 9 이내에서 개업공인중개사가 정한 좌측의 상한요율 이하에서 중개의뢰인과 개업공인중개사가 협의하여 결정함.

■ 주택, 오피스텔 이외 상가와 토지 중개수수료 요율.

거래 내용	상한요율	중개수수료 요율 결정	거래금액 산정
매매/교환, 임대차 등	거래금액의 1천분의 ( ) 이내	상한요율 1천분의 9 이내에서 개업공인중개사가 정한 좌측의 상한요율 이하에서 중개의뢰인과 개업공인중개사가 협의하여 결정함.	『주택』과 같음

159 중개수수료는 누가 부담하나?

첫 번째로 임대차계약에서 중계수수료
계약당사자인 임대인과 임차인이 부담하는 것이 원칙이다.

두 번째로 임대차계약기간이 만료된 경우
임차인이 이에 관한 비용을 지불할 필요가 없고 임대인이 지불하는 것이 원칙이다.

세 번째로 묵시적갱신으로 계약이 자동 연장되는 경우
묵시적 갱신 상태에서 부동산 수수료를 임차인이 부담하여야 하는지에 대해 국토해양부의 해석과 법원의 판결에 임차인은 부담하지 않는다고 판단하고 있다. 이헌 이유는 기존 계약기간의 만료로 인해서 임차인이 임대인에 대한 손해배상책임 없이 임차인이 언제든지 계약해지를 할 수 있고, 이 경우 3월 이후에 계약해지 효력이 발생된다는 점에서 그 해답을 찾을 수 있다.

네 번째로 임대차계약기간이 만료되기 전에 이사 나가는 경우
법률상으로도 임대인과 새로운 임차인 사이에서 새로운 임대차계약이 성립되는 것이므로 이들이 중개수수료를 부담하는 것이 원칙이다.   그러나 부동산중개 실무에서는 임차인이 계약기간 만료 전에 이사를 나가는 경우 임차인이 부담하게 되는 경우가 많은데, 그 이유는 임대인과 임차인 간의 계약관계에서 찾아볼 수 있다.

임대기간이 남아 있어서 새로운 임차인과의 계약에 동의하지 않을 것을 염려하여, 임차인 책임 하에 새로운 임차인을 구하고 중개수수료도 임차인이 부담하겠다는 말을 임대인에게 하게 되므로 임차인이 부담하게 되는 사례가 많다. 하지만, 계약기간이 만료되면 임대인이 전세보증금반환의무가 있으므로 임대인 책임 하에 새로운 임차인을 구하든가, 아니면 자신이 보증금을 마련해 임차보증금을 반환하게 되는 데에 그 원인이 있다.

> **보너스 정보**
>
> **서울지방법원 1998.7.1 선고, 97나55316 판결을 살펴보면**
> 1년을 약정한 임차인이 잔여기간 3개월을 남기고 나갈 경우에 임대인이 새 임차인과 임대차계약을 맺으면서 지출한 중개수수료는 특별약정이 없는 한 임차인이 부담할 성질의 것이 아니고 ~ 생략. 임차인과의 임대차계약이 정상적으로 종료된 경우에도 임대인은 어차피 새로운 임차인과 임대차 계약체결을 위하여 중개수수료를 지불하여야 하므로, 임차인이 중개수수료를 부담하여야 한다고 볼 수 없다고 판시하였다.

위 사례에 대한 판례와 유권해석으로볼 때, 나가는 임차인이 부담하겠다고 사전 합의했거나, 합의는 없었지만 임대인의 요구에 응해 임차인이 부담하겠다고 동의하는 경우가 아니면, 공인중개사로서는 중개수수료를 임대인에게 청구해야 한다.

임대인, 또는 임차인의 계약해지 통보 방법?

　임대인은 임대차기간 종료 전 6월부터 1월까지 임차인에 대하여 계약갱신 거절의 통지를 할 수 있고, 임차인은 임대차기간 종료 전 1월까지 임대인에게 계약종료에 따른 계약해지와 임차보증금을 반환하여 달라고 통지(우편내용증명)하면 된다.

　예를 들어 2014년 10월 31일부터 2016년 10월 30일까지라면 임대인은 계약기간 만료일 6개월 이전(4월 30일)부터 만료일 1개월 이전(9월 30일)까지의 기간 동안 계약을 해지할 수 있고 이 기간이 지나거나 지나서 해지하면 묵시적갱신이 된다.

　이에 반해서 임차인은 만료일 6월 이전에는 제한이 없고 단지 만료 1개월 전(9월 30일)까지만 계약을 해지하면 된다.

161 묵시적 갱신이 됐을 때 계약 해제는?

　묵시적인 갱신으로 계약이 연장되면 계약 해지권이 없는 임대인은 주택의 경우 2년, 상가는 1년 동안 계약을 해지할 수가 없다. 하지만 임차인은 언제든지 계약해지가 가능하며 해지 통지 후 3개월이 지나면 계약해지의 효력이 발생하여 보증금을 반환받을 수 있다. 이때 중개수수료는 임대인이 부담하게 된다.

162 전세기간 만료 후 전세금 반환 받는 데도 전략이 필요?

계약기간 종료 시 전세금을 돌려주지 않을 경우 처음부터 소송을 제기하는 분들이 있는데 그것은 현명한 방법이 아니다. 시간과 비용이 많이 들고 서로 간에 감정이 쌓일 수 있으므로 당사자 간의 대화를 통하여 원만하게 타협을 이루는 것이 좋다. 먼저 전화를 걸어 계약기간 종료 일자에 이사를 갈 테니 보증금을 돌려 달라고 전달하는 방법이 좋은데, 이 방법만으로는 분쟁의 소지가 발생할 수 있으니 우편 내용증명으로 통보하는 것과 병행해야 한다. 그런데도 임대인이 보증금을 돌려주지 않는다면 소송하기 전 임대인과 언제 전세금을 반환할 것인지 협의한다. 협의가 이루어졌더라도 구두로만 하지 말고 공증사무실에서 약속어음공정증서를 받는 방법과 관할법원에 제소 전 화해제도를 통해서 약속받고, 그 기간 내에 반환하지 않으면 약속어음공정증서 또는 화해결정문에 집행문을 부여받아서 임차주택을 간단히 강제경매를 신청할 수 있다.

이밖에도 서울시가 운영하고 있는 "서울시 전·월세보증금지원센터" 활용하면 된다.

임대인이 전세금을 반환하지 않는다면 이렇게 대처해라?

　임대인과 전세금반환에 대한 협의가 이루어 지지 않는다면 서울시가 운영하고 있는 "서울시 전·월세보증금지원센터" 를 활용하거나, 관할 법원에 민사조정제도나 소액심판제도, 지급명령제도 등과 같이 간단한 약식재판 절차 등을 이용할 수 있다. 임대인의 이의신청이 없으면 이 결정이 확정판결과 동일한 효력을 가지지만, 이의신청이 있으면 본안소송 절차로 이어지게 된다.

(1) 서울시 전·월세보증금지원센터를 활용

　전월세 보증금 지원센터는 서울시 을지로청사 1층에 있으며 상담 받으려면 직접 방문하거나 센터(02-731-6720, 6721, 6240)로 문의하면 된다. 센터에서는 임차인으로부터 신청을 받게 되면 보증금 분쟁상담을 해주고 집주인(임대인)과 임차인 사이 분쟁조정에도 나서게 되는데, 시에서 분쟁을 조정하다 보니 당사자 간의 협의보다 해결의 실마리를 쉽게 찾을 수 있다. 조정이 여의치 않다면 서울시가 임차권등기명령에 의한 임차권등기를 신청서류를 받아 신청해주고 임차권등기가 기입등기가 되고 나서 대출추천서를 금융기관에 보내 임차인이 금융기관(우리은행)에서 연 이율 5.04%로 대출을 받을 수 있도록 해준다.

　이때 담보가 필요 없고 이사 갈 새 주택의 임대차계약서만 있으면 되며 대출 후 2년 이내에 상환하면 된다.

(2) 약속어음 공정증서 작성

공증은 당사자 간 합의문건을 바탕으로 약속어음을 만든 뒤 공증사무실에서 공증절차를 밟으면 집주인과 임차인 모두 신속하고 간편하게 분쟁을 해결할 수 있다.

기간경과 후에 이행하지 않을 시 약속어음공정증서에 집행문을 부여받아서 임대인 소유부동산에 대해 강제경매를 신청할 수도 있다.

(3) 제소 전 화해제도

전세보증금의 분쟁 시 소송 전에 화해는 간단하고 신속할 뿐 아니라 비용도 거의 들지 않는게 장점이다. 제소 전 화해제도는 일반적인 민사 분쟁이 소송으로 발전하는 것을 방지하기 위해 소송을 제기 전에 지방법원단독판사 앞에서 화해신청을 하여 해결하는 것으로, 이 판결 후 임대인이 불이행시 강제집행을 할 수도 있다.

(4) 소액사건심판에 의한 이행권고 결정

① 소액심판제도

2,000만원 이하의 금액(대여금, 물품대금, 손해배상청구 등)으로 비교적 단순한 사건에 대하여 신속하고 간편하며 경제적으로 심판을 받을 수 있게 만든 것이 소액심판제도인데, 1999년의 법 개정으로 금액에 상관없이 전세분쟁의 당사자에게도 소액심판제도가 준용됨으로서 임대차 분쟁도 빠르게 해결할 수 있도록 했고, 재판은 단 1회로 끝내는 것이 원칙이다. 또 2001년 1월부터 시행된 소액사건심판법에 따르면 소액사건이 제기되면 법원은 기일(보통 14일 이내)을 잡아 소송에 들어가기 전에 원고의 신청 내용을 근거로 이행권고 결정을 할 수 있

고, 피고가 결정 내용을 전달받은 뒤 이의 신청을 하지 않으면 결정이 확정 판결과 동일한 효력을 가지게 된다.

임차인의 경우도 임대차계약서 사본과 도장을 준비하여 해당법원 민사과를 찾아가 소장을 작성하여 제출하면 된다.

② 이행권고 결정

이행권고 결정은 소액사건(청구금액이 2,000만원 이하)의 경우에 채권자가 청구한 내용을 보고 합당하다고 인정될 경우 법원이 신속한 재판을 위하여 내리는 명령으로, 이행권고결정을 받은 날로부터 14일 이내에 서면으로 이의신청을 하지 않을 경우 채권은 확정되고 이에 대하여 이행을 해야 한다. 그러나 이의신청이 있는 때에 법원은 지체 없이 변론기일을 지정하여 본안소송을 진행하게 된다. 어쨌든 임대인이 이의를 하더라도 기각될 수도 있고, 본안소송을 진행하더라도 빠르게 소송이 진행된다.

(5) 민사조정제도

민사조정제도는 판결에 의하지 않고, 조정담당판사, 상임 조정위원 또는 조정위원회가 분쟁당사자들로부터 주장을 듣고 분쟁 해결을 위한 타협방안(조정안)을 마련하여 당사자가 이를 받아들이도록 권고하는 방식이다. 임대인에게 먼저 우편으로 통지한 뒤 관할 법원에 민사조정 신청서를 작성해 제출하면 절차가 진행되고, 조정기일이 되면 임대인과 임차인 모두 출석하고 판사 입회하에 협의를 하게 된다. 조정이 성립되어 조정조서가 작성되면 이는 재판상 화해와 동일한 효력이 발생하게 된다.

(6) 지급명령제도

　채무자의 주소지 관할법원에 지급명령신청을 하고, 지급명령을 받은 채무자가 2주일 안에 이의신청이 없으면 법원의 청구취지와 원인을 기재하고 가집행선고를 통보하는 지급명령을 발급하게 된다.

　그러나 채무자가 이의신청을 한 때에는 법원은 이의신청이 적법하지 않다고 인정하면 결정으로 이를 각하하며, 적법한 이의신청이 있는 때에는 소송으로 이행하게 되는데, 지급명령을 신청한 때에 소를 제기한 것으로 본다(472조).

(7) 전세보증금 반환청구소송에 기한 집행권원으로 강제경매

　앞과 같은 방법 외에 임차인이 전세보증금 반환청구소송을 제기할 수도 있다. 이때 임차인은 임차주택에서 주민등록을 옮기지 않은 상태에서 임대인을 상대로 주소지 관할법원에 채무불이행에 따른 전세보증금 반환청구소송을 할 수 있다. 승소 후 그 판결문을 갖고 임차주택 등에 대하여 강제경매를 신청하고 그 매각대금에서 배당 받게 된다.

164. 임차권이나 전세권에 가압류가 있으면 갱신할 수 없다?

임차권이나 전세권에 가압류, 압류, 압류 및 전부명령, 압류 및 추심명령 등이 있으면 임대인과 임차인 간에, 또는 전세권설정자와 전세권자 간의 합의가 있더라도 그 갱신의 효력은 처분금지효력이 미치게 되어 무효가 될 수밖에 없다.

이렇게 임차권이나 전세권이 존속기간이 만료되고 전세보증금을 회수하려면 임차주택을 먼저 명도하고 나서 임대인에게 반환을 청구할 수 있다. 임차인과 협의가 안 되면, 임차가옥명도청구권을 대위하여 건물명도청구소송을 진행해서 그 판결문을 가지고 강제집행한 다음 전세금 반환을 청구하면 된다.

165 임차권 등에 가압류 등이 있는 경우, 임차인과 임대인의 대처법은?

임대인 입장에서 대응방법은 임차권에 채권가압류가 있으면 제1채무자가 임차인이 되고, 제3채무자가 임대인이 되는 것이므로 임차권에 채권가압류가 되면 임대인은 임차인에 직접 보증금을 반환해선 안 된다. 반드시 가압류채권자의 동의를 얻어서 지급하거나 채권가압류를 원인으로 공탁하는 방법으로 한다.

이때 차임이 있다면 보증금에서 차임을 먼저 공제한 후 잔금만 지급한다. 이는 임차보증금은 임차인의 차임이나 손해배상을 담보하기 위해서 보증금으로 지급된 것이기 때문에 가압류채권보다 차임이 우선하게 된다.

임차인 입장에서 대응방법은 임차인은 가압류채권자와 협의를 통해 채권액을 주택인도 시 반환 받을 채권에서 공제하는 조건으로 해결하면 된다. 그러나 협의가 안 되어서 가압류채권자의 건물인도청구소송까지 진행하게 된다면 강제집행당하는 경우도 발생하고 그에 대한 모든 비용이 임차인의 부담으로 남게 되니 현명한 판단이 필요하다.

가압류채권자의 입장에서 대응방법은 가압류된 보증금을 반환받기 위해서는 본안소송을 통해 임차보증금반환채권에 대해서 압류 및 전부명령 또는 추심명령을 하게 된다. 이러한 절차를 거치더라도 임차보증금반환을 임대인에게 청구하기 위해서는 선행 조건으로 임차인을 주택에서 명도를 해야 되므로 임대인, 임차인 가압류채권자가 협의를 거쳐 가압류만 되어 있는 상태에서 원만한 해결로 채권을 회수하는 것이 시간도 적게 걸리고 비용도 줄일 수 있는 방법이다.

166 전세권에 저당권이나 가압류가 있다면 어떻게?

전세권에 저당권이나 질권, 채권가압류, 압류 등이 있더라도 그 효력은 물권인 전세권에만 미치고, 임차권에 가압류된 것과 같이 임대인에게 처분금지효력이 미치지 못한다. 그렇기 때문에 전세권설정자(소유자)가 전세권자에게 전세금을 지급해도 다음 대법원 2013다91672 판결과 같이 대항할 수 없다.『전세권을 목적으로 한 저당권이 설정된 경우, 전세권의 존속기간이 만료되면 전세권의 용익물권적 권능이 소멸하기 때문에 더 이상 전세권 자체에 대하여 저당권을 실행할 수 없게 되고, 저당권자는 저당권의 목적물인 전세권에 갈음하여 존속하는 것으로 볼 수 있는 전세금반환채권에 대하여 압류 및 추심명령 또는 전부명령을 받거나 제3자가 전세금반환채권에 대하여 실시한 강제집행절차에서 배당요구를 하는 등의 방법으로 물상대위권을 행사하여 전세금의 지급을 구해야 한다』

민법 제370조, 제342조에 의한 저당권자의 물상대위권의 행사는 ① 민사소송법 제733조에 의하여 담보권의 존재를 증명하는 서류를 집행법원에 제출하여 채권압류 및 추심명령 또는 채권압류 및 전부명령을 신청하거나, ② 제3자의 경매신청에서 배당요구를 하는 방법이 있고, ③ 채권압류 및 추심명령이 있음에도 임대인이 전세금을 반환하지 않을 물상대위로 인한 경매를 신청하는 방법이 있다(대법 2000다4272 판결).

PART 8

경매에서 현명한 대처는 전세금 보호의 클라이막스다

167 임차주택이 경매되면 어떻게 진행되고 있나?

채권자의 경매신청이 있으면 그 매각절차는 다음과 같으니 임차인도 알고 있어야 한다.

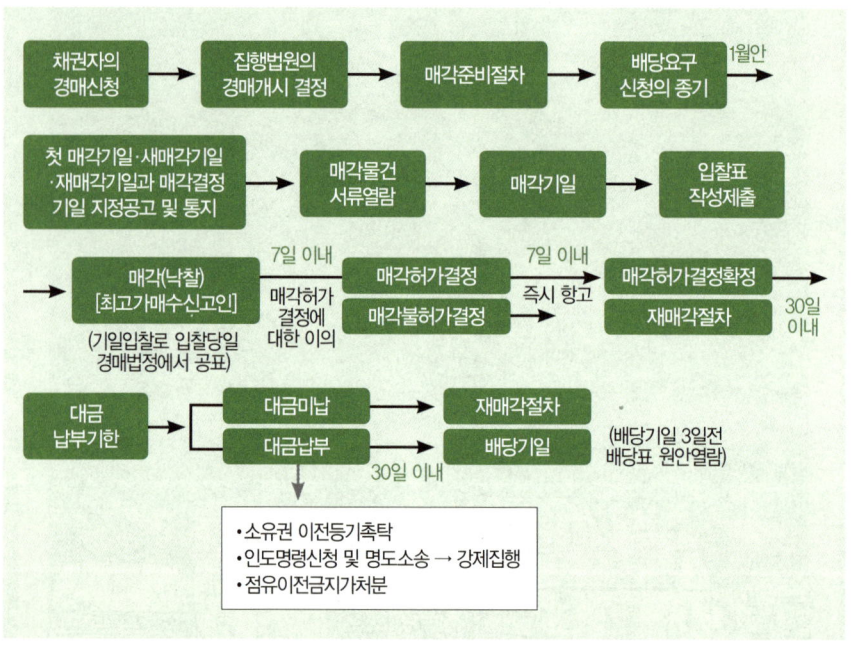

168 경매로 매각되기 전 매각준비절차의 진행은?

(1) **배당요구의 종기결정 및 공고·통지** 이 시기는 경매개시결정일로부터 1주일 이내에 하고, 배당요구종기결정일로부터 2월 이상 3월 이하의 범위 안에서 정하여야 한다고 규정하고 있다. 고지대상은 배당요구를 할 수 있거나 배당요구를 하여야만 배당받을 수 있는 이해관계인 등에게 배당요구종기를 고지하게 된다.

(2) **채권신고의 최고로** 법원사무관 등은 첫 경매개시결정등기 전에 등기된 가압류·압류·저당권·전세권 등, 매각으로 소멸되는 채권자와 조세 그 밖의 공과금을 주관하는 공공기관에 대해 채권의 유무, 그 원인 및 액수(원금, 이자, 비용 그 밖의 부대채권)를 배당요구종기까지 법원에 신고를 최고해야 한다.

(3) **공유자에 대한 통지로** 공유물의 지분경매에 있어서 다른 공유지분권자에게 그 경매개시결정을 통지한다.

(4) **현황조사보고서 작성으로** 법원은 경매개시결정 후 지체 없이 집행관에게 부동산의 현상, 점유관계, 차임 또는 임대차의 보증금의 수액 기타 현황에 대해 조사할 것을 명하게 된다. 현황조사결과 알게 된 임차인에 대하여 즉시 배당요구종기일까지 법원에 권리신고 및 배당요구를 하도록 통지해야 되는데

임차인은 이때 즉 집행관의 현황조사 시에 알 수 있다.

(5) 감정평가명령 및 최저매각가격결정으로 임의경매는 개시결정일로부터 3일 이내, 강제경매는 등기필증접수일로부터 3일 이내에 평가하도록 명령하고 평가서제출기한은 2주 이내로 하고 있으며, 그 금액을 최저매각가격으로 정해 매각하고 있다.

(6) 매각물건명세서의 작성으로 집행법원은 부동산의 표시, 부동산의 점유자와 점유의 권원, 점유할 수 있는 기간, 차임 또는 보증금에 관한 진술, 등기된 부동산에 관한 권리 또는 가처분으로 매각에 의해 그 효력이 소멸되지 아니하는 것, 매각에 의하여 설정된 것으로 보는 지상권의 개요 등을 기재한 매각물건명세서를 작성하고 이를 매각기일 1주일 전까지 법원에 비치하여 열람할 수 있게 하는데, 이때 현황조사보고서 및 감정평가서의 사본도 함께 비치하게 된다.

169 임차인은 경매를 언제, 어떻게 알 수 있게 되나?

경매가 진행되면 집행법원이 집행관에게 현황조사와 감정평가 명령을 내리고 이 명령을 받은 집행관과 감정평가사가 경매주택을 방문하게 된다. 감정평가사는 경매주택에 거주하는 사람이 부재중일 때 폐문부재를 이유로 감정평가를 하여 임차인을 만나지 못하는 경우가 있다. 그러나 집행관은 방문 시 부재중일 때 집행관의 방문사실을 기재하고 돌아오기 때문에 추후 임차인과 연락을 취해 재방문이 이루어지고, 임차내역에 대한 세부적인 조사권을 가지고 배당요구에 대한 안내와 통지를 한다. 그래서 집행관의 방문 또는 통지를 통해 경매사실을 최초로 알게 되는 시기라고 할 수 있다.

170. 임차주택이 공매가 진행되면 알 수 있는 방법은?

국세징수법에 따라 세무관서나 지방자치단체, 공과금기관장 등이 체납 세금 등을 회수하기 위해서 체납자의 재산을 압류하고 한국자산관리공사에 공매대행을 의뢰하게 된다. 이 의뢰를 받게 되면 4~7일 이내에 공매대행통지서를 체납자에게 발송한다. 그러나 임차인은 이때는 알 수 없고 경매와 같이 감정평가사가 평가를 목적으로 방문하거나 현황조사관이 현황조사를 위해 방문할 때, 부재 시에는 현황조사관이 방문사실을 기재하고 돌아오기 때문에 추후 임차인과 연락을 취해 공매가 진행되는 사실을 알게 된다.

171. 임대차기간 중에 경매가 통지 받았을 때 대처 방법은?

대항력 있는 임차인과 대항력 없는 임차인의 대응방법은 다를 수밖에 없다. 대항력 있는 임차인이란 경매나 공매 등의 매각절차에서는 말소기준권리(등기부에 가장 먼저 등기된 채권 즉 근저당권, 가압류, 압류, 담보가등기, 집합건물 전세권, 강제경매 기입등기) 보다 먼저 주임법상 대항요건(전입신고와 주택인도)과 계약서에 확정일자를 갖춘 임차인으로 대항력과 우선변제권이 있어 계속 살거나 또는 법원에 배당요구해서 배당받고 이사를 나가는 방법 중 자유롭게 선택할 수 있다. 배당요구해서 보증금을 전액 배당받지 못하면 낙찰자의 부담으로 남아 전액 회수될 때까지 대항력을 주장할 수 있는 권리가 있다.

말소기준권리 보다 나중에 대항요건을 갖춘 임차인은 대항력이 없어서 소멸 대상(경매로 임차권은 소멸된다)이므로 배당요구해서 배당받고 주택을 비워주고 이사를 가야 한다, 설령 임차보증금을 배당받지 못 한다 해도 채무자(종전 임대인)에게만 주장이 가능해서 채무자가 무자력자라면 임차보증금의 손실이 예상된다.

172. 임차인이 전세보증금으로 배당요구하는 방법은?

① 임차인이 주임법 또는 상임법상 최우선변제금과 확정일자부 우선변제금을 배당받기 위해서는 반드시 배당요구종기 이전에 권리신고 및 배당요구를 해야만 배당에 참여가 가능하다. 배당요구를 하지 않으면 배당에 참여할 수 없으므로 주의해야 한다.

② 임차인이 배당요구를 위해서는 신분증과 도장을 준비하고 법원에 비치된 "권리신고 및 배당요구신청서"를 작성한 후 임대차계약서 사본 1부와 주민등록등본 1부를 첨부해서 배당요구종기일 까지만 배당요구를 하면 된다. 그런데 임차인이 보증금 증액으로 계약을 갱신했다면, 증액전의 계약서(확정일자가 부여된)와 증액후 계약서(확정일자가 부여된) 두 가지 모두 가지고 권리신고 및 배당요구해야 한다.

173 임차인은 경매나 공매에서 배당요구는 언제까지?

배당요구 시기는 경매신청의 압류효력발생기시 이후이며 종기는 첫 매각기일 이전으로 집행법원이 정한 배당요구의 종기까지 제출하면 된다. 배당요구종기일이 지나면 배당요구를 할 수 없으니 날짜를 잊지 말아야 한다. 그런데 간혹 지나서 알게 되는 경우가 발생하게 되면 배당요구종기일을 연기신청하면서 배당요구를 하면 된다. 집행법원은 특히 필요하다고 인정되는 경우(감정평가서나 현황조사보고서가 지연되거나 채무자에게 개시결정이 송달되지 아니한 경우)에는 배당요구의 종기일은 연기할 수 있다. 이 법률에 근거해서 임차인이 배당요구종기일을 연기신청하면 연기신청을 받아 주고 있다.

174. 임차주택이 경매될 때 계약서를 분실했다면 어떻게 해야 하나?

　확정일자를 받아 우선변제권을 취득한자가 그 임대차계약서를 분실한 경우나 멸실 되었다고 하여 우선변제권이 소멸되었다고 볼 수 없다(대법96다12474), 다만 확정일자를 부여 받은 사실을 입증하게 된다면 경매 또는 공매절차에서 우선변제 받는 데에는 지장이 없다고 볼 수 있다. 입증을 위한 서류로는 확정일자를 부여받은 기관(등기소, 주민센터, 구청, 공증인사무소 등) 등에서 확정일자부 또는 확정일자발급대장 사본을 교부받고 부동산중개업소에서 보관중인 임대차계약서부본을 교부받아 법원경매계에 제출하는 방법 등으로 소명하면 된다. 계약서 사본마저 없어 보증금의 액수를 특정할 수 없는 경우 계약서 원본의 분실신고 접수증(경찰서 등)이나 보증인의 인우보증서를 제출하고, 계약서 작성당시 계약금의 지불방법과 지불내역 등을 소명하면 된다.

175. 선순위임차인도 배당이 잘못되면 손해 보니 배당기일 전에 배당표확인은 필수!

다음 대법원 2000다30165 판결 내용을 보면 "경매사건 98타경16580호에서 임차인이 배당요구를 했으나 법원이 배당표를 잘못 작성해서 선순위임차인이 배당금을 적게 배당 받게 된 사례. 낙찰자의 인수금액을 가지고 소송으로 다투는 과정으로 2심에서는 배당 받지 못한 금액 전부를 주고 명도해야 한다고 했으나 대법원은 올바르게 배당표를 작성했을 때 배당 받을 금액으로 인수금액을 정해야 한다고 판단했다.

그래서 대항력이 있는 임차인이더라도 반드시 배당기일 3일 전에 작성한 배당표원안을 확인하고 이상이 있으면 그러한 사유를 가지고 배당표 정정을 요구하면 수정이 이루어지고 받아들여지지 않으면 배당기일에 가서 배당이의를 해야 한다.

경매나 공매의 매각대금에서 채권자에게 배당하는 순서는?

경매나 공매로 매각되면 그 매각대금에서 경매집행비용 등을 0순위로 공제한 후 채권자에게 실제 배당할 금액이 되는데 그 배당금을 가지고 채권자에게 다음 순차적으로 배당하게 된다.

(1) 1순위 [필요비, 유익비](민법 제367조)

저당물의 제3취득자나 임차권, 점유권, 유치권자가 그 부동산에 보존개량을 위해 필요비, 유익비를 지불한 경우 매각대금에서 우선 변제한다.

(2) 2순위 [주택 및 상가임차인과 근로자의 최우선변제금]

① 주택임차인의 소액임차보증금 중 일정액(주임법 제8조 1항)
② 상가임차인의 소액임차보증금 중 일정액(상임법 제14조 1항)
③ 근로자의 최종 3개월분 임금, 최종 3년간 퇴직금, 재해보상금

위 ①+②+③은 동순위이며 배당금이 부족하면 안분 배당한다.

(3) 3순위 [당해세]

그 부동산에 대하여 부과된 국세나 지방세를 말한다.

① 국세 중 당해세의 종류는 상속세, 증여세, 종합부동산세를 말한다(국세

기본법 제35조 5항). 여기서 상속세·증여세의 당해세 요건은 상당히 제한적이다. 즉 상속, 증여세의 경우 담보권 설정당시 설정자(채무자)에게 납세의무가 있는 상속세, 증여세만 당해세가 될 수 있다.

② 지방세 중 당해세는 그 부동산에 부과된 지방세로 재산세, 자동차세, 도시계획세, 공동시설세, 지방교육세(재산세와 자동차세에만 해당된다) 등이 있다(지방세법 시행령 제14조의4).

(4) 4순위 [일반조세채권](당해세를 제외한 세금)

6순위 저당권부 채권보다 조세채권의 법정기일이 빠르거나 같은 경우

(5) 5순위 [공과금(국민건강, 국민연금, 고용보험, 산재보험)]

6순위 저당권부 채권보다 공과금의 납부기한이 빠르거나 같은 경우

(6) 6순위 [저당권부채권] 근저당권, 전세권, 담보등기, 확정일자부 임차권, 등기된 임차권(민법621조)

① 근저당권, 전세권, 담보가등기 상호간의 순위는 설정등기 된 순위이다. 즉 접수일자가 빠른 담보물권이 우선하고 접수일자가 같은 경우 접수번호에 따라 우선순위가 정해진다.

② 확정일자부 임차권은 확정일자부 우선변제권의 효력이 발생하는 시기를 기준으로 한다.

③ 등기된 임차권은 등기일자가 아니라 그 전의 대항요건과 확정일자를 갖춘 시기이다.

④ ①에서 ③번은 조세채권과 공과금의 법정기일과 납부기한보다 빠르면 우

선하고, 같거나 늦으면 후순위가 된다.

(7) 7순위 [일반임금채권(최우선변제금을 제외한 임금·퇴직금)]

일반임금채권은 6순위의 저당권부채권에는 항상 후순위가 되지만, 조세(당해세 포함), 공과금, 일반채권에 대해서는 우선한다. 그러나 6순위의 저당권부채권 보다 우선하는 조세나 공과금에 대해서는 일반임금이 우선하지 못하기 때문에 앞과 같이 배당 4순위에서 7순위로 정해진다(근로기준법 제38조 1항과 근로자퇴직급여 보장법 제11조).

(8) 8순위 [일반조세채권]

6순위 저당권부 채권보다 일반조세채권의 법정기일이 늦은 경우

(9) 9순위 [공과금(국민건강, 국민연금, 고용보험, 산재보험)]

6순위 저당권부 채권보다 공과금의 납부기한이 늦은 경우

(10) 10순위 [일반채권자]

가압류채권, 강제경매신청채권, 집행권원이 있는 채권(확정된 판결문, 공증된 약속어음 등), 재산형, 과태료 및 국유재산법상의 사용료, 대부금 등이 모두 배분 요구가 가능하며 배당절차에서 이들 순위는 채권자평등주의에 따라 모두 동순위로 안분배당하게 된다.

이 배당순서는 권리분석 시 꼭 알고 있어야할 내용이다.

임차인에게 배당금을 지급하는 절차는 어떻게?

배당금 지급 절차는 다음과 같다. 배당기일 지정 및 통보(대금 납부 즉 3일 이내에 지정하고 통지는 대금 납부 후 2주 이내) ⇨ 배당표원안의 작성 후 비치 열람(배당기일 3일 전까지) ⇨ 배당기일(이해관계인 열람 및 그들을 심문하여 의견청취) ⇨

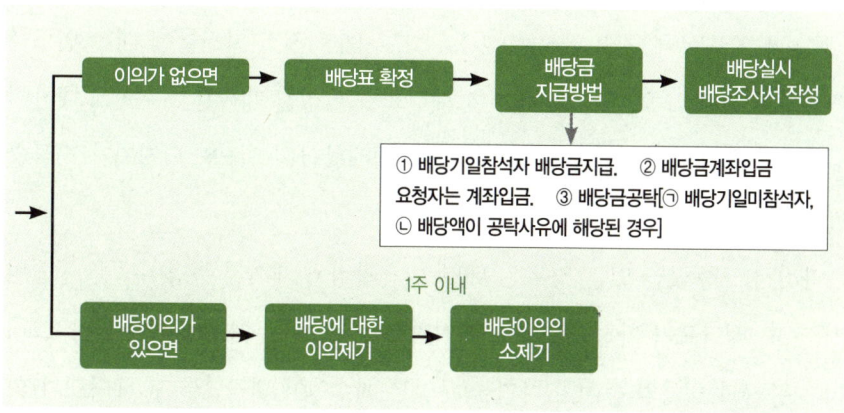

178. 경매당할 때 임차인의 주택인도 시기와 부당이득은 언제 발생하나?

첫 번째 대항력 있는 임차인이 배당요구를 하지 않으면 임차인은 잔존 계약기간 동안 그 임차주택에서 살 수 있고 계약기간이 종료되면 임차보증금 반환과 주택인도가 동시 이행관계에 있다.

두 번째 대항력 있는 임차인이 배당요구를 했다면 전액 배당받게 되는 시기 (배당표가 확정되어 배당금을 전액 지급받을 수 있는 시기)까지 임차건물에 대한 인도를 거절할 수 있으므로, 임차인에 대한 배당표가 확정될 때까지 매수인에 대하여 임차주택을 거절할 수 있다(대법97다11195). 미배당금이 있으면 낙찰자가 지급할 때 까지 주택인도를 거부할 수 있다.

따라서 보증금만 있는 경우는 배당표가 확정될 때까지 부당이득은 성립되지 않고, 배당표가 확정되었다면 그 시기부터 부당이득이 성립하게 된다. 그러나 보증금과 월차임 등이 있다면 임차인은 매수인이 대금납부 후 배당표가 확정될 때까지 월차임을 지급해야 한다.

세 번째 대항력이 없는 임차인은 매각으로 임차권과 소유권이 소멸하게 되므로, 매수인이 매각대금을 납부하면 소유권을 취득하게 된다. 대항력 없는 임차인을 상대로 인도명령을 신청할 수 있고, 매각대금 납부 후부터 건물인도 시기까지를 부당이득을 갖는 시기로 이 기간까지 건물 사용에 상당하는 사용료 즉 임료를 부당이득금으로 청구 할 수 있다.